数字人文研究丛书

基于用户交互的数字视频档案资源语义组织与精准化服务研究

吕元智 谢鑫 邹婧雅 著

上海三联书店

国家社会科学基金一般项目

"基于用户交互的数字视频档案资源语义组织与精准化服务研究"（19BTQ101）最终成果

总　序

历史经验表明,人类每次技术革新都会引起学术新变化。新世纪进入数字化时代,大数据改变了人们的认知、思维以及研究方式。这是因为,以数字化为基础,通过对事物描述而实现的数据化,不仅具备了万物互联的可能性,而且还创造了事物关联的新模式和新路径,为学科交叉提供了重要基础。数字技术与人文学科也因应结合。

计算科学与人文学科结合,可溯源至20世纪40年代。其时,意大利耶稣会士罗伯托·布萨(Roberto Busa)与IBM公司合作,利用大型计算机制作了托马斯·阿奎那著作索引。60年代,《计算机与人文科学》杂志诞生,标志着人文计算正式兴起。1978年,苏联科学家M.安德柳辛科提出"电子计算机与人文学科"概念,指出应在经济学、语言学、心理学、社会学、法学等领域,培养一批使用电子计算机的人,同时,在建立与人文学科相关的计算体系时,应有人文学科的学者参与。[①]1980年4月23日,J.孔特律西在《世界报》撰文介绍法国国立科学研究中心成立的人文科学电子计算机实验室,该实验室负责人说:"借助于电子计算机,我们可以进行近似于人的逻辑运算那样的推理。"[②]随着计算机和网络技术的普及,传统典籍数字化工作得以展开和深入,数字人文的概念逐渐形成,得到学界广泛关注。

[①] 力一摘译:《苏联学者谈电子计算机用于人文科学》,《国外社会科学》1979年第1期,第142—145页。

[②] 江小平摘译:《法国〈世界报〉谈电子计算机进入人文科学问题》,《国外社会科学》1980年第12期,第75页。

数字人文到底是什么？一般认为,其内涵至少应包括三个层面:一是从本体上看,数字人文是计算科学与人文学科交叉后形成的综合体,但这个交叉不是简单相加,而是深度融合。由此形成的一个新事物,其属性、特点、功能等,都需要深入探索。因此,一方面,应加强数字理论和数字技术研究,另一方面,也可从科技哲学、科技伦理等角度,展开省思和批评。二是作为方法的数字人文。其涵义是,计算科学介入人文学科研究,以数字理论技术为工具方法,落脚点是人文科学。以唐诗研究为例,借助数字技术可开创新的学术空间。譬如,结合GIS(Geographic Information System,地理信息系统)技术,不仅可以研制唐诗编年地图,还可以进一步深化唐诗之路以及现地还原等可视化研究。基于古文分词技术,可展开唐诗学话语体系和话语共同体研究。借助知识图谱,可进一步分析唐诗人物关系。以文本计算为基础,可研究唐诗情感空间分布以及情感走向。借助语义检索,可重勘唐诗文本关系。这些研究在数字时代之前未能或者不易做到。三是作为学科的数字人文。从学科建设和发展角度看,数字人文是传统人文学科的现代转向,由此发展出数字文献学、计算语言学、数字史学等新学科。这些新学科虽以传统为基础,但二者又有较大差异。以数字文献学为例,即就类型而言,在文字、口传、图像、实物等传统文献类型之外,数字文献还应包括音频、视频等新类型。传统典籍经由数字化实现的数字转型,仅为数字文献学研究的基础。实际上,数字时代文献学研究方法也在转向。例如,典籍知识图谱已成为目录学研究新方法。通过数据挖掘、数据标引等技术,可实现数字辑佚。借助各种典籍分析系统,可实现数字校勘。

由上述可知,数字人文的本质是人文学科的现代转向,因而包含了现代性各要素。现代学科分工日益细化,学术研究更加专精。这有点类似《庄子·天下篇》所言:"譬如耳目鼻口,皆有所明,不能相通。犹百家众技也,皆有所长,时有所用。"庄子以人的五官打比方,意思是说五官各有其作用,但若不能相通,则不利于形成一个整体。又好比掌握各种专业技术的人,虽各有所长,也能为时所用,但若不能互通,同样无法形成一个系统。庄子担忧"道术将为天下裂"，提出道术合一的理想，这对现代学术具有重要启发意义。数字人文将数字理论技术与传统人文学科结合，通过学科交叉融合，以实现人文学术新发展，不仅具有现代性，而且也符合古人的学术理念。这种跨学科研究，顺应了现代学术发展大趋势和大潮流。但从未来学术发展看，近几十年的数字化工作和数字人文研究进程，只不过新事物的一个开端。

　　基于上述学术理念，上海高水平地方高校"数字人文资源建设与研究"重点创新团队与上海师范大学数字人文研究中心共同推出数字人文研究丛书。将数字理论技术运用于文学、史学、语言学、文献学、现代传媒等各领域，目的是进行数字人文研究试验。限于能力和水平，其中不足之处甚至错误，在所难免。敬祈专家学者不吝批评教正！

编委会

2023 年 8 月

编　委　会

主　编
吴夏平

编辑委员会（按姓氏笔画排列）

王　贺　王弘治　吕元智
刘永文　孙　超　吴夏平
查清华　袁非牛　蒋　杰

前　　言

　　数字视频档案资源是数字时代信息记录量最为丰富的档案资源,它们在社会活动历史原貌再现、人物形象刻画、场景细节揭示等方面具有不可替代的优势,日益受到广大用户的关注和喜爱。然而,受非结构化、语义特征难以提取、人工处理成本较高等因素的影响,数字视频档案资源加工处理、利用服务等工作开展的效果并不理想。如何适应时代发展要求,对数字视频档案资源内容进行有效揭示并组织起来,构建高效能的数字视频档案资源利用服务体系,为用户提供高质量的、精准化的、个性化的数字视频档案服务,已成为时代赋予档案工作的新命题。本书在梳理和分析国内外相关研究与实践成果的基础上,以用户需求分析为切入点,研究数字视频档案资源内容揭示与语义标注、关联组织及语义聚合等问题,探寻数字视频档案资源精准化服务实现模式与具体策略。具体内容由绪论、国内外研究进展、需求分析、数字视频档案资源内容揭示与语义标注、语义关联组织与多维聚合、精准化服务实现以及精准化服务原型系统开发与应用推进等部分组成。

　　(1)绪论。面对数量日益增长的、非结构化的数字视频档案资源,诸多档案服务机构从不同角度采取了积极应对措施,但效果并不理想,仍存在诸多需要深入探讨的问题。本部分主要是在研究背景与研究意义分析的基础上,界定了与本研究主题相关的基本概念,阐释了本研究的目的、思路、方法与创新等内容。

（2）国内外数字视频档案资源语义组织与精准化服务研究进展。随着数字视频记录与处理技术的发展,数字视频档案资源的管理与利用问题越来越受到国内外理论界和实践界的重视,并开展了一系列相关研究与探索活动。本部分梳理和分析了国内外数字视频档案资源语义组织与精准化服务研究进展情况,并对国内外研究现状进行了比较,进而在此基础上提出了该领域研究的发展建议,为数字视频档案资源语义组织与精准化服务研究提供理论基础与经验借鉴。

（3）交互环境下数字视频档案资源用户需求调查分析。用户需求是数字视频档案资源建设与服务提供的立足点。本部分在明确调查目的、意义、内容与方法的基础上,通过设计和发放调查问卷的形式来收集交互环境下数字视频档案资源用户需求与期望信息,分析总结出了数字视频档案资源用户需求特点、利用行为模式、面临的障碍以及利用期望等,为数字视频档案资源语义组织与精准化服务研究提供现实依据。

（4）数字视频档案资源内容揭示与语义描述研究。数字视频档案资源是语义最为丰富的档案资源,对其进行多层级、多维度语义揭示和描述是数字视频档案资源能被深度利用的基础和前提。本部分在数字视频档案资源类型和结构特征分析的基础上,构建了面向用户需求的数字视频档案资源语义描述框架,从内容、产权和形式三个维度来描述数字视频档案资源,并规定了描述的具体要求和标准等,进而设计了多层级视频档案资源语义描述框架,为解决数字视频档案资源细粒度语义描述问题提供了理论指导框架。

（5）数字视频档案资源语义关联组织与聚合研究。数字视频档案资源语义关联组织与聚合是档案资源知识化处理过程,它需要在细粒度描述的基础上,结合用户利用需求,利用各类关联关系并在关联链接和映射等工作的支持下来实现。本部分在我国数字视频档案资源语义组织与聚合障碍分析的基础上,阐释了数字视频档案资源语义关联组织与聚合的内涵、语义关联关系、语义关联方式以及语义映射方案等,并以最小独立主题意义的"视频单元"为资源聚合对象,设计了基于视频单元的数字视频档案资源多维语义关联聚合实现框架,并进行了实验验证。

(6)基于用户交互的数字视频档案资源精准化服务实现研究。目前我国数字视频档案服务总体上处于起步发展阶段,大多为粗放式服务,服务的质量和效率不太理想。这既与社会文化的发展趋势不相符,也与声屏阅读时代公众对视频档案资源的利用需求不匹配,严重制约了数字视频档案资源价值的发挥和档案服务部门职能的实现。本部分在我国省市级档案馆网站视频档案服务调查的基础上,结合用户需求,设计了基于用户交互的数字视频档案资源精准化服务模式,并在理论层面探讨了数字视频档案资源精准化服务体系的构成、运行机制以及服务运行的保障策略等。

(7)数字视频档案资源精准化服务原型系统开发与应用推进。为了验证上述研究成果的可行性,本部分采用Python开发语言并结合xadmin开发框架和D2RQ资源管理框架开发出了数字视频档案资源精准化服务原型系统,验证了项目设计内容的合理性和可行性。另外,本部分还探讨了数字视频档案资源精准化服务应用推进策略问题,从应用规划制定、应用服务试点、应用服务研究以及服务文化培育等层面给出了具体的推进建议。

本书为国家社会科学基金一般项目“基于用户交互的数字视频档案资源语义组织与精准化服务研究”(批准号:19BTQ101)最终成果,也是上一项国家社会科学基金一般项目“基于语义关联的数字档案资源跨媒体知识集成服务研究”(批准号:14BTQ073)的后续成果。在此,感谢各位专家对本项目立项及研究成果的认可和支持,才得以让我们完成这个“后续”研究。数字视频档案资源语义组织与精准化服务是一项复杂的工程。它不仅要解决视频档案资源语义特征提取与语义推理问题,让用户能便捷、精准地查找到所需的档案资源,而且还需要在与用户交互的过程中,构建动态的且符合用户利用要求的精准化服务模式。知易行难! 在研究的过程中,我时常感到自身知识和能力的不足,幸好得到了研究团队成员的大力支持。在此,感谢我的同事梁孟华教授、谷俊副研究员、谢鑫博士、邹婧雅博士等对本研究提供的无私帮助,感谢被本书参考和引用的所有文献作者,是他们的研究成果给予了我们诸多借鉴和启示。在本书付梓之际,还要感谢编辑为本书出版所付出的努力,感谢我的家人一直对我的理解和支持。

　　囿于研究能力和研究视野的局限,本书定会存在诸多不足之处,欢迎大家指正,同时也期待有更多的同行一起参与到这一领域的研究与实践探索中来,共同推动我国视频档案资源建设与服务工作的高质量发展。

吕元智

2024 年 7 月 2 日于上海

目　　录

1 绪　　论

1.1　研究背景与意义

1.1.1　研究背景

进入数字时代以后,社会信息记录方式发生了根本性变化,以数码声像记录为代表的技术和设备在社会形成了大量动态的、有价值的数字视频记录。这些有价值的数字视频记录经过加工、处理和归档保存就可以转化为数字视频档案资源。从信息记录维度和呈现形式上来看,数字视频档案资源是三维立体记录且内容最为丰富的档案资源,它们在社会活动历史原貌再现、人物形象刻画、场景细节揭示等方面具有不可替代的优势,日益受到广大用户的关注和喜爱。进入"声屏阅读"时代[①]以后,随着视频服务尤其是短视频服务如抖音、快手、微信视频号等应用的推进,数字视频档案资源及其服务工作更是引起了广大用户的兴趣。然而,受非结构化、语义特征难以提取、人工处理成本较高等因素的影响,数字视频档案资源加工处理、利用服务等工作开展的效果并不理想。如何适应时代发展要求,深入揭示数字视频档案资源主题内容,并按用户利用需求组织起来,为用户提供高质量的、精准化的、个性化的数字视频档案服务,已

---

① 易黎.基于深度学习的新闻档案信息管理方法[J].中国档案,2020(12):66—67.

成为时代赋予档案工作的新命题。

（一）数字视频档案资源数量增长迅速，但其加工处理的效果并不理想

随着网络传输技术、数字视频记录技术的飞速发展以及数字记录设备等的广泛应用，视频数据/文件呈爆炸式增长。在国外，据英国University of Portsmouth物理学家Melvin Vopson推算，全球每天会产生5亿条推文、2940亿封电子邮件、400万GB的Facebook数据……和72万个小时的YouTube新视频[1]。在国内，随着短视频、视频网络等的发展，数字视频数据/文件的数量也呈几何级数增长。据抖音平台2021年1月—11月的非遗类视频统计数据显示，剪纸视频就有117.6万条、淮剧视频14.6万条、锡剧视频量5.4万条[2]等。又据艾媒网短视频行业数据分析显示，仅2020年5月哔哩哔哩平台就发布了22522个美食类视频[3]……这些数字形态的视频数据/文件经过鉴定、归档就可以转化为有价值的数字视频档案资源，为社会留存鲜活的历史记忆，为人们的生产和研究等活动提供最可信的数据或事实支持。面对海量数字视频数据/文件不断产生的现实，档案服务部门也正在采取积极有效的应对措施。诸多档案服务部门在数字视频档案资源采集和加工处理方面开展了卓有成效的工作，数字视频档案资源所占比例日益提升。据国家档案局政策法规司统计显示，2020年度全国各级综合档案馆共接收录音磁带、录像磁带、影片档案4.4万盘，共征集录音磁带、录像磁带、影片档案0.4万盘。截至2020年底，全国各级综合档案馆馆藏录音磁带、录像磁带、影片档案112.1万盘，数字录音、数字录像523.5TB[4]。随着数字视频生成、采集、加工处理等技术与设备等的广泛应用，目前各档案管理部门已积累了相当数量的数字视频档案

---

① Melvin M. Vopson. Experimental protocol for testing the mass-energy-information equivalence principle[J]. AIP Advance, 2022, 12(3):1—6.

② 王宏伟，周娴. 从"端正好"到"正青春"[N]. 新华日报, 2022—01—14(013).

③ 艾媒网. 短视频行业数据分析：2020年5月哔哩哔哩平台共发布22522个美食类视频[EB/OL].[2022—7—20].https://www.iimedia.cn/c1061/73298.html.

④ 国家档案局政策法规司. 2020年度全国档案主管部门和档案馆基本情况摘要（二）[EB/OL].[2022—7—20].https://www.saac.gov.cn/daj/zhdt/202108/6262a796fdc3487d93bfa7005acfe2ae.shtml.

资源。如,据上海音像资料馆网站介绍,其收藏了自1958年建台以来该集团所有的广播电视节目档案。截至2021年底,该中心馆藏有电视传统载体110万盘,数字化资源累计99.4万小时,其中视频档案资料67.1万小时①。然而,数字视频档案资源不同于一般的文本型、图像型数字档案资源,非结构化、内容呈现非线性等特点严重影响其内容的深度揭示与描述。目前我国数字视频档案资源加工处理效果并不理想,给视频档案利用带来诸多不便。它主要体现在以下两个方面:一是大量数字视频档案资源处于粗粒度加工处理状态,以大视频文件或盘为单位进行描述,诸多内容无法全面有效地揭示出来,极容易造成档案资源漏检等现象的发生;二是数字视频档案资源描述项目尤其是内容描述方面的项目较少,与用户的利用需求和利用行为习惯并不一致,诸多数字视频档案资源利用系统只能为用户提供简单的题目检索服务等。在现有的技术与设备条件下,如何根据用户的利用要求,设计科学合理的数字视频档案资源描述与组织方案,构建高质量的数字视频档案资源保障体系,为用户提供需要的数字视频档案资源及服务,已成为当今档案服务部门需要思考的重要课题。

(二)用户需求发生了显著变化,但数字视频档案服务水平有待提高

用户需求是信息服务工作开展的逻辑起点,数字视频档案服务工作也不例外。然而,自互联网普及以来,社会信息利用行为或习惯发生了根本性的变化,人们对信息的需求也呈多样化趋势。数字视频信息以其独特的魅力日益受到广大用户的关注和欢迎。据2018年全球互联网现象报告,视频几乎占整个互联网下游流量的58%②。越来越多的用户倾向用视频的方式来传递和接收信息,并形成了庞大的视频用户群体。据中商产业研究院发布的数据显示,截至2021年12月我国有9.75亿网络视频(含短视频)用户,比2020年增长了4794万,其中短视频用户为9.34亿,占网民整体比

---

① 上海音像资料馆.关于我们[EB/OL].[2022—7—20].http://www.sava.sh.cn/collection/others/2014—02—18/9.html.

② 前瞻网.2018年全球互联网现象报告:视频几乎占整个下游流量的58%[EB/OL].[2022—7—21].https://t.qianzhan.com/caijing/detail/181105—2137c21d.html.

例的90.5％[①]。又据中国互联网络信息中心(CNNIC)发布的第50次《中国互联网络发展状况统计报告》显示,我国短视频用户数量增长迅速,截至2022年6月,已有9.62亿用户,较2021年年底增长了2805万,占网民整体的91.5％[②]。这些规模日益庞大的数字视频用户群体正在营造一种全新的信息消费或利用环境。他们不仅对信息内容提出了精准化、知识化、个性化等利用要求,更是对利用方式和信息呈现形式等提出了新的诉求。然而,我国数字视频档案服务工作仍处于相对封闭状态,相关建设工作也大多处于传统服务建设层面,与用户要求和利用期望存在较大的差距。它具体体现在以下几个方面:一是视频档案服务没有跟上互联网思维,仍以现场提供服务为主。基于档案内容保密以及载体保护等因素的考虑,诸多档案服务部门对视频档案服务提供还是非常谨慎,仍单独开辟声像档案阅览室,要求用户到现场利用。目前虽然一些档案服务部门也开始在线提供数字视频档案服务,但是提供的服务内容较少,且多限于目录查询或公开的部分视频档案浏览等[③]。这种以现场服务为主的视频档案利用方式与互联网在线利用的思维习惯是严重不一致的。二是数字视频档案服务建设没有充分考虑到视频档案资源的特点,仍局限于传统文献型档案服务建设范畴。目前大多数档案服务部门仍以大粒度文件为单位来提供视频档案服务。这种大粒度的视频档案资源虽然记录了丰富的内容,但是它无法在利用前向用户展现详细的记录情况,大多数情况下,用户只能从头浏览才可能找到其所需要的视频内容,无法提供精准服务。三是数字视频档案服务没有考虑到用户的利用行为习惯,服务仍大多处于单向提供层面。交互性是互联网尤其是Web3.0的基本特性,它可以让用户参与到具体的服务建设中来,聚众人智慧,不断优化服务。然而,目前我国视频档案服务基本上

---

① 中商情报网.2021年我国网络视频用户规模9.75亿,占网民整体94.5%[EB/OL].[202—7—21].https://www.askci.com/news/chanye/20220318/1428191746318.shtml.

② 中国互联网络信息中心(CNNIC).第50次《中国互联网络发展状况统计报告》[EB/OL].[2022—8—31].http://www.cnnic.net.cn/n4/2022/0914/c88—10226.html.

③ 陈欣慧,吕元智.我国视频档案在线服务现状调查分析——以省市级综合档案馆网站为调查对象[J].中国档案研究,2021(1):199—220.

以单向提供服务为主,与用户交流与沟通的渠道较少且也不及时①。当然这种单向服务给用户带来的利用体验自然也不会好。进入互联网时代尤其是移动互联网时代,用户的信息需求与行为习惯发生了显著变化,传统的视频档案资源组织与服务工作无法适应时代发展要求,数字视频档案服务工作水平亟待改进和提升。

（三）相关研究积累了较为丰富的经验,但数字视频档案组织与服务探索亟待深化

随着语义网、多媒体检索、人工智能等技术的发展与应用,档案服务领域正在经历着一场深刻的革命,以往难以处理和利用的视频档案资源已开始受到关注和重视。如何将非结构化的数字视频档案资源进行有效组织,为用户提供更优质的视频档案服务,已成为国内外研究者和实践部门探究的重点内容之一。在国外,2003年Cuggia等人按照都柏林核心标准和MPEG-7映射方案,设计了基于语义Web集成的资源索引方法来解决医学视频资源的利用问题②;2005年Snoek和Worring③提出了一个多模式同步的多媒体事件(TIME)框架,利用多种模式识别方法完成足球和新闻广播领域的视频档案资源主题分类任务;2006年Malaisé等人构建了一个基于视频档案资源的浏览器,其目的是让档案管理人员和文献学家及用户方便快速准确地寻找到合适的视听资源④;2012年Reede Ren和John P.Collomosse探讨了数字舞蹈声像档案的跨媒体内容检索实现机理并进行了实验验证⑤;2014年Raimond等人建立了音视频和文本处

① 吕元智.基于用户交互的数字视频档案资源精准化服务模式构建研究[J].档案学研究,2021(1):78—86.

② Cuggia M,Mougin F,Le Beux P.Indexing method of digital audiovisual medical resources with semantic Web integration[J].International journal of medical informatics,2005,74(2—4):169—177.

③ Snoek C G M, Worring M.Multimedia event-based video indexing using time intervals[J].IEEE Transactions on Multimedia,2005,7(4):638—647.

④ Malaisé V, Aroyo L, Brugman H, et al.Evaluating a thesaurus browser for an audio-visual archive[C]//International Conference on Knowledge Engineering and Knowledge Management.Springer,Berlin,Heidelberg,2006:272—286.

⑤ Ren R, Collomosse J.Visual Sentences for Pose Retrieval Over Low-Resolution Cross-Media Dance Collections[J].IEEE Transactions on Multimedia,2012,14(6):1652—1661.

理系统,并通过"众包机制"供用户更正和添加数据,以改善档案库中的音视频搜索与导航[①];2019年Sakthivelan等人从用户利用记录的角度,提出了基于用户再利用的EBR(基于事件的排名)视频检索定位方法等[②]。在国内,2004年项文新在录像档案数字化探讨的基础上,提出建立关系型知识库,利用数据库记录与数字录像档案文件链接的形式来实现录像档案资源检索[③];2006年路梅利用媒体资产管理系统来拓宽媒体视频档案的应用领域即以多种形式发布媒体内容,为用户提供多种途径检索和浏览等,并希望借此来解决视频档案资源的服务利用问题[④];2008年李松斌提出了一个面向网络流媒体服务的视频资料元数据模型,利用背景层、内容层以及标引层来描述视频档案资源[⑤];2016年俞雯静等人以安徽省电力公司为案例,通过利用非结构化数据管理平台来统筹解决视频档案资源的统一管理与开发利用问题[⑥];2019年张美芳结合数字人文建设需求,设计了声像档案资源分层描述与组织方案[⑦];2022年国测在分析企业视频档案开发利用效益的基础上,从宏观层面提出了具体开发策略[⑧]等。可以说,国内外的这些研究探索为数字视频档案资源管理与利用工作提供了理论与方法支持,有力地推动了该领域工作的开展。然而,数字视频档案资源管理与服务是一项没有"终点"的活动,用户对数字视频档案服务要求日益提升,尤其是进入语义网时代,档案服务部门的资源组织

---

① Raimond Y,Ferne T,Smethurst M,et al.The BBC world service archive prototype[J].Journal of web semantics,2014,27—28:2—9.

② Sakthivelan R G,Rajendran P,Thangavel M.A new approach to classify and rank events based videos based on Event of Detection[J].Journal of medical systems,2019,43(1):13.

③ 项文新.录像档案数字化处理[J].机电兵船档案,2004(03):46—49.

④ 路梅.浅谈电视台媒体资产管理系统音像档案、资料的编目[J].视听界(广播电视技术),2006(02):20—22.

⑤ 李松斌,陈君,王劲林.面向流媒体服务的视频资料元数据模型[J].电信科学,2008(11):41—46.

⑥ 俞雯静,程东生,何晓玲,等.基于非结构化平台的视频档案统一存储及共享利用研究[J].信息化建设,2016(05):70—71.

⑦ 张美芳.面向数字人文的声像档案信息资源组织利用的研究[J].档案学研究,2019(04):72—76.

⑧ 国测.企业视频档案开发利用初探[J].机电兵船档案,2022,220(03):63—65.

与服务工作更是面临着极大的挑战。例如,如何根据用户的需求来划分视频档案资源描述粒度,确立资源描述层级,又如何对视频档案资源的内容及关系进行合理解析和标注,将其转化为计算机系统可以方便利用的档案知识资源,并根据用户的要求提供精准的、知识化的档案服务……如此等等。

基于此,本研究以用户需求变化为切入点,在数字视频档案资源特性分析的基础上,设计面向用户需求的数字视频档案资源描述框架、多层级语义标注模型以及多维语义关联聚合方案,构建基于用户交互的数字视频档案资源精准化服务实现模式及其运行保障机制,以期为我国数字视频档案资源建设与服务工作提供理论与方法支持。

1.1.2 研究意义

数字视频档案资源语义组织与精准化服务是语义网时代档案服务部门面临的一项新课题,也是一项需要不断完善和优化的服务建设工程。在当前,开展数字视频档案资源语义组织与精准化服务研究具有重要的理论意义与实践价值。

（一）理论意义

数字视频档案资源是现代档案资源体系的重要组成部分,其语义组织与精准化服务是一项较为复杂的工程。它不仅涉及视频档案资源内容的有效组织与深度开发,而且还涉及其服务的精准与高效率实现问题。如何对其内容进行有效揭示,并按用户的需求和利用习惯来组织并提供利用,是当今档案学理论研究不可回避的重要问题,也是学科研究的应有之义。数字视频档案资源不同于数字文本型、图像型档案资源,其结构的复杂性以及内容呈现的非线性等特点,均给资源组织与服务利用工作带来困难。它需要打破传统档案资源组织与服务思维的限制,构建科学的理论与方法体系为其提供指导。当前对其进行研究,构建符合数字视频档案资源特性和利用要求的语义标注框架、聚合模型以及服务理论与方法体系等,不仅有助于丰富现代档案资源组织理论,拓展档案信息组织研究的新领域,而且还可以推动档案服务理论研究向个性化、精准化、知识化服务领域拓展,深化现代档案服务理论内涵。

（二）实践价值

数字视频档案资源内容的语义化组织与服务的精准化实现,在实践上不仅要解决数字视频档案资源语义特征提取与语义推理问题,让用户能便捷、精准地查找到所需的档案资源,而且还需要在与用户交互的过程中,构建动态的且符合用户利用要求的精准化服务模式,为用户创造更多的价值。当前开展该领域研究,具有重要的现实指导意义。一方面,它将语义描述、关联链接、智能推理等技术引入数字视频档案资源组织与服务工作,能为视频档案资源语义化处理、计算机系统自动化识别等提供理论与方法指导,推动视频档案工作不断向语义化、智能化方向发展,从而实现数字视频档案资源组织与服务工作效率的有效提升;另一方面,它通过确立视频细粒度划分原则、设计多维语义描述与关联方案等措施,将非结构化的视频档案资源转化为结构化的档案知识资源,有助于档案工作部门构建视频档案知识库、关联数据网络等,将静态保存的视频档案资源转化为可利用的社会活性知识资源。此外,它以用户需求变化为切入点,深入研究数字视频档案资源多维语义链接与精准服务实现等问题,构建基于用户交互的利用服务系统,将有助于提升用户利用满意度,为数字视频档案服务工作营造良好的用户生态环境。

1.2　相关名词术语

（一）视频、视频文件与视频档案

视频（Video）原本含义为"在电视或雷达等系统中,图像信号所包括的频率范围,一般在零到几兆赫之间"[①],现多指随着时间变化的图像序列,也称之为活动图像。它具有信息内涵丰富、无"显式"结构、格式与编

---

① 中国社会科学院语言研究所词典编辑室.现代汉语词典（第 7 版）[M].北京:商务印书馆,2016:1196.

码标准较多、数据量大①等特点。利用视频记录技术和设备如摄像机等将连续活动图像的颜色、亮度等信息转变为序列帧并记录到存储介质上就形成了视频文件。视频文件是重要的社会记录资源,从表现形式上来看,它既包括单纯采用视觉符号表现的无声电影等,也包括视听兼备的电视、录像、动画等。目前大多数情况下,视频文件往往采用图像、文字、声音等多种形式共同记录活动内容,体现了多媒体信息记录的特性②和优势。

视频文件经过归档或者有意识保存就可以转化为视频档案。当然,视频文件转化为视频档案,则需要符合文件转化为档案的全部条件,如必须是在社会实践活动中直接形成的、有保存价值的、经过加工处理(整理)且可利用的视频文件,它具有原始记录性,承担档案的凭证和参考功能。

需要说明的是,本研究中的视频档案不同于传统意义上的录像档案。传统意义上的录像档案通常指组织或者个人在社会实践活动中运用拍摄设备等而形成的并归档保存的录像文件,它主要以实时录像文件或电影等形态而存在③。然而,随着信息生成与传播技术的发展,人们生成视频的方式和手段日益多样化,视频档案的来源也日趋多样化。现代意义的视频档案不仅包括传统拍摄模式下形成的视频文件,而且还要包括利用数字视频生成技术而形成的数字视频资源如动画演示视频等。

(二)数字视频档案资源

数字视频档案资源是指以数字化形态存在并能被计算机系统管理和网络传输的视频档案资源,是社会档案资源体系的重要组成部分,在还原社会历史原貌、刻画人物形象、揭示场景细节等方面具有明显的优势。然而,数字视频档案资源属非结构化的数字档案资源,目前多以大容量的数字视频文件形式而存在,具有数字档案资源和数字视频资源的双重属性,在现有的技术体系下,对其开发利用仍面临诸多困难和障碍。本研究探讨的数字视频档案资源主要是以档案服务部门采集或收藏的数字视频档案资源,它们主要来源于传统视频档案数字化(digitization)、数字视频文

① 严明,苏新宁.数字视频信息的索引研究[J].现代图书情报技术,2005(07):46—50+59.

② 李冬秀.视频元数据及其互操作研究[J].现代情报,2006(01):92—94+96.

③ 刘振华.视频文件元数据的设计与开发[D].济南:山东大学,2009:14.

件直接归档以及档案资源数字化编研而成的视频成果等方面。数字视频档案资源的特点、类型、记录逻辑结构等具体详细内容参见"4.1.1数字视频档案资源分析"。

（三）数字视频档案资源语义组织

数字视频档案资源语义组织是语义网时代数字视频档案资源组织的新模式，是对传统数字视频档案信息组织的突破和创新，是视频档案资源向知识资源转化的重要前提，也是视频档案精准服务实现的基础。从本质上来讲，数字视频档案资源语义组织即是对数字视频档案资源内容、背景及结构①等进行语义特征提取并利用它们之间的语义关系进行关联的过程，将数字视频档案资源转化为可以方便利用的档案知识资源。具体而言，数字视频档案资源语义组织主要包括以下两方面内容：

其一是数字视频档案资源语义特征的识别和提取。数字视频档案资源不同于一般文本型数字档案资源，属非结构化的信息资源，其语义特征识别和提取是一项较为复杂的工作。目前，档案工作部门需要将粗粒度的数字视频档案文件切分为一个个相对独立而又关联的视频颗粒，再进行语义特征（内容特征、背景特征等）识别和提取，并进行属性赋值，将数字视频档案资源转变为计算机易识别和理解的、结构化的细粒度档案知识单元。

其二是数字视频档案资源语义关联链接与组织。即是根据数字视频档案资源间的各类关系建立起语义链接，将其组织在一起，形成数字视频档案资源关联数据网络。具体而言，其一是要确立数字视频档案资源间关联关系。一方面要理顺数字视频档案资源间的物理关联关系，处理好不同粒度视频档案资源如文件、片段、视频单元等之间的物理隶属关系，以确保数字视频档案资源调用的"物理"精确性；另一方面要明确数字视频档案资源间的语义关联关系，如同一关系、隶属关系、相关关系和间接关系②等，在

---

① 祁天娇,冯惠玲.档案数据化过程中语义组织的内涵、特点与原理解析[J].图书情报工作,2021,65(09):3—15.

② 曾建勋.知识链接及其服务研究[M].北京:科学技术文献出版社,2012:39—41.

多维度上建立语义关联,将视频档案资源链接在一起,形成一个多维度相互关联的档案知识资源网络①。其二是要选择合适的数字视频档案资源语义关联方式。结合视频档案资源特性与用户利用需求,分析不同语义关联方式的优劣,确立数字视频档案资源语义关联组织方案,构建细粒度的、语义化的数字视频档案资源体系。

数字视频档案资源语义组织是细粒度层面的档案资源知识组织,它需要将视频档案文件进行微化和规范化处理,促进非结构化的视频档案资源向结构化信息资源转化,增加计算机系统的识别和理解能力,并利用各类关系在视频档案资源间建立多维语义关联,为用户构建知识化的数字视频档案资源利用网络。

(四)精准化服务

精准化服务是近些年来图书情报与档案管理学界探讨的热门话题。至于什么是精准化服务,诸多学者从不同视角提出了自己的观点。如,在图书馆服务领域,牛勇认为精准服务是指图书馆在普适服务基础上面向用户个性化需求而建立的以用户问题为导向的服务模式……是基于新的服务理念、嵌入已有服务类型全过程的新的服务模式②;唐斌认为,精准服务即以促进用户发展为目的,以用户需求活动为导向,采用科学的方法和策略,通过分析用户行为特征数据为用户提供针对性服务,满足用户个性化需求的过程③;张晗、毕强等人则认为,它是一种基于数据的服务,变革了传统的服务理念,由"资源为主"走向"服务为主",由"图书馆为主"转向"用户为主",由"用户为主"深入"用户驱动"④。如此等等。在档案服务领域,李财富、余林夕认为,精准化服务是在传统档案信息服务的基础上,以提供个性化服务为核心……利用档案用户小数据为其提供具有针对性的个性化服务,以达到精确服务

① 贺德方,曾建勋.基于语义的馆藏资源深度聚合研究[J].中国图书馆学报,2012(4):79—87.

② 牛勇.图书馆精准服务研究[J].图书馆学研究,2016(05):50—52.

③ 唐斌.图书馆精准服务:内涵、机制与应用[J].图书馆工作与研究,2017(05):9—13.

④ 张晗,毕强,李洁,等.基于用户画像的数字图书馆精准推荐服务体系构建研究[J].情报理论与实践,2019,42(11):69—74+51.

的目的①。苏君华、牟胜男认为,精准化服务是建立在对用户小数据深入挖掘和分析基础之上,从用户需求的角度出发……为用户提供的一种新型的小众化、个性化服务模式②……纵观诸位学者的观点,虽然各自界定不尽相同,但不难发现,对什么是精准化服务却形成了一些共识,如精准化服务是以用户为中心的服务,它是建立在传统服务基础之上的、面向场景需求的个性化服务等。

本研究涉及的精准化服务是数字视频档案服务领域的精准化服务,它除了强调学界专家提出的以用户为中心、面向场景需求、个性化等要求外,还需要考虑到数字视频档案资源内容呈现特点、检索查询的难点以及利用权限要求等内容。为此,本研究提出的精准化服务是指档案服务部门在数字视频档案资源语义化建设的基础上,结合用户需求和利用权限分析,为用户提供精准的视频档案资源内容和所需要的服务形式等。具体而言,一是要认真分析用户需求,以用户问题解决为中心来提供精准的数字视频档案资源内容。如,为用户提供具体所需要的视频单元、片段或视频文件中的具体起止时间位置线索等,以方便用户精准查找到自己所需要的视频内容等。二是要针对不同利用目的如凭证、学习、研究、再加工等,结合利用权限,为用户提供合适的数字视频档案服务。如,设计不同利用要求的视频文件浏览格式以及是否允许视频下载、转发等利用权限,以匹配不同权限用户的利用要求等。

(五)用户交互

交互式服务是现代信息服务的基本内涵,是"用户中心"理念在信息服务领域的践行。交互即交流互动、有问有答,如常见的具有交互功能的网站,能让用户与用户、用户与平台之间进行交流互动③等。用户交互,即

---

① 李财富,余林夕.基于档案用户小数据的精准化档案信息服务探析[J].档案与建设,2018(08):4—7.

② 苏君华,牟胜男.用户画像视域下档案馆精准服务:内涵、机理及实现策略[J].档案学通讯,2020(02):58—66.

③ 李玉华,褚希,张红.基于用户交互的精准农业气象服务方法研究[J].热带农业科学,2021,41(08):89—94.

是通过交互的方式将用户与服务系统、信息资源等有机地结合在一起,营建良好的信息服务生态环境,为解决日益复杂的"用户提问"创造更加有利的条件。具体而言,现代信息服务领域的用户交互主要涉及下列内容:其一是用户与信息系统之间的交互。它主要体现在用户与机器、软件系统等之间交互,也称"人机交互"①,具体通过信息系统的交互界面来完成。如,用户在系统检索界面提交检索提问,系统返回检索结果等;其二是用户与服务机构或工作人员之间的交互。它往往通过咨询、指导、反馈等形式体现出来。如,用户遇到信息利用困难时,他们往往会寻求帮忙,去查找利用指南或者在线(电话)咨询、反馈利用情况如投诉、点赞等。这方面的交互不仅直接关乎能否给用户带来好的利用体验,而且还关系到服务部门能否对其服务效果做出客观真实的评价。它是目前信息服务部门关注的交互重心和焦点。因为,一方面它有助于及时解决用户利用困难,满足用户需求,提升用户满意度和再利用的意愿;另一方面它能及时了解用户利用需求与服务提供匹配情况,收集用户利用特征和要求信息,为服务持续改进和优化提供决策依据。其三是用户与信息资源之间的交互。在实践中,用户与信息资源之间的交互主要表现在两大方面:一是用户对检索到的信息资源进行筛选、鉴别,调整或优化检索策略如扩大或缩小检索范围、调整检索词等,寻求最优检索结果;二是用户通过检索到的信息资源发现出新的资源线索如引文、资料来源等,去重新查询所需要的信息资源等。用户与信息资源之间的交互受用户个人知识和信息检索能力等因素影响较大。若碰到交互困难时,用户可以通过与专业服务工作人员或其他用户交互的方式来完成这一层的交互任务。四是用户与用户之间的交互,即是用户与用户之间的交流、分享等。现代网络环境下用户既是信息服务的对象,也是信息服务的参与者和提供者。用户及其利用经验是宝贵的服务资源,促进用户交流与经验分享也是现代信息服务工作的基本内容之一。在具体服务工作中,用户与用户之间的交互具有重要的意

---

① 陈光祚.“用户之友”的情报检索系统——系统—用户交互子系统的一个进展[J].情报学刊,1986(04):62—65.

义。一方面,它可以弥补信息服务机构人力、智力和专业能力等方面的不足,让用户参与到具体信息服务建设工作中来,聚众人智慧,不断提升信息服务效率;另一方面,它可以让用户获得相应的"参与感"①,增加用户的黏度②和活跃度③,为信息服务工作营造良好的社会生态环境。

1.3 研究目标、思路与方法

1.3.1 研究目标

本研究以网络环境下档案用户需求变化为切入点,从用户交互的视角来探讨数字视频档案资源语义组织与精准化服务实现的理论、方法与路径问题,以期为我国数字视频档案服务工作提供支持。具体研究目标为:

(1)调查数字视频档案资源利用需求与利用行为情况,分析与总结数字视频档案资源用户利用特点与利用期望,为数字视频档案资源语义组织与精准化服务研究与应用推广奠定基本的认知基础;

(2)确立数字视频档案资源粒度单元划分准则,构建面向用户需求的数字视频档案资源语义描述与标注体系框架,为非结构化视频档案资源转化为知识资源提供解决方案;

(3)明确数字视频档案资源间的语义关联关系,确立基于语义关联的数字视频档案资源组织与聚合方式、方法,为视频档案资源深度语义聚合提供理论与方法支持;

(4)建立基于用户交互的数字视频档案资源精准化服务实现理论体系,为数字视频档案资源精准化服务开展提供指导方案;

(5)开发数字视频档案资源精准化服务原型系统,对理论研究内容进行验证,并提出服务应用推进策略,以促进该领域工作的可持续发展。

① 胡明义.新体验时代的用户参与感[J].现代家电,2020(01):59—61+7.
② 张曦,于秋红.网络论坛的用户粘度研究[J].现代商业,2013(19):76—77.
③ 孙羽佳,所玛,许慧,等.基于社交化网络服务的中医药院校图书馆用户活跃度影响因素研究[J].中国中医药图书情报杂志,2021,45(06):26—29.

1.3.2　研究思路与内容

本研究按照"提出问题、分析问题和解决问题"的思路展开具体研究工作。在数字视频信息服务领域前沿动态追踪的基础上,系统地梳理和分析国内外相关研究探索成果,开展数字视频档案资源用户利用需求调查分析工作,进而从理论与应用的角度来探讨数字视频档案资源语义组织与精准化服务实现以及应用推进问题。具体研究内容如下:

(1)绪论。本部分主要是在研究背景与研究意义分析的基础上,界定了与本研究主题相关的基本概念,阐释了本研究的目的、思路、方法与创新等内容。

(2)国内外数字视频档案资源语义组织与精准化服务研究进展。本部分梳理和分析了国内外数字视频档案资源语义组织与精准化服务研究进展情况,并对国内外研究现状进行了比较,进而在此基础上提出了该领域研究的发展建议,为数字视频档案资源语义组织与精准化服务研究提供理论基础与经验借鉴。

(3)交互环境下数字视频档案资源用户需求调查分析。本部分在明确调查目的、意义、内容与方法的基础上,通过设计和发放调查问卷的形式来收集交互环境下数字视频档案资源用户需求与期望信息,分析总结出了数字视频档案资源用户需求特点、利用行为模式、面临的障碍以及利用期望等,为数字视频档案资源语义组织与精准化服务研究提供现实依据。

(4)数字视频档案资源内容揭示与语义描述研究。本部分在数字视频档案资源类型和结构特征分析的基础上,构建了面向用户需求的数字视频档案资源语义描述框架,从内容特征、形式特征和版权特征三个维度来揭示和描述数字视频档案资源,并规定了描述的具体要求和标准,进而设计了多层级视频档案资源语义标注框架,为解决数字视频档案资源细粒度语义描述问题提供理论指导框架。

(5)数字视频档案资源语义关联组织与聚合研究。本部分在我国数字视频档案资源组织与聚合主要障碍分析的基础上,提出了数字视频档案资源语义关联组织与聚合的理念,明晰了数字视频档案资源语义关联关系、语义关联方式以及语义映射方案等,并以最小独立主题意义的"视频单元"为资源聚合对象,设计了基于视频单元的视频档案资源多维语义关联聚合实现框架,并进行了实验验证。

(6)基于用户交互的数字视频档案资源精准化服务实现研究。本部分在我国省市级档案馆网站视频档案服务调查的基础上,结合用户需求,设计了基于用户交互的数字视频档案资源精准化服务模式,并在理论层面探讨了数字视频档案资源精准化服务体系的构成、运行机制以及服务运行的保障策略等。

(7)数字视频档案资源精准化服务原型系统开发与应用推进。本部分采用Python开发语言并结合xadmin开发框架和D2RQ资源管理框架开发出了数字视频档案资源精准化服务原型系统,验证了项目设计内容的合理性和可行性。另外,本部分还探讨了数字视频档案资源精准化服务应用推进策略问题,从应用规划制定、应用服务试点、应用服务研究以及服务文化培育等层面给出了具体的推进建议。

(8)结束语。本部分对项目研究工作进行总结,指出研究中存在的不足,并对数字视频档案资源语义组织与精准化服务等领域的未来研究安排进行思考和展望。

1.3.3　研究方法

数字视频档案资源语义组织与精准化服务是一项新的研究与实践课题。为了保障研究工作顺利推进,在具体研究过程中,本研究采用的主要研究方法有:

(1)文献调查法。从目前检索到的文献结果来看,国内外诸多研究者对视频(档案)信息描述、组织与服务提供等内容进行了相关研究,并取得了一定数量的研究成果。这些成果可以为本研究提供借鉴和参考。为此,本研究利用文献调查法,对国内外相关研究成果进行了梳理和分析,为数字视频档案资源语义组织与精准化服务研究开展提供必要的理论基础与经验借鉴。

（2）专家访谈法。领域专家的意见或建议是至关重要的。本研究在数字视频档案资源描述框架构建、语义关联组织与聚合模型设计、精准化服务模式制定等方面,多次请教理论与实践专家,并与之深入交流。专家们的这些意见和建议为本研究顺利开展提供了非常有力支持和帮助。

（3）体验调查法。为了收集第一手数据资料,本项目组成员多次线下或在线访问数字视频档案资源利用系统,并与档案服务人员、用户进行直接交流沟通,为用户利用需求分析、视频档案服务平台设计等方面收集了大量有用的信息或数据,也为数字视频档案资源描述方案制定、语义组织框架构建及精准化服务模式设计等提供了最为直接的信息支持。

（4）类比借鉴法。目前数字视频档案资源语义组织与精准服务没有系统的操作方案。为了推进具体研究工作,本研究采用类比借鉴的方法,将其他领域如语义网、数字图书馆、媒资管理等领域的相关理论与方法借鉴到数字视频档案资源语义组织与精准化服务中来,并进行类比分析,以寻找合适且兼容的实现路径和方法。

（5）仿真实验法。本研究采用了仿真实验法设计和开发了数字视频档案资源精准化服务原型系统,验证和完善了数字视频档案资源内容揭示、语义标注、多维关联组织以及精准化服务实现等理论研究内容。

1.4　研究创新之处

数字视频档案资源语义组织与精准化服务是新时代档案工作部门亟待要思考和解决的重要议题,它需要在继承的基础上不断创新。本研究的创新之处主要体现在以下方面:

（1）构建了面向用户需求的数字视频档案资源描述框架。针对目前我国数字视频档案资源描述要素过于简略、关联关系设计较少、利用权限不明晰等问题,本研究在分析DC、《录音录像类电子档案元数据方案》

(DA/T 63—2017)等资源描述方案的基础上,结合一般用户利用需求和习惯,设计了三维(内容特征维、产权特征维和形式特征维)细粒度的视频档案资源描述框架,以解决数字视频档案资源内容深入揭示与描述问题。该描述框架在传统内容特征和形式特征划分的基础上,将数字视频资源的版权特征从原来的形式特征中划分出来,单独设计为一个描述维度,符合视频档案资源管理与利用要求,为有效解决数字视频档案资源利用中的版权问题提供了明确的框架。另外,该描述框架在内容特征描述方面,设计了"活动描述"项,将视频文件记录的活动划分为一个个相对独立的"活动单元"进行描述,有利于在细粒度层面对视频档案资源内容进行深入揭示,能为将来的视频档案精准化利用提供支持。此外,该描述框架还设计了诸多关联接口如"全宗或类""附件""参照"等,为数字视频档案资源多维语义关联组织创造了必要条件,同时也为数字视频资源利用提供了更多的资源关联发现线索,能有效促进视频档案资源的综合利用。

(2)设计了数字视频档案资源多层级语义标注体系。本研究在国内外相关研究成果梳理分析的基础上,结合数字视频档案资源内容深度描述的要求和多元化利用需求,设计了数字视频档案资源多层级语义标注框架、视频档案语义标注本体模型等,为数字视频档案资源语义标注工作提供了新的指导框架。在具体操作上,可以根据视频文件记录结构和活动边界将具体的数字视频档案文件划分为视频文件、视频片段、视频单元等层级进行语义标注,以合适不同层次利用需求。同时,该语义标注体系强调视细粒度频单元级的语义标注,利用数字视频档案资源语义标注领域本体模型,将视频单元内容中的人物、事物、时间、地点、背景等要素提取出来,并进行语义标注,将具体的数字视频档案资源转化为语义化的档案资源,为数字视频档案资源语义关联组织等工作奠定基础,也为语义网时代数字视频档案资源描述工作提供新的发展思路。

(3)构建了基于视频单元的数字视频档案资源多维语义关联聚合方案。数字视频档案资源高质量的语义关联组织与聚合是其精准化服务实现的基础和保障。本研究在剖析我国视频档案资源组织与聚合问题的基础上,结合数字视频档案资源利用需求,设计了基于视频单元的视频档案资源多维语义关联聚合逻辑框架与实现方案。它以相对独立又关联的视频单元为组织对象,利用语义关联关系,在多个维度上实现深度聚合,将数字视频档案资源转化真正能为用户所用的档案知识资源。这一多维语义关联聚合框架可以为数字视频档案资源组织与整合工作提供具体的切入口,为细粒度层面的视频档案资源深度聚合实现提供操作指南。

(4) 设计了基于用户交互的数字视频档案资源精准化服务体系。用户交互是解决当前数字视频档案资源精准服务实现的有效途径。本研究以此为立足点,设计了由用户画像系统、视频档案资源组织与检索系统、服务精准推荐系统、交互服务实现平台等四个部分组成的数字视频档案资源精准化服务体系。该体系将用户纳入到数字视频档案资源服务建设体系中,让用户参与到数字视频档案资源及服务建设工作中来,强调用户利用反馈,实现用户由传统的档案服务接受者向档案服务的建设者和参与者的角色转变,拓展了新时代档案服务建设工作的内涵。另外,该体系将用户画像、精准推荐、交互服务等理念与实现技术引入数字视频档案资源服务工作,有助于拓展档案服务工作的视野,树立档案服务工作开放的新形象。

1.5　本章小结

如何适应时代发展要求,对数字视频档案资源内容进行有效地揭示并组织起来,建设高效能的数字视频档案资源利用服务体系,为用户提供高质量的、精准化的、个性化的数字视频档案服务,已成为时代赋予档案工作的新命题。然而,数字视频档案资源不同于文本型、图像型等类型的数字档案资源,它在拥有多维立体记录优势的同时,也给信息加工、处理等工作带来了诸多挑战。传统的档案信息组织与服务方案已无法适应当今社会多样化的视频档案资源利用与服务要求。

面对数量日益增长的、非结构化的数字视频档案资源,诸多研究者和实践机构从不同角度展开了研究,并采取了诸多积极的应对措施,以期为用户提供更好的视频档案服务。但是在语义特征难以计算机自动识别、提取且人工处理成本又较高等因素的影响下,数字视频档案资源加工处理、利用服务等工作开展的效果并不理想。如何结合用户需求,为数字视频档案资源组织与服务提供一套科学合理的解决方案,是该领域研究与探索的意义所在。本章主要是在研究背景与研究意义分析的基础上,界定了与本研究主题相关的基本概念,阐释了本研究的目的、思路、方法与创新等内容。

2 国内外数字视频档案资源语义组织与精准化服务研究进展

　　视频档案资源是记录最为直观且深受用户喜欢的档案资源,其管理与利用问题一直是档案工作领域关注的核心问题。早在20世纪90年代一些机构就如何有效管理和利用视频档案资源展开了相关研究与实践探索,代表性的成果有1991年美国哥伦比亚大学开发的videoQ系统和1995年IBM公司推出的图像和视频检索系统QBIC等。进入数字记录时代以后,随着数码声像记录技术与设备的广泛应用,数字视频档案资源呈日益增长之势。然而,数字视频档案资源因其内容呈现形式的特殊性,其内容揭示、语义特征识别与提取却相对困难,服务利用多处于"模糊"状态。如何有效揭示数字视频档案资源内容并将其科学合理地组织起来,为用户提供优质的视频档案服务,已成为国内外档案服务领域研究者与实践机构亟待要探索的重要内容之一。为了促进该领域服务工作的发展,一些学者和研究机构进行了相关理论与实践探索,并取得了一些研究成果。本章通过梳理国内外数字视频档案资源语义组织与精准化服务领域的研究与探索成果,分析国内外研究现状,总结该领域的研究特点,并进行对比分析,以期为本项目研究工作开展提供借鉴和参考。

2.1　国外数字视频档案资源语义组织与精准化服务研究进展

2.1.1　国外研究概况

（一）国外研究文献统计分析

以关键词"audio-visual archives""video archives""video files""film archives""audio-visual file"与"metadata"和"semantic""retrieval""recognition""organization"和"utilization""service"分别匹配检索，其检索式为："SU = （'audio-visual archives' OR 'video archives' OR 'video files' OR 'film archives' OR 'audio-visual file'）AND（'metadata'）AND（'semantic' OR 'retrieval' OR 'recognition' OR 'organization'）AND（'utilization' OR 'service'）"。通过检索"*Web of Science*""*Emerald*""*Elsevier*""*Willey*""*Ebsco Host*""*Spring link*"等数据库，对检索结果进行一一筛选之后得到与本研究主题相关的研究文献共计139篇（检索时间为2022年11月①）。具体研究文献分布情况如下：

（1）文献年代分布分析

从研究成果文献年代分布情况来看，国外研究者在20世纪90年代前后就开始关注视频档案资源的管理与计算机检索利用问题。本次能检索到的最早两篇文献为《Quantitative regional contraction analysis of cineventriculography：reporting，filing，and retrieval functions using a personal computer》②和《A searching method of the most similar string in the file of a document retrieval system》③，它们主要介绍和探讨了视频类型档案文件

---

① 鉴于数字视频管理相关技术发展较为迅速的情况，本研究于2022年11月进行了第二次文献检索，并对原2019年12月的检索结果进行了补充，尽可能保障文献梳理的完整性。

② Bozzi G，Verna E，Skinner J M，et al.Quantitative regional contraction analysis of cineventriculography：reporting，filing，and retrieval functions using a personal computer[J].Catheterization and cardiovascular diagnosis，1989，18(1)：50—59.

③ Kobayashi K，Imamura T，Takahashi M，et al.A searching method of the most similar string in the file of a document retrieval system[J].Systems and computers in Japan，1992，23(2)：24—38.

的组织,并讨论如何搭建和使用视频文件检索系统进行检索利用等问题。另外,视频档案资源管理与利用的专业性和技术性较强,且需要的投入也比较大,其研究往往会受到大型数字化项目立项的影响。如,2008年欧洲文化遗产共享项目"Europeana"就推动了该领域的研究发展,研究成果数量也有了较为明显的增加(如图2-1)。目前国外该领域研究成果年产出量并不大,总体上处于波动上升趋势。

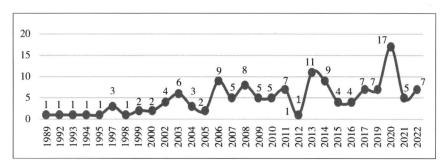

图2-1 国外视频档案资源语义组织与精准化服务研究文献年代分布趋势图

(2)文献来源分布分析

本次检索到的139篇国外相关文献主要以期刊论文、图书章节、会议论文集、会议论文、图书专著等形式呈现,具体分布见表2-1。其中,期刊论文121篇,分布呈分散状态,分别发表在74种期刊上。《Multimedia Tools and Applications》《Bibliothek Forschung und Praxis》《Journal of Documentation》《Proceedings of the Association for Information Sci》《Multimedia Systems》《International Journal on Digital Libraries》《Library Hi Tech》《IEEE Transactions on Circuits and Systems for Video Technology》《Expert Systems with Applications》《ACM Transactions on Multimedia Computing Communications and Applications》等10种期刊发表相关文章的数量相对集中,具体见表2-2。

表2-1 外文相关研究文献类型

文章类型	发文量(篇)	百分比
期刊论文	121	87.05%
图书章节	13	9.35%

续表

文章类型	发文量(篇)	百分比
会议论文集	3	2.16%
会议论文	1	0.72%
图书专著	1	0.72%

表2-2　外文相关研究高产期刊分布

序号	期　　刊	发文量(篇)
1	Multimedia Tools and Applications	14
2	Bibliothek Forschung und Praxis	10
3	Journal of Documentation	5
4	Proceedings of the Association for Information Sci	5
5	Multimedia Systems	5
6	International Journal on Digital Libraries	4
7	Library Hi Tech	4
8	IEEE Transactions on Circuits and Systems for Video Technology(TCSVT)	4
9	Expert Systems with Applications	3
10	ACM Transactions on Multimedia Computing Communications and Applications	3

(3) 文献作者与机构分布分析

从作者发文量统计情况来看,目前该领域高产研究者数量较少,研究成果多以零散的形式存在。目前较为系统的研究成果主要有德国马尔堡菲利普大学的 Markus Mühling、Nikolaus Korfhage、Bernd Freisleben、Kader Pustu-Iren 与就职于德国国家科学技术图书馆的 Ralph Ewerth 以及德国广播档案馆的 Angelika Hörth 等人发表的4篇论文,探究基于内容的视频档案检索、可视化利用以及基于深度学习的语义视频索引等方面问题。其中以 Markus Mühling 为第一作者发表的论文有2篇,分别为2019年发表的《*Content-based video retrieval in historical col-*

*lections of the German Broadcasting Archive*①和 2022 年发表的《VIVA：visual information retrieval in video archives》②。另外，爱尔兰都柏林城市大学的 Alan F.Smeaton 和 Cathal Gurrin 等从 2004 年开始发表有关视频搜索引擎（Semantic Video Search Engine）的研究论文。在本次文献检索结果中，以 Alan F.Smeaton 教授为第一作者发表的文献有 2 篇，分别是 2007 年发表的《Techniques used and open challenges to the analysis, indexing and retrieval of digital video》③和 2008 年发表的《Content-based video retrieval：Three example systems from TRECVid》④，研究内容主要集中在基于内容的视频搜索引擎系统开发和数字视频分析、索引与检索等方面。此外，就职于美国北得克萨斯州立大学的 Mary Burke 和 Oksana L.Zavalina 也发表了相关论文 2 篇，分别为 2019 年发表的《Exploration of Information Organization in Language Archives》⑤和 2020 年发表的《Descriptive richness of free‐text metadata：A comparative analysis of three language archives》⑥，主要是探究语言视频档案的组织与语义描述问题。

从文献产生的机构分布情况来看，目前该领域的研究群体主要集中在高校科研单位和档案工作实践机构。产量最高的高校分别是阿姆斯特丹大学、北得克萨斯州立大学、马尔堡菲利普大学、都柏林城市大学、华盛

---

① Mühling M, Manja M, Nikolauset K, et al.Content-based video retrieval in historical collections of the German Broadcasting Archive[J].International Journal on Digital Libraries, 2019, 20(2):167—183.

② Muehling M, Korfhage N, Pustu-Iren K, et al.VIVA：Visual information retrieval in video archives[J].International Journal on Digital Libraries, 2022, 23(4):319—333.

③ Smeaton A F.Techniques used and open challenges to the analysis, indexing and retrieval of digital video[J].INFORMATION SYSTEMS, 2007, 32(4):545—559.

④ Smeaton A F, Wilkins P, Worring M, et al.Content-based video retrieval：Three example systems from TRECVid[J].International Journal of Imaging Systems and Technology, 2008, 18(2—3):195—201.

⑤ Burke M, Zavalina O.Exploration of information organization in language archives[J].Proceedings of the Association for Information Science and Technology, 2019, 56(1):364—367.

⑥ Burke M, Zavalina O.Descriptive richness of free-text metadata：A comparative analysis of three language archives[J].Proceedings of the Association for Information Science and Technology, 2020, 57(1):1—6.

顿大学,其产出均为3篇。阿姆斯特丹大学研究的主要集中在视频档案
如新闻视频档案的语义学习[①②]以及基于不同视角的不同语义精度级别
的关联数据实践[③]等;北得克萨斯州大学主要研究了语言视频档案的信息
组织、档案描述以及传统电影资料的数字化机遇问题[④];马尔堡菲利普大
学探索了基于内容的视频档案检索问题[⑤];同样,都柏林城市大学也对基
于内容的视频档案检索系统[⑥]和数字视频分析、索引和检索所使用的技
术[⑦]进行了相关研究;华盛顿大学结合语境与现实情境关注了视频类型档
案的存档研究前景[⑧]、知识组织框架分析[⑨]以及服务利用[⑩]方面等问题。
此外,实践机构多以图书馆、档案馆(室)、咨询公司、研究所、医院等为主,
如德国国家科学技术图书馆(TIB)和土耳其科学技术研究委员会均有产

① Snoek C.G.M,Worring M,Hauptmann A.G.Learning rich semantics from news video archives by style analysis[J].ACM Transactions on Multimedia Computing,Communications and Applications,2006,2(2):91—108.

② Worring,M,Snoek C,Ork de Rooij,et al.Mediamill:Advanced browsing in news video archives[J].Advanced Browsing in News Video Archives,2006,4071(1):533—536.

③ Isaac A,Baker T.Linked data practice at different levels of semantic precision:The perspective of libraries,archives and museums[J].Bulletin of the Association for Information Science &. Technology,2015,41(4):34—39.

④ Frick C.Repatriating American film heritage or heritage hoarding? Digital opportunities for traditional film archive policy[J].Convergence:The International Journal of Research into New Media Technologies,2015,21(1):116—131.

⑤ Mühling M,Manja M,Nikolauset K,et al.Content-based video retrieval in historical collections of the German Broadcasting Archive[J].International Journal on Digital Libraries,2019,20(2):167—183.

⑥ Smeaton AF,Wilkins P,Worring M,et al.Content-based video retrieval:Three example systems from TRECVid[J].International Journal of Imaging Systems and Technology,2008,18(2—3):195—201.

⑦ Smeaton A F.Techniques used and open challenges to the analysis,indexing and retrieval of digital video[J].Information Systems,2007,32(4):545—559.

⑧ Jian-Sin L,Jeng W.The Landscape of Archived Studies in a Social Science Data Infrastructure:Investigating the ICPSR Metadata Records[J].Proceedings of the Association for Information Science &. Technology,2019,56(1):147—156.

⑨ Abreu A.Anatomy of context:A framework analysis for archival knowledge organization[J].Proceedings of the American Society for Information Science and Technology,2008,45(1):1—5.

⑩ Clifasefi S L,Collins S E,Tanzer K,et al.Agreement between self-report and archival public service utilization data among chronically homeless individuals with severe alcohol problems[J].Journal of Community Psychology,2011,39(6):631—644.

出论文2篇,内容主要涉及视频档案语义注释①、视频档案语义索引②等方面。

（4）文献高频关键词分布分析

由于此领域的直接研究成果相对较少,其关键词著录也相对不太规范,本研究通过对关键词进行同义合并,利用在线数据分析软件SATI绘制了国外视频档案资源语义组织与精准化服务相关研究的热点知识图谱（见图2-2）,以便进一步了解国外文献研究主题分布情况。

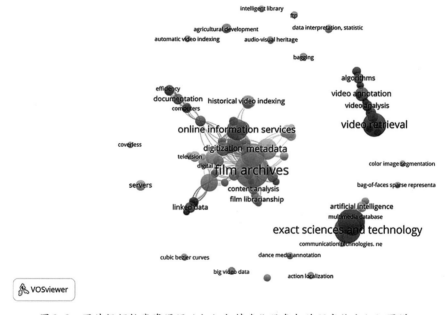

图2-2　国外视频档案资源语义组织与精准化服务相关研究热点知识图谱

从图2-2来看,国外数字视频档案资源语义组织与精准化利用服务研究主要涉及电影电视影像资源、体育和广播视频、数字图书馆、数字档案等领域,研究热点主要集中在视频元数据、视频特征提取等关键技术以及视频档案资源内容检索实现等层面。其中,关键技术主要涉及动作检测、视频分割、动态特征提取等内容,视频检索主要应用于语义网络、浏览

---

① Yazici A,Kucuk D.A semi-automatic text-based semantic video annotation system for Turkish facilitating multilingual retrieval[J].Expert systems with Applications,2013,40(9):3398—3411.

② Kucuk D,Yazici A.Exploiting information extraction techniques for automatic semantic video indexing with an application to Turkish news videos[J].Knowledge-Based Systems,2011,24(6):844—857.

器系统建设等方面。

（二）国外研究文献内容分析

结合研究热点知识图谱（见图2-2），可以将国外该领域的相关研究
成果归纳为以下三个方面：一是数字视频档案资源元数据体系构建研究；
二是数字视频档案资源特征识别与语义标注研究；三是数字视频档案资
源利用服务实现研究。

（1）数字视频档案资源元数据体系构建研究

元数据是数字视频档案资源管理的基础性工具，构建科学的元数据
体系是数字视频档案资源管理工作的核心内容。从检索到的文献来看，
国外研究者对元数据体系建设问题开展了大量研究工作，视频档案资源
元数据方面研究与探索大多寓于其中。相关内容主要涉及视频档案元数
据体系构建的意义、方式、技术与实践等方面。

一是视频档案资源元数据体系构建的意义。随着数字视频档案资源
数量日益增加，如何构建科学的元数据体系来解决视频档案资源的管理
与利用问题，已成为国外声像档案管理部门关注的重要工作内容。最初
他们的关注点主要集中在如何构建科学的元数据体系来提高视频档案检
索和利用的效率和质量。如，2010年Huurnink B等[1]认为，档案馆检索系
统虽然能帮助搜索者较为快速地导航到可用的视听资源，但现有的元数
据方案不能满足利用者的深度检索需求，构建科学的视频档案元数据体
系十分必要。2014年针对电视台视听材料制作日益多样化的需求，E.
Lopez de Quintana Saenz也认为，构建科学的视频档案元数据体系，寻求
用于自动索引和搜索的有效替代方案是必要的[2]。随着文化遗产工程等
大型项目的推进，国外诸多研究者认为，不应简单满足于构建单一的、简
单的视频档案元数据体系，还应注意视频档案元数据体系在社会生活与

---

① Huurnink B,Hollink L,Van Den Heuvel W,et al.Search behavior of media professionals at an audiovisual archive:A transaction log analysis[J].Journal of the American society for information science and technology,2010,61(6):1180—1197.

② López-de-Quintana-Sáenz, Eugenio. Rasgos y trayectorias de la documentación audiovisual: logros,retos y quimeras[J].El Profesional de la Informacion,2014,23(1):5—12.

文化遗产传承中的重要作用。如,2011年Tedd[①]强调了威尔士文化遗产机构对文化遗产数字化工作的重视,介绍了"威尔士人民收藏"项目元数据体系建设的意义,即可以引导用户参与了数字内容创建,个人或当地历史协会可以创建自己的数字收藏,贡献相关内容,并从遗产机构检索与获取数字资源等。2019年Schafer.V等[②]针对法国2015年及2016年遭受攻击所形成大量"实时"机构档案,分析了元数据体系对这些"实时"数字图像、视频档案收集、整理、开发利用的必要性和重要性,并着重强调紧急和危机时期的元数据体系对网络归档实践的重要意义等。2022年Davidson等[③]针对苏格兰东北部一隅社区的遗产影像档案,创建了在线移动影像档案平台,并阐述了如何通过元数据体系实现影片档案的收集、编辑与重制等,以确保其长期保存和使用。

二是视频档案资源元数据体系构建的方式。视频档案资源元数据的构建不同于简单的元数据标准和元数据词典的设立,构建视频档案资源元数据体系目的在于在大量的分布式计算机中可进行检索、存储及互操作。至于如何构建视频档案元数据体系,国外学者展开了相关探索,并认为以往的人工创建元数据的体系和方法已经远不能满足当今社会发展要求。正如Taglienti P指出,"手工创建元数据十分珍贵,但是不适用于数字视频资源,因为视频资源的元数据都是基于相应产品的副产物"[④]。基于计算机环境的视频档案资源元数据自动提取与构建势在必行。卡耐基梅隆大学的Informedia项目组[⑤]率先利用语音识别、图像处理和自然语言

---

① Tedd L A.People's Collection Wales:Online access to the heritage of Wales from museums,archives and libraries[J].Program:electronic library and information systems,2011,45(1):333—345.

② Schafer V,Truc G,Badouard R,et al.Paris and Nice terrorist attacks:Exploring Twitter and web archives[J].Media,War & Conflict,2019,12(2):153—170.

③ Davidson A,P H Reid,Digital storytelling and participatory local heritage through the creation of an online moving image archive:a case-study of Fraserburgh on Film[J].Journal of Documentation,2022,78(2):389—415.

④ Taglienti P.Building a national strategy for digital preservation:Issues in digital media archiving [J].Library collections acquisitions and technical services,2004,28(2):241—242.

⑤ Christel M,Wactlar H,Gong Y,et al.Lessons Learned from the creation and deployment of a terabyte digital video library[J].IEEE Computer,1999,32(2):66—73.

理解等为视频库自动生成元数据,以解决其元数据提取的成本问题。另外,诸多学者在具体如何构建元数据体系方面提出了相关方案。如,2003年 Nanard 等[①]开发了 IUHM 模型和相应的体系结构框架,使用统一的信息单元(IU)将所有类型的系统实体都封装为实例,具体包括基本概念、服务、数字视频档案、元数据、协作问题(包括用户组描述、观点);2005年 Takahashi[②]根据大型体育视频档案相应内容构建了具有视频内容描述的元数据体系,建立了包含五个信息项——单元类型、分类、玩家、事件、媒体时间的树状结构元数据模型等;2010年 Caldera-Serrano 等[③]认为,可以将各阶段形成的视听档案描述性元数据进行合并形成元数据体系,并在2016年的进一步研究中指出,通过选取不同的数据库字段以及用于索引和主题元素描述的方式,整合提取并生成主题索引、形成词表[④]来尽可能地完善元数据体系,以实现更好的主题检索等。

三是视频档案资源元数据体系构建的技术。技术是视频档案资源元数据构建或扩展的关键。根据检索到的文献来看,视频档案资源元数据体系构建的技术主要涉及数据转换技术、本体映射技术和关联数据技术等。在数据转换技术方面,1999年 Auffret 等[⑤]基于自由分解方法介绍了视听文档注释(AI Stand)模型和用户之间的数据描述交换格式(AEDI);2016年 Victor 等[⑥]提出了可重用的转换算法,将转换后的主题词表和生成

① Nanard M, Nanard J, King P. IUHM: a hypermedia-based model for integrating open services, data and metadata [C] //Proceedings of the fourteenth ACM conference on Hypertext and hypermedia. 2003: 128—137.

② Takahashi Y, Nitta N, Babaguchi N. Video summarization for large sports video archives [C] // 2005 IEEE International Conference on Multimedia and Expo. IEEE, 2005: 1170—1173.

③ Caldera-Serrano J, Freire-Andino R O. Los metadatos asociados a la información audiovisual televisiva por "agentes externos" al servicio de documentación: validez, uso y posibilidades [J]. Biblios: Journal of Librarianship and Information Science, 2016 (62): 63—75.

④ Caldera-Serrano J. Thematic description of audio-visual information on television [J]. Aslib Proceedings, 2010, 62(2): 2020—209.

⑤ Auffret G, Prié Y. Managing full-indexed audiovisual documents: a new perspective for the humanities [J]. Computers and the Humanities, 1999, 33(4): 319—344.

⑥ De Boer V, Priem M, Hildebrand M, et al. Exploring audiovisual archives through aligned thesauri [C] //Research Conference on Metadata and Semantics Research. Springer, Cham, 2016: 211—222.

的链接表示为SKOS RDF文件,可以在线访问视频档案资源并实现重用等。在本体映射技术方面,2003年Hunter[①]使用RDF/OWL来描述MPEG-7、MPEG-21两类元数据中的语义关系,并建立相关类和属性等级的对应关系与其ABC模型进行集成;2004年Isaac等[②]根据MPEG-7和TV Anytime之间的映射关系来提取视听本体,Hauptmann[③]构建了一个针对广播视频的LSCOM;2005年Simou[④]针对视频资源提出了可视化描述本体(VDO);2008年Richard等[⑤]构建了针对多媒体的核心本体COMM;2010年Bountouri和Gergatsoulis[⑥]设计了一个整合架构,通过定义映射描述语言(Mapping description language)即映射规则来正式描述各类映射,并在本地资源和本体之间建立一套数据转换逻辑规则来实现EAD、DC、VRA等到CIDOC概念参考模型的映射。2011年Höffernig等[⑦]提出了一种使用本体在多媒体元数据格式之间映射的方法,实现了MPEG-7和都柏林核心之间的映射;2018年Gracy[⑧]描述了如何有效绘制档案运动图像记录与相关外部数据源之间的映射。在数据关联技术方

① Hunter J. Enhancing the semantic interoperability of multimedia through a core ontology[J]. IEEE Transactions on Circuits and Systems for Video Technology,2003,13(1):49—58.

② Isaac A,Troncy R. Designing and using an audio-visual description core ontology[EB/OL]. [2022—12—11].https://www.researchgate.net/publication/228863168_Designing_and_using_an_audio-visual_description_core_ontology.

③ Hauptmann A G. Towards a large scale concept ontology for broadcast video[C]//CIVR.2004, 3115:674—675.

④ Simou N,Tzouvaras V,Avrithis Y,et al. A visual descriptor ontology for multimedia reasoning [C]//In Proc. of Workshop on Image Analysis for Multimedia Interactive Services(WIAMIS'05), Montreux,Switzerland,April 13—15.2005:13—15.

⑤ Arndt R,Troncy R,Staab S,et al. COMM:designing a well-founded multimedia ontology for the web[J].Lecture Notes in Computer Science,2008,4825(1):30—43.

⑥ Gergatsoulis M,Bountouri L,Gaitanou P,et al. Mapping cultural metadata schemas to CIDOC conceptual reference model[C]//Hellenic Conference on Artificial Intelligence.Springer,Berlin,Heidelberg,2010:321—326.

⑦ Höffernig M,Bailer W,Nagler G,et al. Mapping audiovisual metadata formats using formal semantics[J].Lecture Notes in Computer Science,2011,6725(1):80—94.

⑧ Gracy K F. Enriching and enhancing moving images with Linked Data:An exploration in the alignment of metadata models[J].Journal of Documentation,2018,74(2):354—371.

面,2010年Hollink等①为丰富视频资源的元数据同义词库结构,增加词库描述附加价值,将结构化的GTAA词库与用于索引和搜索视听材料和语义相对更丰富的WordNet外部资源连接起来。2019年Victor De Boer等②也指出将结构化的元数据词汇表和外部来源(Wikidata、DBPedia、GeoNames等)连接起来,扩充描述元数据的背景信息和相关联信息等。Ricardo③认为视频中规范化的元数据与相似属性集的元数据视频相关联,并对它们进行交叉匹配,使用关联数据技术对提取的视频档案资源文本元数据进行自动注释,是目前和未来的研究热点等。

四是视频档案资源元数据构建的实践。除了理论研究外,一些机构在实践层面对视频档案资源元数据构建也开展了实践探索。如,国际声音和视听档案协会(IASA)将视频档案元数据构建作为该协会研究探讨的主要领域之一,在其2022年会议中强调,元数据架构不仅在保留内部数据,而且在允许交换、重用和访问内容等方面变得越来越重要,并对存储在南非国家电影、视频和声音档案馆(NFVSA)的口述历史视频内容的元数据分类模式进行了探讨④。又如,音像档案协会协调理事会(CCAAA)自2007年以来,每年10月27日代表国际教科文组织来组织和推广"世界音像遗产日",强调创新搭建元数据体系为视频档案遗产提供技术多样的数字化保护支持等⑤。另外,随着数字视频容量的急剧增长,基于内容的视频检索越来越受到人们的重视。文本检索会议(TREC)自

---

① Hollink L,Malaisé V,Schreiber G.Thesaurus enrichment for query expansion in audiovisual archives[J].Multimedia Tools and Applications,2010,49(1):235—257.

② De Boer V,De Bruyn T,Brooks J,et al.The benefits of linking metadata for internal and external users of an audiovisual archive[J].Communications in Computer and Information Science,2019,846:212—223.

③ Ricardo F J.Strategies for enhancing digital archive infrastructure [J/OL].[2022—10—12].https://www.bu.edu/dbin/dance/DVRA_TechnicalArchitecture.pdf.

④ Ngoepe M.Metadat schema and curatorial access for oral history content in South Africa[EB/OL].[2022—12—28].https://iasa.aviaryplatform.com/collections/2023/collection_resources/82238.

⑤ UNESCO.UNESCO to hold a policy dialogue on preserving documentary heritage at risk[EB/OL]. [2022—11—12]. https://www. unesco. org/en/articles/unesco-hold-policy-dialogue-preserving-documentary-heritage-risk.

1991年举办以来就负责组织收集并向与会者提供标准的语料库(Corpus)、检索条件和问题集(Query Set)以及评测办法(Evaluation)①。TREC有效促进了大规模语料库有效信息检索的发展,也同时促进视频档案资源元数据发展。此外,还有许多其他相关领域学会如电气和电子工程师学会(IEEE)、音频工程学会(Audio Engineering Society)等也在关注着视频元数据的构建与发展问题。目前在视频档案管理领域,国际上代表性的元数据相关标准有都柏林元数据(Dublin core)、视觉资料核心类目(VRA core)、MPEF-7和MPEG-21、机器可读目录(MARC)SMPTE元数据字典、ISAD(G)、CDWA的视听资料相关元数据等。

(2) 数字视频档案资源特征识别与语义标注研究

视频档案资源特征识别与语义标注是其能被有效利用的基础和前提。国外大多数学者主要结合视频检索技术的发展来探讨这一问题,其着眼在于实现视频档案资源的快速检索和精准浏览。例如,2012年Huurnink②根据视听档案以往的用户需求和检索数据,设计了基于内容的视频档案检索方法,以期提高视频档案检索性能等。从检索到的文献来看,目前该领域国外学者的研究主要集中在"视频档案资源特征识别与提取"以及"视频档案资源主题标识与语义标注"两大方面。

一是视频档案资源特征识别与提取。数字环境下视频档案资源管理的重点和难点在于如何让计算机直接有效地识别视频档案资源的内容与结构,并提取有效特征。在视频档案资源特征识别与提取研究方面,国外大多数研究者一开始均从"单模态"的图像(视觉)、音频、文本等视角展开分析,然而随着视频档案资源数量的日益增加,研究者们发现"单模态"的特征识别模式已经远远无法满足视频资源建设需要,于是研究的重心逐渐转变到"多模态"分析轨道上来,即加入音频识别分析、文本识别分析、运动特征分析等多种手段共同实现视频档案资源特征识别与提取任务。

---

① TREC.Overview[EB/OL].[2022—12—23].https://trec.nist.gov/overview.html.

② Huurnink B, Snoek C G M, de Rijke M, et al.Content-based analysis improves audiovisual archive retrieval[J].IEEE Transactions on Multimedia,2012,14(4):1166—1178.

在"单模态"分析方面,国外研究又主要集中在图像(视觉)分析、音频识别分析、文本识别分析三个层面:

其一是利用图像(视觉)分析来识别和提取视频档案资源特征。考虑到视频文件都是帧的集合,大多数研究者采用镜头检测算法,生成一个或多个有代表性的关键帧来识别和提取视频档案资源特征。2004年Peker等[①]认为视频档案的播放速度会根据视觉图像的复杂性变化而变化,可以利用视频图像复杂性的变化来提取视频档案资源特征,以实现视频播放的有效性。2011年Duygulu等[②]提出使用多媒体翻译方法将视频档案中的视觉数据与语义联系起来,如视频关键帧与演讲文本的链接,人脸与姓名的链接,以解决底层多媒体数据包与高级语义之间的脱节问题。2016年Stoian等[③]提出了一个用于动作定位的级联系统,该系统使用基于包含有意义的人类动作实例视频剪辑查询,来支持大型文化视频档案检索,并利用框架级描述和描述符时间聚合之间的互补性来实现此类档案中动作的可拓展性搜索,以实现视频档案的快速查找。2019年Xi Yang等[④]提出利用先进的深度学习模型CNN进行遥感图像检索,将成像仪拍摄的激光影像用相应的CNN特征表示,在聚类生成视觉词汇表后,每个CNN特征被量化到其最近的中心进行索引等。

其二是利用音频分析来识别和提取视频档案资源特征。利用音频分析来识别和提取视频档案资源特征是最常用的模式。它可以根据音频的物理特征即频率值来识别和提取视频档案资源特征,也可以根据音频振幅

---

① Peker K A, Divakaran A. Adaptive fast playback-based video skimming using a compressed-domain visual complexity measure[C]//2004 IEEE International Conference on Multimedia and Expo (ICME).IEEE,2004,3:2055—2058.

② Duygulu P, Baştan M.Multimedia translation for linking visual data to semantics in videos[J]. Machine Vision and Applications,2011.22(1):99—115.

③ Stoian A,Ferecatu M,Benois-Pineau J,et al.Fast Action Localization in Large-Scale Video Archives[J].IEEE Transactions on Circuits and Systems for Video Technology,2016,26(10):1917—1930.

④ Xi Yang,Nannan Wang,Bin Song,et al.BoSR:A CNN-based aurora image retrieval method [J].Neural Networks,2019,116(C):188—197.

的变化等来识别和提取视频档案资源特征。2003年Harb等①在对体育视频档案资源音频分析的基础上,提出了一种基于高频分类器的自动高光检测方法,该高频分类器利用分段高斯建模(PGM)和神经网络这一新型音频频谱建模技术在足球视频中检测进球场景。后在2006年针对电影档案资源视听信息难以提取语义特征的现状,他又提出基于音频流的视频自动分割算法来解决电影场景内容描述与语义识别问题②。虽然加上音频特征分析之后视频的检索效率有所提高,但新加坡国立大学的Tat-Seng Chua明确指出,"在特征提取方面,人脸、动作和音频类是最重要的特征,而音频类特征提取的错误率较高。底层特征的错误影响了提取中间特征的准确性。"③为了降低利用音频分析对视频档案资源特征进行识别和提取的错误率,2010年Myoung-beom Chung等④针对如果相同的视频只是在分辨率上被改变或使用不同的编解码器转换,则错误地将它们归类为不同的视频的这一问题,提出了一种利用音频数据低峰值特征的相同视频检索方法,以便提高视频档案资源特征的识别和提取正确率。2021年Newton Spolaôr等⑤则提出将语音与系统交互这一方法应用到视频档案索引和检索中,并提出了一种基于转录语音的视频索引与检索计算原型。即,用户通过叙述视频的内容生成捕获语句,由计算系统将其转换为文本和时间戳,对获得的文本用文本处理技术进行处理后再建立索引。通过这一方法降低音频分析在视频档案资源特征识别和提取方面的误差。

---

① Harb H,Chen L.Highlights detection in sports videos based on audio analysis[C]//Proceedings of the Third International Workshop on Content-Based Multimedia Indexing CBMI03,September.2003:22—24.

② Harb H,Chen L.Audio-based description and structuring of videos[J].International Journal on Digital Libraries,2006,6(1):70—81.

③ Chua T S,Chang S F,Chaisorn L,et al.Story boundary detection in large broadcast news video archives:techniques,experience and trends[C]//Proceedings of the 12th annual ACM international conference on Multimedia.2004:656—659.

④ Chung M,I Ko.Identical-video retrieval using the low-peak feature of a video's audio information[J].Journal of Zhejiang University.Science C:Computers & electronics,2010,11(3):151—159.

⑤ Spolaôr N,Diana Lee H,Takaki,W S R,et al.A video indexing and retrieval computational prototype based on transcribed speech[J].Multimedia Tools and Applications,2021,80(25):33971—34017.

其三是利用文本分析来识别和提取视频档案资源特征。利用视频中的文本来识别和提取视频档案资源特征,也是国外诸多学者关注的方向。因为文本检索是实现语义层面查询的关键方法,它可以克服视觉信息检索系统仅限于颜色、纹理、形状、运动和时空组合等低级特征[1]的局限。2008年Wang等[2]提出了一种基于自动视频分割和OCR分析的演讲视频索引方法来解决视频档案资源语义特征识别与提取问题。2014年Yang等[3]将一个视频文件分割成一组关键帧,在每个图像关键帧执行文本检测程序,再针对各个关键帧上提取的文本对象进行视频特征识别和视频结构分析,以达到视频档案资源特征识别和提取的目的。2016年Rubén Domínguez-Delgado等[4]在肯定现有检索系统对电视档案中视频影像有效检索并能为用户提供尽可能最佳信息获取途径的同时,以电影资料馆的电影视频档案为研究对象,通过对电影编目索引卡(或电影编目记录)中的内容字段进行比较的方式来判断电影内容分析中是否存在共识或异质性,是否能有效地进行电影视频档案资源的特征识别和提取等问题。2019年Markus Mühling等[5]提出了一个自动视频分析和检索系统来搜索前德意志民主共和国电视录音的历史集合。该系统包括镜头边界检测、概念分类、人物识别、文本识别和相似度搜索等视频分析算法,从技术和档案角度对长达2500小时的前德意志民主共和国电视录音文本进行了评估,以达到视频档案资源特征识别和提取的目的。

① Bertini M, Del Bimbo A, Nunziati W. Semantic annotation for live and posterity logging of video documents[C]//Visual Communications and Image Processing 2003. International Society for Optics and Photonics, 2003, 5150:1307—1316.

② Wang F, Ngo C W, Pong T C. Structuring low-quality videotaped lectures for cross-reference browsing by video text analysis[J]. Pattern Recognition, 2008, 41(10):3257—3269.

③ Yang H, Meinel C. Content based lecture video retrieval using speech and video text information [J]. IEEE transactions on learning technologies, 2014, 7(2):142—154.

④ Domínguez-Delgado R, Hernández M L. The retrieval of moving images at Spanish film archives: The oversight of content analysis[C]//Proceedings of the Association for Information Science and Technology, 2016, 53(1):1—4.

⑤ Mühling M, Manja M, Nikolauset K, et al. Content-based video retrieval in historical collections of the German Broadcasting Archive[J]. International Journal on Digital Libraries, 2019, 20(2):167—183.

在"多模态"分析方面,图像(视觉)信息、音频资源、视频文本、运动特征、人像等都可以成为其视频档案资源特征识别的途径。使用多模态分析的大视频索引是卡耐基梅隆大学的Informedia项目[①]率先提出的,它利用语音识别、图像处理和自然语言处理为视频库自动生成元数据,并应用于视频索引中。1997年Smith等[②]提出了一种基于视频资源浏览的方法,即通过整合文本、音频和图像从视频中提取有效重要信息,如音频关键字、特定对象、运动图像和场景分割图像等,来实现视频档案特征的识别和提取。2005年Snoek和Worring[③]提出了一个多模式同步和包含时间间隔多媒体事件(TIME)的框架,利用多种模式识别方法和包含上下文的异构信息源对足球和新闻广播领域的视频档案资源进行主题分类。2012年Tuna等[④]采用OCR技术收集视频文本元数据,并利用文本标识和图像(视觉)标识在视频检索过程中可以互换使用的机理来实现和提升演讲视频档案资源的语义识别效率等,同时还利用音频特征尤其是音频波动特征来寻找有用或有趣的视频场景。值得关注的是Cees G.M.Snoek在其博士论文中所论述的"语义探路者(semantic pathfinder architecture)"[⑤],从视觉、文本和音频模式中提取视频资源特征,并基于监督机器学习手段来自动表达标记与表达语义概念,然后结合上下文对于语义概念进行进一步分析以提高索引结果等。

二是视频档案资源主题标识与语义标注。现有的视频资源检索大多

① Wactlar H D, Christel M G, Gong Y, et al. Lessons Learned from the Creation and Deployment of a Terabyte Digital Video Library[J]. IEEE Computer, 1999, 32(2), 66—73.

② Smith M A, Kanade T. Video skimming and characterization through the combination of image and language understanding techniques[C]//Proceedings of IEEE Computer Society Conference on Computer Vision and Pattern Recognition, IEEE, 1997:775—781.

③ Snoek C G M, Worring M. Multimedia event-based video indexing using time intervals[J]. IEEE Transactions on Multimedia, 2005, 7(4):638—647.

④ Tuna T, Subhlok J, Barker L, et al. Development and evaluation of indexed captioned searchable videos for stem coursework[C]//Proceedings of the 43rd ACM technical symposium on Computer Science Education, 2012:129—134.

⑤ Snoek C G M. The authoring metaphor to machine understanding of multimedia[D/OL]. [2022—10—9]. https://fjour.blyun.com/views/specific/3004//FThesisDetail.jsp?dxNumber=350114229357&d=19818629012A0A14E515F3B720E05CEC.

是基于颜色、大小、纹理等底层特征进行,其检索效率和准确率较低[①]。视频档案资源利用的关键在于跨越语义鸿沟,在于将低级特征与高级语义相连接。正如 Assfalg 等[②]所论述的那样,"自动创建视频注释所需的步骤包括将视频流分割为镜头、检测识别出现的文本、提取和解释音频轨迹(包括语音识别)、镜头内容的可视摘要和语义注释。一般情况下,采用自下而上的方法,从低级感知特性过渡到视频内容的高级语义描述。"目前国外此方面的探索与研究大多集中在特定视频类型即新闻视频、体育视频、多媒体资源等主题标识与语义标注之中。

在新闻类视频领域,2003 年 Chaisorn 等[③]采用了一个两级多模态框架来分割新闻视频,利用视觉特征、对象特征、时间特征、文本等,将镜头分为主播、人物、演讲、体育、金融、天气等语义类别等;2013 年 Pfeioeer 等[④]基于音频识别枪声和爆炸声、人脸识别和文本识别算法等,设计了 MoCA 的视频摘要系统,并利用德国电视台录制的视频档案资源进行了实验验证;2019 年 Mühling 等[⑤]在研究德国广播与电视广播资源结构特征的基础上,利用镜头边界检测、概念分类、人员识别、文本识别和相似度搜索等技术构建了一套视频自动分析和标注方案。在体育类视频领域,2003 年 Hanjalic[⑥]提出一种从体育广播影视中提取亮点的方法,通过检测电视观众对视频内容的强烈兴奋感来进行主题标识和语义标注;同年 Bertini

① Megrhi S, Souidene W, Beghdadi A. Spatio-temporal salient feature extraction for perceptual content based video retrieval[C]//2013 Colour and Visual Computing Symposium (CVCS), IEEE, 2013:1—7.

② Assfalg J, Bertini M, Colombo C, et al. Highlight extraction in soccer videos[C]//12th International Conference on Image Analysis and Processing, 2003. Proceedings, IEEE, 2003:498—503.

③ Chaisorn L, Chua T S, Koh C K, et al. A two-level multi-modal approach for story segmentation of large news video corpus[C]//TRECVID Conference, (Gaithersburg, Washington DC, November 2003). Published on-line at http://wwwnlpir.nist.gov/projects/tvpubs/tv.pubs.org.html.2003.

④ Pfeiffer S, Lienhart R, Kühne G, et al. The MoCA Project[M]. Informatik'98. Springer, Berlin, Heidelberg, 1998:329—338.

⑤ Mühling M, Meister M, Korfhage N, et al. Content-based video retrieval in historical collections of the german broadcasting archive[J]. International Journal on Digital Libraries, 2019, 20(2):167—183.

⑥ Hanjalic A. Generic approach to highlights extraction from a sport video[C]//Proceedings 2003 International Conference on Image Processing, IEEE, 2003, 1:I—1.

等①在足球视频中运用基于时间逻辑的方法,在自动注释的基础之上增加针对足球比赛集锦分类高级语义注释,提供更多的深度相关内容和历史背景描述,以便长期重用等。在多媒体资源领域,2009年Trease等②其构建了两种索引表的模式来访问视频档案内容,一种为目录即基于视频档案资源的视频流进行的时间索引,另一种是实体索引表,对视频文档中的实体进行分类,并用关键字的方式进行追踪;2012年Kanellopoulos③讨论了一种改进的语义网络演化方法用于描述视听内容并进行语义注释,以及展示了如何将所得语义信息用于文献媒体对象的检索;2013年Metze等利用面向主题的多媒体摘要(TOMS)方式来提取和揭示多媒体档案资源语义特征④;同年Nandzik等⑤提出了一种自动媒体处理链的CONTENTUS方法,所有的系统模块都被设计与可扩展工作视频流环境相结合,结合语义网络技术GEES,用于表示媒体和实体之间的关系,使得语义关系可以进一步转换为索引使用等;2015年Theodoridis等⑥提出用于视频内容中的对象运动语义描述的新颖算法。

(3) 视频档案资源利用服务实现研究

目前国外该方面的研究成果主要集中在视频档案用户需求分析、视频档案资源检索利用、专业服务平台建设以及视频档案资源开发利用四个方面:

----

① Bertini M,Del Bimbo A,Nunziati W.Semantic annotation for live and posterity logging of video documents[C]//Visual Communications and Image Processing 2003.International Society for Optics and Photonics,2003,5150:1307—1316.

② Trease H,Trease L.Video Analytics for Indexing,Summarization,and Searching of Video Archives[C]//Proceedings of the IASTED International Conference,Signal and Image Processing.2009:17—19.

③ Kanellopoulos D.Semantic annotation and retrieval of documentary media objects[J].The Electronic Library,2012,30(5):721—747.

④ Metze F,Ding D,Younessian E,et al.Beyond audio and video retrieval:topic-oriented multimedia summarization[J].International Journal of Multimedia Information Retrieval,2013,2(2):131—144.

⑤ Nandzik J,Litz B,Flores-Herr N,et al.CONTENTUS—technologies for next generation multimedia libraries[J].Multimedia tools and applications,2013,63(2):287—329.

⑥ Theodoridis T,Papachristou K,Nikolaidis N,et al.Object motion analysis description in stereo video content[J].Computer Vision and Image Understanding,2015,141:52—66.

一是视频档案用户需求分析。用户需求是档案服务利用工作开展的基础,也是检验服务实现成效最为关键的指标。用户需求研究一直受到国外研究者的重视。如,2004年Worring等[1]分析了用户获取视频档案资源的需求,并构建了基于用户交互的视频资源搜索机制;2008年Eroze等[2]认为视频档案系统需要提供一个用户友好的交互检索界面以适应用户利用需求;2013年Haesen等[3]采用以用户为中心的方法开发了一款视频档案浏览器作为视频档案检索工具,并提出将自动视频索引、交互式可视化和以用户为中心的设计相结合,确保用户利用需求的满足;2022年Mühling等[4]认为,在大型视频档案库中开展细粒度语义搜索,必须适应用户不断变化的搜索需求,并获取用户反馈信息等。

二是视频档案资源检索利用。如何高效地搜索视频档案资源是诸多学者研究的重点。如2003年Cuggia等[5]基于都柏林核心标准和MPEG-7的相应映射,设计了基于语义Web集成的数字视听医学资源索引方法。2004年Katayama等[6]设计并构建了一个具有一定容量和功能的广播视频档案系统,作为多媒体索引和多媒体挖掘研究的试验平台,并进一步提出了对视频存档系统的三个要求即多样性、连续性和自主性。同年,Ann Chapman[7]介绍了"采集层级描述模型"在跨领域视频档案资源采集与组

① Worring M, Nguyen G P, Hollink L, et al. Accessing video archives using interactive search [C]//2004 IEEE International Conference on Multimedia and Expo (ICME). IEEE, 2004, 1:297—300.

② Erozel G, Cicekli N K, Cicekli I. Natural language querying for video databases[J]. Information Science—s, 2008, 178(12):2534—2552.

③ Haesen M, Meskens J, Luyten K, et al. Finding A needle in A haystack: an interactive video archive explorer for professional video searchers [J]. Multimedia Tools and Applications, 2013, 63(2): 331—356.

④ Mühling M, Korfhage N, Pustu-Iren K, et al. VIVA: Visual information retrieval in video archives[J]. In-ternational Journal on Digital Libraries, 2022, 23(4):319—333.

⑤ Cuggia M, Mougin F, Le Beux P. Indexing method of digital audiovisual medical resources with semantic Web integration[J]. International journal of medical informatics, 2005, 74(2—4):169—177.

⑥ Katayama N, Mo H, Ide I, et al. Mining large-scale broadcast video archives towards inter-video structuring[C]//Pacific-Rim Conference on Multimedia. Springer, Berlin, Heidelberg, 2004:489—496.

⑦ Ann Chapman. Collection-level description: joining up the domains[J]. Journal of the Society of Archivists, 2004, 25(2):149—155.

织中的应用,并致力于开发一种信息检索馆藏级描述的新工具以允许用户在档案馆、图书馆和博物馆范围内搜索视频资源;Savino 等①从数字图书馆提供服务的角度探讨了历史电影档案资源的检索利用问题;2009 年 Caldera-Serrano②提出基于序列的视频资源标记与检索方案,通过区分可视化信息和参考信息等参数提供对视频序列的直接访问;2010 年 Lemaitre③在法国国家研究局的资助之下,研究了社会和人文科学视频资源的索引和描述战略,详细论述了在 ESCOM 开发环境下视频档案的利用服务问题;2012 年 Shirahama 等④探讨了基于"粗糙集理论"和部分监督学习的视频档案事件检索方法,论述按照实例(QBE)进行查询的方法,设计了无须构架预定义的视频检索模型;同年,Reede Ren 和 John P.Collomosse⑤探讨了数字舞蹈声像档案的跨媒体内容检索实现机理;2013 年 Eyben 等⑥指出通过特定情感类别或维度的音频和视频检索将在未来的智能系统中发挥核心作用,使人们能够搜索具有特定情绪的电影;2014 年 Raimond 等⑦描述了"BBC 世界服务档案原型",建立了"众包机制"供用户更正和添加数据,并将众包数据用于改善档案库中的搜索和导航;2019 年 Sakthivelan 等⑧从用户利用记录的角度,提出了基于用户再利用的 EBR(基于事件的排名)视频检索定位方法等。

---

① Savino P,Peters C.ECHO:A digital library for historical film archives[J].International Journal on Digital Libraries,2004,4(1):3—7.

② Caldera-Serrano J,Sánchez-Jiménez R.Audiovisual sequence based retrieval using rdf and smil [J].Profesional De La Informacion,2009,18(3):291—299.

③ Lemaitre F.A working environment for management and exploitation of audiovisual archives—ASA—SHS project[C]//Euro-Mediterranean Conference.Springer,Berlin,Heidelberg,2010:492—503.

④ Shirahama K,Matsuoka Y,Uehara K.Event retrieval in video archives using rough set theory and partially supervised learning[J].Multimedia Tools and Applications,2012,57(1):145—173.

⑤ Ren R,Collomosse J.Visual sentences for pose retrieval over low—resolution cross—media dance collections[J].IEEE Transactions on Multimedia,2012,14(6):1652—1661.

⑥ Eyben F,Weninger F,Lehment N,et al.Affective video retrieval:Violence detection in Hollywood movies by large-scale segmental feature extraction[J].Plos One,2013,8(12):1—9.

⑦ Raimond Y,Ferne T,Smethurst M,et al.The BBC world service archive prototype[J].Journal of web semantics,2014,27—28:2—9.

⑧ Sakthivelan R G,Rajendran P,Thangavel M.A new approach to classify and rank events based videos based on Event of Detection[J].Journal of medical systems,2019,43(1):13.

　　三是视频档案资源专业服务平台建设。专业服务平台是视频档案资源利用实现的保障。目前该方面的研究集中在视频档案资源搜索浏览界面建设和专业利用系统建设等方面。搜索浏览界面常常作为一般用户与系统交互的接口,其易用性和功能等直接关系到用户利用视频档案资源的体验效果。2005年Snoek等①构建了Mediamill视频搜索引擎;2006年Malaisé等②针对大型公共视听档案馆,构建了一个视频档案资源浏览器,其目的是让档案管理员和文献学家及用户可以快速准确地寻找合适的视听资源;2013年Haesen等③开发出了一种面向专业视频档案用户利用的交互式浏览器;2014年Athanasiadis等④构建的FAETHON的搜索引擎和门户为终端用户提供了包括视听材料的语义/元数据搜索、基于统一主题类别浏览与个性化访问等。作为管理层面或专业方向的检索利用,专业利用系统的地位则是不可替代的。而专业利用系统的构建往往处于某种模型或原型架构之下。1998年Prié等⑤提出通过AI-START模型开发程序,并考虑到音频和视频处理技术所提取的每一个可用特征,构建了以用户为中心的可视化界面。2004年Hsu⑥在其会议论文中描述了系统结构模型ME,这一模型将相关特征子集和最佳模型融合,为每个广播频道设

　　① Snoek C G M, Worring M, Van Gemert J, et al.Mediamill: Exploring news video archives based on learned semantics[C]//Proceedings of the 13th annual ACM international conference on Multimedia,2005:225—226.

　　② Malaisé V, Aroyo L, Brugman H, et al.Evaluating a thesaurus browser for an audio-visual archive[C]//International Conference on Knowledge Engineering and Knowledge Management.Springer, Berlin,Heidelberg,2006:272—286.

　　③ Haesen M, Meskens J, Luyten K, et al.Finding a needle in a haystack: an interactive video archive explorer for professional video searchers [J]. Multimedia tools and applications, 2013, 63(2): 331—356.

　　④ Athanasiadis T, Avrithis Y. Adding semantics to audiovisual content: The FAETHON project [C]//International Conference on Image and Video Retrieval.Springer,Berlin,Heidelberg,2004:665—673.

　　⑤ Prié Y, Mille A, Pinon J M.AI-STRATA:A User-centered model for content—based description and retrieval of audiovisual sequences[C]//International Conference on Advanced Multimedia Content Processing.Springer,Berlin,Heidelberg,1998:328—343.

　　⑥ Hsu W, Chang S F, Huang C W, et al.Discovery and fusion of salient multimodal features toward news story segmentation[C]//Storage and Retrieval Methods and Applications for Multimedia 2004. International Society for Optics and Photonics,2003,5307:244—258.

计一个灵活和有效的统计框架,并利用数据驱动的方法来避免对视频特定领域知识的依赖等。在实践上,关于系统的建设很早就引起了研究者的注意,早期的研究成果有 IBM 公司推出的图像和视频检索系统 QBIC①、美国哥伦比亚大学开发的 videoQ 系统②、日本国立民族学博物馆开发的 HOLOTHEQUE 系统等。2002 年 Marchionini 和 Geisler③ 设计了一个为数字视频档案处理数据的集成系统。同年 Mostefaoui 等④ 提出了一种基于内容的视频索引检索系统——SIRSART,通过对模块的管理,允许用户使用特定领域的数据模型以及用户界面来检索相关视频信息;2003 年 Nanard 等构建的 OPALES 数字图书馆系统⑤ 设计了协作用户的工作区,用于探索和索引在巴黎国家视听研究所(INA)形成的视频档案;2014 年 Soysa 等⑥ 研究了基于通用视觉和音频概念检测模块构建的 KavTan 系统,并在土耳其电视档案馆开展高级语义分类实践,以期推动档案视频资源的开发利用;2015 年 Pereira 等⑦ 提出了多媒体信息系统 SAPTE,在视频库 Matterhorn 框架管理之下,可以通过 Web 访问,其目的是支持研究人员进行话语分析和信息检索,进一步满足相应专业检索人员的检索需求。

---

① Flickner M,Sawhney H,Niblack W,et al.Query by image and video content:The QBIC system [J].computer,1995,28(9):23—32.

② Chang S F,Chen W,Meng H J,et al.VideoQ:an automated content based video search system using visual cues [C]//Proceedings of the fifth ACM international conference on Multimedia,1997:313—324.

③ Marchionini G,Geisler G.The open video digital library [J].D-Lib Magazine,2002,8(12):1082—9873.

④ Mostefaoui A,Favory L.Distributed video documents indexing and content-based retrieving [C]//International Workshop on Interactive Distributed Multimedia Systems and Telecommunication Services.Springer,Berlin,Heidelberg,2002:190—201.

⑤ Nanard M,Nanard J,King P.IUHM:a hypermedia——based model for integrating open services,data and metadata[C]//Proceedings of the fourteenth ACM conference on Hypertext and hypermedia.2003:128—137.

⑥ Soysal M,Loğoğlu K B,Tekin M,et al.Multimodal concept detection in broadcast media:KavTan[J].Multimedia tools and applications,2014,72(3):2787—2832.

⑦ Pereira M H R,de Souza C L,Pádua F L C,et al.SAPTE:A multimedia information system to support the discourse analysis and information retrieval of television programs [J].Multimedia Tools and Applications,2015,74(23):10923—10963.

　　四是视频档案资源的内容开发利用。除此之外,国外诸多研究者还认识到了视频档案资源内容开发利用的重要性。如,欧洲数字档案基础架构合作项目CENDARI项目①,旨在建立一个历史研究的数字生态体系,记录并研究关于第一次世界大战和欧洲中世纪文化的视频档案资源。近年来,随着生活水平的提高与注重精神世界的推动之下,一部分研究者关注了视频档案资源开发利用对用户情感需求满足的重要性。2003年Abowd②提出应关注家庭视频档案资源,通过用户注释和搜索家庭视频档案,增强共享和追忆珍贵的家庭记忆的能力;2016年Celin③针对家庭录像视频在人们日常生活中的主要应用展开了论述,并寄希望其研究可从家庭记忆角度出发来构建哥伦比亚的国家记忆图谱;2017年Macinai和Olivierod④针对出生于20世纪40年代和50年代的意大利人童年和学校记忆的视频材料进行记录制作并存档,拟建立一个关于学校和教育记忆的数字视频档案库,为研究意大利学校和教育情况提供帮助等;2018年Annette Hamilton⑤根据1973年各国合作拍摄的影视宣传片,对其管理利用展开了论述,并于伦理化层面进行了相关研究。

2.1.2　国外研究评析

　　综合上述研究情况统计与内容分析,目前国外数字视频档案资源语义组织与精准化服务领域研究特点如下:

　　(1)研究涉及面较广,跨学科现象明显。目前国外该领域的研究主

---

　　① Gartner R,Hedges M.CENDARI:Establishing a digital ecosystem for historical research[C]// IEEE International Conference on Digital Ecosystems and Technologies.IEEE,2013:61—65

　　② Abowd G D,Gauger M,Lachenmann A.The Family Video Archive:an annotation and browsing environment for home movies[C]//Proceedings of the 5th ACM SIGMM international workshop on Multimedia information retrieval,2003:1—8.

　　③ Celin C E V.Towards an audiovisual memory mapping in Colombia:From family films to the subjective documentary[J].Memorias,2016,(29):105—135.

　　④ Macinai E,Oliviero S.Stories of school and childhood:video testimonies for a bottom-up narrative[J].Historia y Memoria de la Educación,2017(5):489—502.

　　⑤ Hamilton A.Fragments in the Archive:The Khmer Rouge Years[J].PLARIDEL,2018,15(1):1—14.

要涉及视频档案资源存储与开发利用、电影电视档案资源的共建共享、体育视频和广播视频的集成利用以及基于内容的视频档案资源检索等方面,涉及面较为广泛,既包括传统视频档案资源的管理与利用,又凸显了语义网环境下的视频档案服务实现。它体现了信息社会对视频档案资源的关注和重视,同时也反映了新一代信息化技术在视频档案资源管理领域的运用,较好地凸显了研究的时代性和前沿性。另外,在具体研究中,跨学科现象明显,远远突破了传统图书情报与档案管理学科(信息资源管理学科)所研究的范畴,与计算机科学、新闻传播、生物医学等领域结合在一起,较好地体现了该领域研究的跨学科性质。

(2)研究立足用户需求,技术导向性明显。国外该领域研究一直注重用户需求分析,关注用户利用视频档案资源的体验,研究的用户需求导向性较为明显。随着不同领域用户对视频档案资源的不同利用需求,国外研究者们也由此展开不同层面的研究,小到一个家庭记忆资源的管理与利用,大到国家和社会层面的整体服务,均有涉及,较好地体现了该领域研究的适应性和应用性。另外,国外该领域研究大多以计算机科学基础,无论是研究的技术路线,还是涉及的具体研究内容,均有较为明显的技术特色。从国外诸多研究成果来看,无论是对视频资源的单一模式的揭示到多模态的语义描述管理,还是基于用户需求检索系统构建到视频档案资源数据转换与语义互操作等的实现,均离不开现代信息技术的应用和支持。目前国外该领域研究较好地借鉴和吸收了计算机学科等学科的相关技术和知识,并与图书情报档案管理进行了较好融合。

(3)研究主体多元化,交流互动频繁。国外对视频档案资源开发利用关注较早,并由此形成了多元化的专业研究团队和组织如高校、研究所以及商业公司的研究机构等,其中不乏 Carnegie Mellon University、University of Oxford、AT&T Labs、Microsoft、Research Asia 等高水平的研究机构。这些研究机构为视频档案资源管理与利用研究提供了有效的组织保障,同时也为研究的可持续性提供了人才和管理保障。另外,从检索到的研究成果类型来看,除了通过学术期刊发表论文进行交流外,国外该领域研究还通过参与会议并发表会议论文的形式来交流研究成果。目前国外该领域的国际学会较多,如国际声音和视听档案协会(IASA)、音像档案协会协调理事会(CCAAA)、电气和电子工程师协会(IEEE)等,其专业性强,探讨的主题明确,通过举办专门学术会议的形式,为该领域研究搭建交流互动平台,有力地推动了该领域研究工作的开展。

(4) 研究受大型项目驱动影响明显,与实践工作结合紧密。从文献年代分布来看,国外该领域的研究受大型项目驱动影响明显。如,2008年欧洲文化遗产共享项目"Europeana"就推动了该领域研究的发展,研究成果数量有了明显的增加。另外,国外大多数研究成果为该领域实践探索的产物,更多的是对实践项目经验的归纳、总结和升华。研究内容以解决视频档案资源组织与利用中的实际问题为主,实证分析较多,体现了理论与实践的融合,也反映该领域研究的务实性和适用性。

当然,国外该领域研究也存在研究成果数量偏少、研究队伍规模较小、不稳定等问题。从本次检索到的文献数量看,目前该领域的相关研究文献仅为139篇,与其他信息组织与服务领域的研究成果相比,存在明显的不足。这说明目前该领域研究的力量仍较为薄弱,研究产出不高。虽然有诸多研究机构和个人参与了该领域研究与实践探索活动,但是研究队伍尚在锻炼之中,在档案学领域仍未发现代表性的研究学者,研究的稳定性与可持续性还有待观察和评估。

2.2 国内数字视频档案资源语义组织与 精准化服务研究进展

2.2.1 国内研究概况

(一)国内研究文献统计分析

数字视频档案资源语义组织与精准化服务是一项新的研究与实践课题,目前国内与之直接相关的研究成果数量较少,能公开检索到的文献仅有近年来发表的《基于内容的视频检索技术在数字档案馆中的应用》[①]《数字档案馆中视频档案检索框架构建及实现》[②]《面向数字人文的声像档案信息资源组织利用的研究》[③]等。目前国内该领域研究基本上处于探索或起步阶段,大多数研究成果分散在声像档案资源数字化、元数据体系构建、语义描述与开发利用等相关研究主题之中。

本次通过CNKI数据库以关键词"视频档案""录像档案""音像档案""声像档案""影片档案""影视档案""电视档案"与"数字化""元数据""描述""著录""组织""整合""聚合""检索""利用""服务"等分别进行组配检索,检索式为:"主题=('影像档案'OR'视频档案'OR'录像档案'OR'音像档案''声像档案'OR'影片档案'OR'影视档案'OR'电视档案')(精准匹配)AND('数字化'OR'元数据'OR'描述'OR'著录'OR'组织'OR'整合'OR'聚合'OR'检索'OR'利用'OR'服务')(模糊匹配)",获取404条检索结果(2022年10月29日),经过查重和筛选无效及不相关文献(期刊会议征稿、卷首语、个人学术成果介绍、科研机构介绍、书评以及署名无作者等),获得有效文献351篇[④]。

(1)文献年代分布分析

国内关于视频档案方面的研究成果始见于20世纪80年代,多以视频档案资源实体管理[⑤]为主。进入21世纪以后,随着计算机和网络技术等的发展,视频档案资源内容管理问题尤其是视频档案的开发利用引起了一些学者的关注和重视。早期该方面代表性的研究成果主要有沈燕和任晓健所撰写的《基于内容的多媒体检索技术在数字档案馆中的应用》[⑥]与

---

① 谢建云.基于内容的视频检索技术在数字档案馆中的应用[J].山西档案,2016(02):73—75.

② 徐彤阳,张国标,任浩然.数字档案馆中视频档案检索框架构建及实现[J].档案学研究,2017(06):93—98.

③ 张美芳.面向数字人文的声像档案信息资源组织利用的研究[J].档案学研究,2019(04):72—76.

④ 2022年10月29日查询结果(对原2020年12月检索结果进行了补充)。

⑤ 陈国华.声像档案集中管理刻不容缓[J].上海档案,1985(06):17.

⑥ 沈燕,任晓健.基于内容的多媒体检索技术在数字档案馆中的应用[J].情报杂志,2004(04):91—93.

汤涌的《基于 WEB 的多媒体档案管理系统的研发实践与思考》①以及张照余、蒋晨曦的《音频、视频档案的数字化实验》②等。随着我国数字档案馆工程建设的推进,相关研究也随之不断深入,成果数量于2010年开始有了较为明显的增加,具体年代分布情况如图2-1所示。

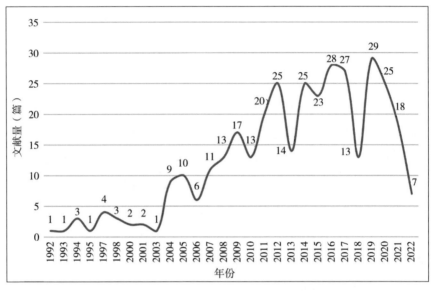

图2-1　国内视频档案资源语义组织与精准化服务相关文献发表年代趋势③

从图2-1来看,国内这一领域的研究产出总体趋势与国外类似,处于波动上升趋势,2003年、2006年、2010年、2013年、2018年以后研究成果数量有了较为明显地增加。它与我国数字档案馆工程试点、全面推进以及智慧档案馆建设等的影响基本吻合。总体上来看,随着社会数字化程度的加深,数字视频档案资源管理与深层次开发利用问题已开始受到了国内研究者的关注和重视,研究成果数量呈日益增长之势。

（2）文献来源分布分析

在检测到的351篇相关文献中,期刊论文312篇,硕博论文29篇,会议论文10篇。从文献来源分布情况来看,成果分布较为分散,且主要集

① 汤涌.基于WEB的多媒体档案管理系统的研发实践与思考[J].浙江档案,2004(11):33—34.

② 张照余,蒋晨曦.音频、视频档案的数字化实验[J].兰台内外,2006(04):47—48.

③ 此图由CNKI系统根据筛选后的文献自动计量可视化分析生成。

中在档案学专业期刊,具体见表2-1。《城建档案》刊登了39篇,其发文量占相关期刊的发文比例最大,其次是《办公室业务》刊登了28篇,《兰台世界》刊登了27篇,《兰台内外》刊登了11篇,《数字与微缩影像》刊登了9篇。另外,数字视频档案资源的语义组织与服务问题也受到了其他领域研究者的关注,《管理观察》和《经济研究导刊》也分别刊登了相应主题论文4篇。

表2-1　中文相关研究高产期刊分布

序号	期刊	发文量(篇)	百分比
1	《城建档案》	39	12.5%
2	《办公室业务》	28	9.0%
3	《兰台世界》	27	8.7%
4	《兰台内外》	11	3.5%
5	《数字与缩微影像》	9	2.9%
6	《黑龙江档案》	8	2.6%
7	《档案与建设》	8	2.6%
8	《机电兵船档案》	7	2.2%
9	《中国档案》	7	2.2%
10	《黑龙江史志》	5	1.6%
11	《档案学研究》	5	1.6%
12	《档案天地》	5	1.6%
13	《云南档案》	5	1.6%
14	《北京档案》	4	1.3%
15	《管理观察》	4	1.3%
16	《经济研究导刊》	4	1.3%
17	《山西档案》	4	1.3%
18	《档案管理》	4	1.3%

(3) 文献作者与机构分布分析

从作者发文量统计情况来看,目前该领域高产研究者数量较少,研究成果多以零散的形式存在。目前该领域较为系统的研究成果主要有:云南大学公共管理学院的王雪飞[①②③④⑤]梳理分析了声像档案的数字化与开发利用相关研究进展,发文5篇;中国人民大学信息资源管理学院的张美芳教授研究了音视频档案资源的管理与利用问题,发表相关论文4篇,主要聚焦于声像档案的保护[⑥⑦]、分类编目[⑧]、组织利用[⑨]等方面;云南大学的马丽、程俊睿、杨洁等联合关注数字化背景下的高校声像档案[⑩⑪]与历史声像档案[⑫]的相关进展,发文3篇。

从作者机构分布统计情况来看,目前该领域的研究群体主要集中在高校科研单位和档案工作实践单位。高校科研单位作者以理论研究为主,除本研究团队所在单位外,发文量较多的高校有云南大学(8篇)、中国人民大学(6篇)、苏州大学(5篇)、南京大学(5篇)、上海大学(2篇)。实践单位多以城建相关机构为主,较多集中于城建档案馆(室)、城市建设局、城建公司等,其次是医院、电视台、广电局、情报研究所等机构。

(4)文献高频关键词分析

为了掌握该领域研究主题分布情况,对检索到的相关文献关键词进行了词频统计。由于论文作者撰写的关键词比较分散和随意,本次通过

---

① 王雪飞.数字化背景下声像档案管理的若干思考[J].大众科技,2011(10):247—248.

② 王雪飞.平民记忆视域下声像档案资源的开发利用研究[D].昆明:云南大学,2017.

③ 王雪飞.声像档案服务体系的发展现状及未来走向[J].保山学院学报,2016.35(06):01—104.

④ 王雪飞.声像档案服务体系构成要素研究[J].办公室业务,2016(11):76—78.

⑤ 王雪飞,林世敏.数字环境中媒体单位声像档案开发利用新模式研究[J].云南档案,2013(08):54—55.

⑥ 张美芳.面向音视频档案保存与利用的分类编目研究[J].档案学通讯,2018(01):93—96.

⑦ 张美芳,马丹宁.声像档案数字化抢救中存储与长期保存策略的研究[J].数字与缩微影像,2007(01):26—29.

⑧ 张美芳.国外声像档案数字化进程对中国声像档案保存的启示[J].数字与缩微影像,2013(03):27—30.

⑨ 张美芳.面向数字人文的声像档案信息资源组织利用的研究[J].档案学研究,2019(04):72—76.

⑩ 杨洁,周铭,马丽.近十年高校档案馆声像档案数字化研究综述——以期刊论文为中心[J].云南档案,2015(01):49—52.

⑪ 马丽,程俊睿,武有福.数字化背景下高校声像档案的管理与利用探析[J].黑龙江史志,2015(01):278—280.

⑫ 马丽,程俊睿.历史声像档案数字化建设存在的问题及对策[J].管理观察,2015(02):131—132.

手工的方式对同义词和准同义词进行归并处理,词频超过4次的高频关键词统计结果见表2-2。另外,本次选取词频大于4的40个高频关键词绘制了国内数字档案资源跨媒体知识集成服务相关研究热点知识图谱,具体见图2-2。

表2-2 国内视频档案资源语义组织与精准化服务高频关键词表

关键词	词频	关键词	词频
声像档案/录像档案/音像档案	273	档案馆	11
档案数字化/数字化处理/数字化工作/数字化	88	收集	9
档案利用/开发利用/开发和利用/利用	77	信息化	9
管理/数字化管理/档案管理	76	保存	8
视频档案/影像档案	22	城建档案	8
照片档案	9	管理与利用	7
实物档案	5	档案工作者	4

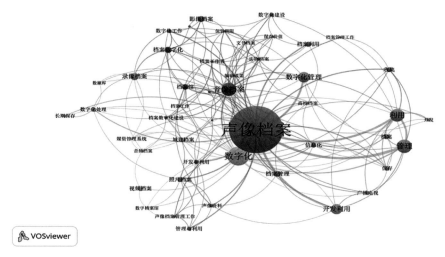

图2-2 国内数字视频档案资源语义组织与精准化服务研究热点知识图谱①

从表2-2和图2-2来看,国内数字视频档案资源语义组织与精准化服务相关研究仍停留在起步与探索阶段,研究成果大部分包含于声像档案研究之中。大部分研究主要是针对视频档案的数字化而展开的,关注

---

① 此图由VOSviewer根据筛选后的文献自动计量可视化分析生成。

的重心仍聚焦于视频档案资源格式转换、存储载体选择、数字化后的著录等内容①。随着研究与实践的深入,视频档案资源元数据构建、资源编目、开发利用等也成为近年来研究的热点之一。另外,还有一些研究者从数字档案馆建设、城建档案管理以及影视档案资源开发利用等角度来探讨这一问题。

(二)国内研究文献内容分析

从检索到的文献来看,目前国内该领域的相关研究成果主要集中在传统视频档案资源数字化、视频档案元数据体系构建、特征识别与语义描述以及利用服务实现等方面。

(1)传统视频档案资源数字化研究

传统视频档案资源数字化是档案资源数字化的重要组成部分。然而,传统视频档案资源不同于纸质档案资源,其数字化需要专门的技术和设备来处理。为了保障传统视频档案资源数字化的质量和有效性,国内一些研究者从理论、方法、技术等层面开展专门研究。这一方面的研究成果又主要集中在以下方面:

其一是对传统视频档案数字化含义的理解。这方面的成果大多包含在对音视频档案或声像档案的数字化概念理解之中。如,2004年毛峥嵘认为,声像档案数字化建设,就是通过对声像档案的数字化存储、管理、维护以及提供声像档案信息的网络传输、利用服务②;2012年黄国华、高贞杰认为,音视频内容的数字化通常是取得相应载体的设备进行播放,把信号输出至非编设备进行采集后生成音视频文件③;同年刘季晨、张宏认为,数字化是指借助声像信号数字化转换技术,将模拟信号的声像档案转换成计算机可以识别的数字信号,然后提供利用的过程④;2015年余亚荣认

---

① 在检索到的351篇相关文献中,声像档案数字化论文162篇,占46.15%。

② 毛峥嵘.高校声像档案数字化建设研究[J].浙江师范大学学报(自然科学版),2004(02):109—112.

③ 黄国华,高贞杰.浅谈声像档案的数字化[C]//.2012年海峡两岸档案暨缩微学术交流会论文集,2012:95—97.

④ 刘季晨,张宏.数字化在传统声像档案中的应用[J].档案管理,2012(03):90.

为,传统音视频档案数字化是利用模拟信号与数字信号的匹配规则,采用中间件"A/D转换器"进行转录,将原先固化在载体上的音视频内容信息变成以"0""1"代码并存储在多媒体数字计算机上,实现档案内容与载体的分离,从而保护了档案内容的完整性和可用性①。简单来讲,视频档案资源数字化就是对模拟视频档案进行数字化加工,使其转化为存储在磁带、磁盘、光盘等载体上的数字视频文件,并按照视频档案的内在联系,建立目录数据与数字视频文件关联的处理过程②,其目的在于提升视频档案的储存和保管效率,延长传统视频档案寿命并为用户提供便捷的档案检索与利用,促进档案工作信息化发展③。

其二是传统视频档案数字化原理、流程与规范。该方面综合性的成果主要有项文新(2004年)的《录像档案数字化处理》④、张照余(2008年)的《视频档案数字化:原理、设备与步骤》⑤、庞莉、赵豪迈(2011年)的《基于数字信息长期保存的音频、视频档案数字化研究》⑥、王清和孙跃军(2012年)的《模拟声像档案的数字化探索》⑦以及余亚荣(2015年)的《传统载体音视频档案的数字化转存研究》⑧等。这些成果详细地阐述了传统视频档案数字化的原理、流程等,为视频档案数字化工作开展提供了较为系统的理论指导。

除此之外,还有诸多研究者探讨了传统视频档案数字化的具体要求与业务规范。如,在传统视频档案数字化条件方面,2002年潘伟德认为录像档案数字化需配备必要的硬件设备(电脑、服务器、模拟录像机、电脑视频采集卡等)和相应的软件及相关技术人员⑨等;2007年钱万里指出常

---

① 余亚荣.传统载体音视频档案的数字化转存研究[D].苏州:苏州大学,2015.

② 参照《录音录像档案数字化规范》(DA/T62—2017)3.7款.

③ 张波,尹雪梅.浅谈传统载体声像档案数字化的意义[J].办公室业务,2021(01):104—105.

④ 项文新.录像档案数字化处理[J].机电兵船档案,2004(03):46—49.

⑤ 张照余.视频档案数字化:原理、设备与步骤[J].山西档案,2008(05):17—20.

⑥ 庞莉,赵豪迈.基于数字信息长期保存的音频、视频档案数字化研究[J].城建档案,2011(04):50—51.

⑦ 王清,孙跃军.模拟声像档案的数字化探索[J].数字与缩微影像,2013(03):18—19.

⑧ 余亚荣.传统载体音视频档案的数字化转存研究[D].苏州:苏州大学,2015.

⑨ 潘伟德.浅议录像档案的数字化[J].缩微技术,2002(02):37—38.

规的视频档案数字化处理需要有电脑设备、录像机、磁带播放器、声卡、视频采集卡、刻录机及相关编辑软件①等来保障等。在传统视频档案数字化采集技术方面,2009年王雅利认为模拟录像带通过录像机、模拟摄像机,用音频视频线与数码摄像机连接,转换成数码带,再经过数码摄像机输入到计算机中去②;2011年潘伟德、向日葵认为,从技术方面,使用电脑采编软件工具合理设置和调整颜色校正、白平衡等对话框中参数,从审美方面,参照软件视频彩条,处理色调、饱和度、明暗度等关系,纠正录像偏色现象③等。在视频档案数字化转存格式规范方面,2011年庞莉、赵豪迈在对传统音频视频档案数字化意义论述的基础上,认为MPEG格式是视频转存最佳格式④;2012年刘季晨、张宏则认为,传统视频档案数字化后,视频和多媒体电子文件以MPEG、AVI通用格式,MPEG用于存档,AVI用于预览⑤;2017年吴虹、吴映萱对照片和录像、光盘等载体声像档案的采集进行了分析说明,并指出录像光盘档案可通过计算机技术进行数字模式转化,存储到硬盘中⑥。在数字化视频档案编目方面,2013年王清、孙跃军认为声像文件的编目可建立三级目录,即第一级目录为文件的保存路径、第二级目录名为全宗号、第三级目录名为保管期限+录像(音)档案标识+年度⑦等;2018年张美芳认为,音视频档案进行编目时可以根据实际情况灵活选择著录结构层级,既可严格按文件层、片段层、场景层、镜头层逐层著录,也可跳过任意中间层直接进行下位层的著录⑧。在数字化视频档案利用方面,2007年丁梅提出利用流媒体技术实现了音像档案数字化资源的充分便捷地利用⑨;2008年袁爱国提出建立客户机/服务器模式

① 钱万里.传统声像档案的数字化处理[J].档案与建设,2007(08):22—24.

② 王雅利.传统录像档案数字化的技术与方法[J].兰台世界,2009(S2):138.

③ 潘伟德,向日葵.录像档案数字化质量控制的思考[J].数字与缩微影像,2011(03):14—16.

④ 庞莉,赵豪迈.基于数字信息长期保存的音频、视频档案数字化研究[J].城建档案,2011(04):50—51.

⑤ 刘季晨,张宏.数字化在传统声像档案中的应用[J].档案管理,2012(03):90.

⑥ 吴虹,吴映萱.数字化背景下声像档案管理探究[J].兰台内外,2017(06):25.

⑦ 王清,孙跃军.模拟声像档案的数字化探索[J].数字与缩微影像,2013(03):18—19.

⑧ 张美芳.面向音视频档案保存与利用的分类编目研究[J].档案学通讯,2018(01):93—96.

⑨ 丁梅.馆藏声像档案数字化探析[J].兰台世界,2012(05):7—8.

的查询系统,实现视频档案的点播和共享①等。

　　除上述理论研究成果外,档案实践部门也对视频档案资源数字化问题进行了积极探索,制定和颁布了相关数字化规范,并进行了修订,如《录音录像档案数字化规范》(DA/T 62—2017)、《录音录像档案管理规范》(DA/T 78—2019)等。

　　其三是传统视频档案数字化面临的问题与对策。视频档案数字化给管理与利用带来了便利,但同时也引发了相关问题亟待处理。研究者们普遍认为视频档案数字化面临安全保障、真伪鉴别、长期保存等问题。针对这些问题,一些学者也提出了相应的对策。如,2018年张美芳、马丹宁对数据安全保障问题进行了探讨,通过考虑用户对数字化声像文档的各种控制需求,在文件级数字签名的基础上,提出了元数据控制机制,并利用元数据安全控制机制,设置可公开和不可公开的档案信息,做到以字符为单位的控制②。关于如何解决真伪鉴别问题,2013年卢森林认为,从事数字化声像档案材料鉴定工作人员要掌握现代声像鉴定技术,如数字图像盲取证技术等,必须清除所有虚假的数字化声像档案材料,确保档案馆收集进馆的原始声像档案材料的真实性③。 对于如何节省空间,便于长期保存问题,2010年谢方认为,需要建立在线数据库,根据利用率的高低将声像档案数字信息分别存储在在线磁盘阵列、近线数据流磁带库和离线数据流磁带库中,不仅解决了数据库存储有限问题,也方便外界查询利用。同时,他认为还要做好数字化声像档案在迁移、硬盘存储和技术消亡方面的风险规避,保障数字化声像档案得以长期安全保存④等;2013年张美芳提出了两种建设性意见:一是数据压缩,将声像档案分成三类压缩技术存储,从而合理节省数据存储空间;二是保持原始数据在旧有介质上,通过提供相关仿真工具,让数据在新系统环境下能继续使用,从而减少数

　　① 袁爱国.录像档案保存利用的数字化[J].档案与建设,2008(02):19.

　　② 张美芳,马丹宁.声像档案数字化抢救中存储与长期保存策略的研究[J].数字与缩微影像,2007(01):26—29.

　　③ 卢森林.基于数字化声像档案的鉴定与优化馆藏[J].兰台世界,2013(11):27—28.

　　④ 谢方.音像资料的"流态化"过程与前景[R].音像档案数字化研究与实践.北京:中国广播电视出版社,2010:97—101.

据备份转化的需求①。

(2) 数字视频档案资源元数据体系构建

随着数字声像档案资源的日益增加,愈来愈多的学者开始将研究重心转向视频档案资源的管理与利用,而这一切都是建立在科学的元数据体系基础之上的。正如沈正华等人所说,"元数据使得数字化视频资源在得到保护的同时也能被有效利用。没有元数据,一千小时的数字化视频文档就如同一堆比特垃圾;有了元数据,一千小时的数字化视频便成为有价值的信息源。"②元数据体系构建亦是数字视频档案资源管理研究的重点。目前国内视频档案资源元数据体系构建研究大多包含于视频资源元数据研究之中,该方面的成果大多集中在视频资源元数据定义、模型设计与具体规范制定等方面。

其一是视频档案资源元数据的含义。"元数据(Metadata)"这一概念首先出现在美国国家航空与航天局的"Directory Interchange Format"(DIF)手册中③,并在1995年柏林核心计划中确定为描述网络信息资源内容的最基本要素。国内对"元数据"接受与使用的定义大多为"关于数据的数据或描述其他信息的信息"④。随着数字视频资源数量的增多,越来越多的学者开始关注视频资源的元数据问题。如,2003年王炜等人将视频资源元数据界定为用于描述原始视频资源的属性和内容且机器可理解的智能化信息,或者说是视频数据资源的特征信息⑤;2019年蔡梦玲认为元数据是对音视频文件的规范描述,根据一定的标准将音视频文件进行分类、标引、著录等,由此保证所存储资源的标准化、可用性和永

① 张美芳.国外声像档案数字化进程对中国声像档案保存的启示[J].数字与缩微影像,2013(03):27—30.

② 沈正华,王法,姚星星.利用元数据管理数字视频文档[J].大学图书馆学报,2004(02):16—22+33.

③ 庄育飞.都柏林核心集及其价值初探[J].图书情报工作,1999,(7):8—10.

④ Hakala J.Internet Metadata and Library Cataloging [J].International Cataloging and Bibliographic Control,1999,28(1):21—25.

⑤ 王炜,吕荣聪,武德峰,等.开放架构的数字视频管理系统iView研究与实现[J].国防科技大学学报,2003(05):52—57.

久性^①等。目前国内专门对视频档案元数据进行研究的成果主要有2018年毛海帆、李鹏达等人对《录音录像类电子档案元数据方案》解读^②，没有专门文献对视频档案元数据作出界定，往往采用组合的方式来阐明这一概念^③等。事实上，视频档案元数据（Metadata）提供对视频档案资源、对象或数据的属性和内容描述，是关于视频档案信息资源或数据的一种相对结构化的数据，其目的是提高视频档案资源被检索的效率，提高用户使用档案信息资源的交互性和响应的辨别能力等。

其二是视频档案资源元数据模型设计。目前国内专门针对"视频档案资源"元数据模型的研究成果的较少，大多数成果体现在"视频"这一广义概念层次上的元数据模型设计原则与框架构建等方面。如，2003年李学朝构建了基于MPEG-7和SportsML标准的三层体系体育视频元数据描述模型，并采用Schema来描述元数据结构、数据类型和元数据间的相互关系等^④；2008年李松斌提出了一个面向网络流媒体服务的视频资料元数据模型，该模型由背景层、内容层以及标引层3个独立的层次构成^⑤；2013年陈磊等人基于LOM模型，构建了农业多媒体素材元数据模型^⑥；2018年刘佳设计了音视频资源共享体系之下的元数据模型，具体元数据模型由元数据格式信息、对象数据和基地址共同构成^⑦；2019年蔡梦玲结合OAIS参考模型，在对音视频元数据内容需求分析的基础上，构建了音视频数据库的分层元数据模型^⑧等。这些元数据模型虽然不是专门针对

---

① 蔡梦玲.基于OAIS的音视频数据库分层元数据模型[J].图书馆杂志,2019,38(01):24—29＋35.

② 毛海帆,李鹏达,田丹华,等.《录音录像类电子档案元数据方案》解读[J].中国档案,2018(05):34—35.

③ 参见《录音录像类电子档案元数据方案》(DA/T 63—2017)。

④ 李学朝.基于内容的体育视频描述、管理和浏览研究与实现[D].北京:中国科学院研究生院(计算技术研究所),2003.

⑤ 李松斌,陈君,王劲林.面向流媒体服务的视频资料元数据模型[J].电信科学,2008(11):41—46.

⑥ 陈磊,吕凯,陈娟.农业多媒体素材元数据标准模型的设计与应用[J].农业图书情报学刊,2013,25(08):15—18.

⑦ 刘佳.浅析互联网音视频元数据及对象数据管理[J].信息技术与信息化,2018(7):80—81.

⑧ 蔡梦玲.基于OAIS的音视频数据库分层元数据模型[J].图书馆杂志,2019,38(01):24—29＋35.

视频档案资源而设计的,但是它们可以为视频档案资源元数据构建提供借鉴和参考。

其三是视频档案资源元数据规范及运用。视频档案资源元数据规范是实践部门开展相关业务工作的指南和参考。从检索到的文献结果来看,直到2017年我国才正式颁布视频档案元数据标准——《录音录像类电子档案元数据方案》(DA/T 63—2017),相关研究成果也仅检索到1篇,且只是对国家档案局2017年颁布的《录音录像类电子档案元数据方案》及23个元数据描述属性进行了解释和说明①。事实上,我国视频档案资源描述与组织工作有大量相关领域的元数据标准可以参考和借鉴。目前可以参考和借鉴的相关标准主要有《广播电视音像资料编目规范 第1部分:电视资料》(GY/T 202.1—2004)②《全国文化信息资源共享工程视频资料编目规范》③《CELTS—42基础教育教学资源元数据规范》(CELTS—42 CD1.6)④《视频资源元数据规范》(WH/T 63—2014)和《国家图书馆视频资源元数据规范与著录规则》⑤等。与之相关的研究工作也多集中于传媒领域和图书馆学领域。如,2003年张莹以DC元数据为基础,依据文献编目标准著录项目,对照CNMARC,提出了相关中文音像资料元数据运用标准⑥;2006年李冬秀在视频元数据产生背景分析的基础上,研究了视频元数据的互操作实现问题⑦;2014年段明莲与李燕在分析《中央电视台音像资料编目细则》《国家图书馆视频资源元数据规范》和《数字资源元数据规范》等规范的基础上,设计了数字视频资源元数据及

---

① 毛海帆,李鹏达,田丹华,等.《录音录像类电子档案元数据方案》解读[J].中国档案,2018(5):34—35.

② GY／T202.1—2004,广播电视音像资料编目规范[S].北京:国家广播电影电视总局,2004

③ 琚存华.文化共享工程资源建设标准规范[EB/OL].[2011—9—22].http://wenku.baidu.com/view/1af6512db4daa58da0114ad2.html.

④ CELTS—42基础教育教学资源元数据规范[S].北京:教育部教育信息化技术标准委员会,2002.

⑤ 段明莲,周晨,琚存华.国家图书馆视频资源元数据规范与著录规则.北京:国家图书馆出版社,2014.

⑥ 张莹.浅谈中文音像资料元数据制订[J].现代图书情报技术,2003(S2):114—115+120.

⑦ 李冬秀.视频元数据及其互操作研究[J].现代情报,2006(01):92—94+96.

描述标准[①];2016年李硕和肖希明对公共数字文化资源中的视频资源元数据标准进行了分类界定,将其分为图书馆视频资源元数据、博物馆视频资源元数据和档案馆视频资源元数据,并研究了它们之间的映射实现问题[②]等。

(3) 视频档案资源特征提取与语义描述研究

视频特征提取与语义描述是数字视频档案资源语义组织的核心和基础。目前国内该领域的研究成果主要集中在计算机科学和信息工程科学领域,这与该领域研究的技术性要求较高有着直接的关联。根据目前所搜集文献资料,可以将该方面的研究成果归结为视频档案资源特征提取和语义描述两个层面:

其一是视频档案资源语义特征提取。视频档案资源特征识别与提取是较为复杂的工作。它不同于文本型档案资源,在传统档案工作领域,视频档案资源特征识别提取基本上以传统的人工方式为主,大多数仍是基于声像档案著录规则来展开的。如,2006年方伟明在对城建声像档案著录标引规范思考的基础上,建议从保管单位名称和档案属性、题名、录制日期、放映时间以及数量、保管期限等方面来提取录像档案标引标签[③]。然而,随着视频档案资源数量的日益增加,基于人工提取的标题、关键词等而开展的视频档案检索,其效率、质量已经无法满足人们对视频档案资源管理与利用的需求,且人工提取与标引的成本较高,容易受主观影响。为此,诸多研究者开始将研究目标转向基于内容的视频特征自动或半自动识别与标注领域。从检索到的文献来看,目前大多数成果采用固定帧提取法或关键帧提取法来完成视频档案资源特征识别与提取任务。如,2000年黄伟红和张福炎针对教学视频档案资源管理设计了 Edu Media 系统原型,但受到当时技术条件的制约,系统模型无法实现全自动语义特征提取,只能在人工干预的情况下生成

---

① 段明莲,李燕.数字视频资源元数据及描述[J].数字图书馆论坛,2016(12):15—20.

② 李硕,肖希明.公共数字文化资源中视频源数据映射研究[J].图书馆杂志,2016,35(08):67—75.

③ 方伟明.城建声像档案著录标引规范浅议与实践[J].城建档案,2006(06):37—39.

视频档案元数据①；2003年王炜等人联合设计了针对新闻视频档案管理领域开放架构的iView数字视频管理系统，用于有效管理、发布或动态发布新闻类型的流媒体视频，自动抓取后再经过人工标注来完成视频特征提取任务②；2004年沈燕利用计算帧间差的方法将视频自动分割为镜头，再从镜头中提取关键帧，将档案视频资源内容的特征提取转换为针对图像内容的特征提取③；2011年吕元海设计了本地化的视频资源标准，并实例化为资源描述XML文档，存入Native XML数据库④；2012年竺亚珍浙江传媒学院MAM研发组提出了基于混合投影函数的快速镜头切换检测方法⑤，并以关键帧为索引来提高视音频资料编目、检索和利用效率；2016年刘恩涛和张智翔针对北京科技大学图书馆本地视频档案资源管理情况，采取自动抓取和人工录入相结合的方式来实现视频档案资源特征提取工作，处理数据20万条并建立了高校图书馆本地视频资源元数据库⑥；2017年徐彤阳、张国标与任浩然在其设计的基于Contourlet变换的视频档案检索框架中，选择既有固定帧的关键帧提取法和基于镜头的关键帧提取的方法来实现视频档案特征自动识别与提取⑦等。

其二是视频档案资源语义描述。视频档案资源语义描述是视频档案资源能被计算机理解和处理的关键，国内研究者展开了相关研究工作。如，2000年黄伟红和张福炎在整合教学视频资源时首次提出了基于RDF

① 黄伟红,张福炎.EduMedia:教学数字视频图书馆中异构资源的统一描述[J].计算机辅助设计与图形学学报,2001(04):379—384.

② 王炜,吕荣聪,武德峰,等.开放架构的数字视频管理系统iView研究与实现[J].国防科技大学学报,2003(05):52—57.

③ 沈燕,任晓健.基于内容的多媒体检索技术在数字档案馆中的应用[J].情报杂志,2004(04):91—93.

④ 吕元海.基于Native XML数据库的视频教学资源平台构建[D].西安:西安电子科技大学,2011.

⑤ 竺亚珍.高校数字图书馆视音频编目技术及应用研究[J].图书馆杂志,2012,31(04):56—59.

⑥ 刘恩涛,张智翔.本地视频资源元数据库建设的研究与实践[J].图书情报导刊,2016,1(1):127—130.

⑦ 徐彤阳,张国标,任浩然.数字档案馆中视频档案检索框架构建及实现[J].档案学研究,2017(06):93—98.

的元数据描述,将教学视频的数据分为整体视频、分割视频和多媒体对象三个层次,并定义相应的特征类和典型特征[①];2003年李学朝将体育视频元数据描述为通用外部信息和结构信息及其基于语义层次的对象信息,并通过自动分析和手工标记的注释对体育视频涉及的前景和背景进行详细描述,多层次有条理地提取相应视频元数据信息[②];2005年严明和苏新宁构建了视频信息的描述需求与索引模型,将视频信息分为外部信息索引和基于内容索引,并提出高层语义采用人工输入与自动提取相结合来生成[③];2012年张晓江针对电影电视类声像档案检索功能进行了详细论述,主张从节目层、片段层、场景层乃至关键帧和珍贵镜头等进行语义描述[④];2016年谢建云提出基于内容的视频检索CBVR技术,将所提取到的视频特征信息存储在特征数据库中与相对应的语义关系进行对应,从颜色特征、纹理特征和空间关系特征三方面进行描述[⑤];同年,王敬和祝忠明从视频片段级对科学视频进行综合语义标注,在语音识别和视频分割的基础上,引入关联开放数据,为科学视频提供丰富的背景信息,并利用媒体资源本体来描述视频资源内容、元数据和视频片段之间的关系[⑥];2017年阮湘辉认为基于视频资源5类文本信息(描述文本、创作脚本、声音信息与文本信息)的转录及视频资源中的文本采集和相关资料中文本信息,均是视频资源标引时的语义线索,可对其加以采集,并进行语义描述以支持视频档案资源管理[⑦];2018年张美芳将音视频档案描述大体分为内容描述、知识产权、外形描述三个部分,并采用分层描述的方式对视频档案

---

① 黄伟红,张福炎.EduMedia:教学数字视频图书馆中异构资源的统一描述[J].计算机辅助设计与图形学学报,2001(04):379—384.

② 李学朝.基于内容的体育视频描述、管理和浏览研究与实现[D].北京:中国科学院研究生院,2003.

③ 严明,苏新宁.数字视频信息的索引研究[J].现代图书情报技术,2005(07):46—50+59.

④ 张晓江.数字化背景下声像档案管理工作的项目研究[J].办公室业务,2012(03):73—74.

⑤ 谢建云.基于内容的视频检索技术在数字档案馆中的应用[J].山西档案,2016(02):73—75.

⑥ 王敬,祝忠明.科学视频综合语义标注框架构建研究[J].图书馆理论与实践,2016(01):50—55.

⑦ 阮湘辉.图书馆自建视频资源编目及标引信息获取技术探究[J].吉林广播电视大学学报,2017(12):147—149.

资源进行描述[①]等。

(4) 视频档案资源利用服务实现研究

视频档案资源的利用与服务实现问题一直是档案服务部门关注的核心问题。早在1992年孙泽敏在《〈新闻透视〉200期回顾展播录像档案利用札记》一文中就认为,"回顾展播实际上是创造性地利用开发《新闻透视》录像档案的过程……其社会效果远远超出研讨活动。既是对轨迹的展示和探索成果的检阅,也是一次创造性开发利用电视录像档案的成果尝试。"[②]然而,视频档案资源来源与构成较为复杂,且开发利用的专业性较强,目前该方面的研究与实践多限于小范围内展开。根据检索到的文献来看,目前国内研究大部分集中在视频档案资源用户需求、开发利用意义、开发模式与途径以及利用服务实现策略等理论探讨层面。

其一是视频档案资源用户需求研究。用户需求分析是档案服务工作的核心内容之一,一直受到国内研究者的关注。目前国内视频档案资源用户需求研究较少独立展开,多寓于泛化的档案用户需求研究之中。如,早在1989年丁海斌教授就研究了档案用户需求的目的,并分析了引起档案用户利用需求的多重影响因素[③]。进入21世纪后,研究者从用户需求的形式、特点、规律等不同角度进一步扩展了档案用户需求研究领域。如,2007年王海量和倪丽娟在关注高校档案用户的基础上,分析用户基本特点及其心理特征[④];2016年王晨针对国内档案馆档案利用率低下的情况,分析了用户需求的主体阶层扁平化、内容立体化、方式网络化等特点及其影响因素[⑤];2017年马仁杰和丁云芝从档案利用前、中、后不同阶段对用户利用心理层次进行解读,并提出不同应对方式[⑥];2018年吕元智

① 张美芳.面向音视频档案保存与利用的分类编目研究[J].档案学通讯,2018(01):93—96.

② 孙泽敏.荧屏上的历史再现——《新闻透视》200期回顾展播录像档案利用札记[J].上海档案工作,1992(02):16—18.

③ 丁海斌.论档案用户的利用需求[J].辽宁大学学报(哲学社会科学版),1989(06):98—99.

④ 王海量,倪丽娟.高校档案用户利用需求分析研究[J].黑龙江档案,2007(05):12—13.

⑤ 王晨.基于社会调查的档案用户需求研究[J].档案与建设,2016(10):30—35.

⑥ 马仁杰,丁云芝.论"互联网+"背景下我国档案利用者心理需求特点与对策[J].档案管理,2017(01):30—32.

从档案用户利用行为视角分析用户需求,设计了基于用户利用行为分析的档案知识集成服务框架①等。从总体上来看,档案用户需求研究的重要性已开始受到国内档案学界的关注和重视,并在不同范围、不同层次、不同区域、不同行业开展了相关探索。

其二是视频档案资源开发利用的意义。视频档案资源是最为形象直观的社会记录资源,它本身固有的档案社会价值,对其开发并为用户提供服务具有重要的意义。不同领域研究者,结合各自的利用目的展开了相关研究。如,在影视领域,2001年赵童生认为,对电影艺术档案内容进行整理和开发利用是十分必要的,它有助于提高电影艺术档案科学化、标准化、现代化管理的水平,实现电影艺术档案的社会价值②;同年,吕萌也认为,开发利用电视音像档案,通过各种形式对外宣传,能为新时期电影电视的拍摄提供高价值素材等③;2007年马坚丽介绍了《桃李育成满园春》电视专题片制作中视频档案开发利用情况,并认为利用数字音视频技术来开发利用视频档案能有效宣传推介自身工作④等。在体育事业领域,2009年胡亚利指出录像档案是历史的重现,利用奥运场馆的声像档案资料可以拓展场馆的利用空间和社会价值等⑤;2017年朱淑玲认为,视频档案资源具有监管效应,开发利用CBA联赛视频档案可以提高运动员的比赛自律性、促进媒体监管以及促进篮球协会联赛的规范化⑥。在法治领域,2012年卜淑芬认为,开发利用检察音像档案,可以为预防和查办职务犯罪、严打以及普法教育提供有效服务等⑦。在城建领域,1997年田宝贵⑧和

① 吕元智.基于用户利用行为分析的档案知识集成服务实现策略研究[J].档案学通讯,2018(05):56—61.

② 赵童生.从电影艺术档案的重要作用谈对其内容整理的必要性[J].广播电视信息,2001(02):64—68.

③ 吕萌.论加强电视音像档案整理的必要性[J].档案学通讯,2001(04):60—62.

④ 马坚丽.基于数字音频视频技术的档案利用——以电视专题片《桃李育成满园春》的制作为例[J].四川档案,2007(03):39—40.

⑤ 胡亚利,张月春.奥运场馆声像档案价值分析与利用模式探索[J].兰台世界,2009(19):10.

⑥ 朱淑玲.CBA职业联赛视频档案建设及其监管效应研究[J].山西档案,2017(01):97—99.

⑦ 卜淑芬.地方检察档案信息资源开发与利用的实证研究[D].湘潭:湘潭大学,2012.

⑧ 田宝贵,袁志海.浅谈城建录像档案开发利用的新领域[J].城建档案,1997(01):33—34.

马林南[1]均论述了城建录像档案应用于城市领域的优势,指出城建录像档案的展出、播放与经济领域接轨,具有"变信息为生产力的显著成效",可以极大地提高各馆在社会上的影响和地位。在卫生领域,2016杨兴梅通过鼠疫防治、云南血吸虫病防治、燃煤中毒防治工作的纪录片举例论证了云南省地方病防治所开发利用声像档案进行地方病防治的意义[2]……如此等等。

其三是视频档案资源开发利用的模式与途径。视频档案资源开发利用专业性较强,它需要构建合理的开发利用模式与之相适应。正如张江在《当前数据库中音像档案资料开发模式初探》一文中提出那样,"在社会发展不断多元化的今天……音像资料的开发还存在着一定的局限性,如何建立起社会效益与经济效益统一的音像档案资料开发模式,是未来音像档案管理的当务之急"[3]。在实现模式层面,2004年汤涌在分析绍兴市档案局和绍兴博科软件有限公司共同研发的多媒体档案管理系统基础上,提出了视频档案开发利用的市场模式[4];2015年张江在论述视频档案资源开发利用必要性的基础上,提出了"公有云系统+音像档案模式""科研学术+音像档案模式""公益+市场+音像档案模式"[5]等三种开发利用模式;同年段竹莹也认为,音像档案开发利用的社会合作是必然方向,通过旅游发展合作、企业文化合作、课堂教育合作的方式来开发利用音像档案资源是较为有效的路径等[6]。在具体实现途径层面,2006年路梅认为,媒体资产管理系统能拓宽媒体视频档案的应用领域,即可以多种形式发布媒体内容,为用户提供多种途径检索和浏览等,并希望借此来解决视频档案资源的服务利用问题[7];2016

---

① 马林南,刘英华.谈我国城建录像档案开发利用[J].兰台内外,1997(06):33—34.

② 杨兴梅.开发利用声像档案服务地方病防治宣传工作[J].中国卫生产业,2016,13(35):168—169.

③ 张江.当前数据库中音像档案资料开发模式初探[J].黑龙江史志,2015(07):120.

④ 汤涌.基于WEB的多媒体档案管理系统的研发实践与思考[J].浙江档案,2004(11):33—34.

⑤ 张江.当前数据库中音像档案资料开发模式初探[J].黑龙江史志,2015(07):120.

⑥ 段竹莹.浅析音像档案开发利用社会合作方向[J].云南档案,2015(04):54—56+59.

⑦ 路梅.浅谈电视台媒体资产管理系统音像档案、资料的编目[J].视听界(广播电视技术),2006(02):20—22.

年俞雯静等人以安徽省电力公司为案例,通过利用非结构化数据管理平台来统筹解决视频档案资源的统一管理与开发利用问题等①。

其四是视频档案资源利用服务的实现策略。如何用合适的方式为用户提供恰当的视频档案服务,也一直是档案服务部门思考的重要工作内容,诸多研究者也对其展开了研究。在具体利用服务实现策略方面,2004年项文新在录像档案数字化探讨的基础上,提出建立关系型知识库,利用数据库记录与数字录像档案文件链接的形式来实现录像档案检索②;2010年段营营针对青岛城建档案馆建设的声像档案管理系统情况,主张采用流媒体播放技术,实现在线实时播放影像,以期提高检索效率③;2011年令狐翠平在分析广州市城建档案馆录像档案案卷级与文件级两级数据库管理模式的基础上,认为目前数据库管理存在与实际工作脱节,档案著录不规范,检索内容不对称等问题,并提出相关解决对策④;2014年张鹏在其硕士论文中详细介绍了其设计的关系型声像档案数据库管理系统,该系统由检索模块、管理模块、用户模块和申请模块四部分组成,并将其在南京审计学院进行了应用和测试⑤;2015年房开乾详细介绍基于ASP.NET的声像档案利用系统的总体设计与功能设计,并对系统原型进行压力测试和分析⑥;2018年张洪波以宜昌市城市建设档案馆为例,构建了具有行业特点的数字化系统和媒体资产管理系统,并从统一内容生产管理、内容存储管理、流程控制管理、功能模块管理、系统管理五个层次来实现城建视频档案资源的管理与利用服务实现⑦等。除上述具体利用服务实

　　① 俞雯静,程东生,何晓玲,等.基于非结构化平台的视频档案统一存储及共享利用研究[J].信息化建设,2016(05):70—71.

　　② 项文新.录像档案数字化处理[J].机电兵船档案,2004(03):46—49.

　　③ 段营营.青岛数字城建档案综合管理系统的设计与实现[D].青岛:中国海洋大学,2010.

　　④ 令狐翠平.录像档案管理研究——广州市城市建设档案馆录像档案归档存储现状分析及改进对策[C]∥兰台撷英——向建党90周年献礼.国家档案局档案科学技术研究所,2011:347—354.

　　⑤ 张鹏.数字化声像档案管理系统的设计与实现[D].成都:电子科技大学,2014.

　　⑥ 房开乾.基于ASP.NET的声像档案统一利用平台设计与实现[J].办公自动化,2015(18):33—35.

　　⑦ 张洪波.城建声像档案数字化存储和管理系统应用探索——以宜昌市城市建设档案馆为例[J].城建档案,2018(11):27—28.

现探索外,一些学者也尝试从理论的高度来研究视频档案资源的利用服务实现问题。如,2014年倪彬以广东广电声像档案服务为例,研究了视频档案资源的公益服务模式,并提出相关的具体实现对策[①];2019年安文政结合新媒体时代的特点,分析了声像档案的开发和利用问题[②];2022年国测在分析企业视频档案的开发利用可以为企业带来社会效益和经济效益的基础上,从宏观管理层面提出了具体开发利用策略[③]等。

2.2.2　国内研究评析

结合上述研究成果的统计情况与内容分析,国内数字视频档案资源语义组织与精准化服务领域研究情况如下:

(1)直接研究成果数量较少,且质量有待提升。目前国内数字视频档案资源语义描述与精准化服务领域直接专门的研究成果数量较少,可检索到的相关研究成果大多分散在视频信息检索、声像档案数字化等领域。虽然从20世纪80年代开始,国内就有学者开始探讨声像档案的管理与利用问题,进入数字时代以后尤其是国家数字档案馆工程的推进,相关问题也引起了部分研究者的兴趣,开展了专题研究如声像档案数字化等,但是与电子文件管理、照片档案管理、档案资源开发利用等相比,该领域研究成果数量却要少很多。目前可以直接检索到的文献351篇,与我国声像档案管理的实践及其发展要求是极不相称的。另外,从研究成果(论文)的分布情况来看,国内学术性期刊刊发的相关论文数量少,近十年来《档案学研究》《档案学通讯》仅刊发该领域论文10余篇。大部分论文发表在一般业务性档案期刊上,文章内容多以视频档案收集、管理、数字化等方面业务经验介绍为主,且多停留在视频档案的收集、保管等传统业务操作层面,如何有效开发利用视频档案并为用户创造更多的价值,却缺乏系统的理论探讨。

---

① 倪彬.广东广电声像档案公益服务策略研究[D].广州:华南理工大学,2014.
② 安文政.新媒体时代声像档案的开发和利用[J].陕西档案,2019(02):39—41.
③ 国测.企业视频档案开发利用初探[J].机电兵船档案,2022,220(03):63—65.

（2）研究获得一定数量基金项目支持，但尚未形成稳定的队伍。除业务经验介绍性的成果外，该领域的研究成果署名主体基本上以高校科研人员为主，且研究大多得到了各类基金项目的支持。从检索到的论文获基金支持情况来看，代表性的基金项目有国家社科基金项目"声像档案抢救'复杂性障碍'及信息保护机制与对策的研究"（16BTQ094）、"数字政府背景下电子文件单轨制管理的数字连续性保障框架研究"（项目编号：19CTQ036）、"内蒙古乌兰牧骑档案资源建设及珍贵音视频档案数字化抢救技术研究"（2018－B－017）、河北省哲学社会科学规划研究项目"数字环境下档案信息传播模式创新研究"（项目批准号：HB19TQ006）以及浙江省教育厅科研计划、辽宁省高等教育教学改革项目与规划课题。这些基金项目为视频档案资源的组织与服务研究提供了重要支持，但是从目前研究结果呈现情况来看，国内该领域的研究仍处于分散且不连续状态，缺乏顶层设计，研究主题也多处于"离散"状态，缺乏整体规划。可以说，目前国内该领域尚未形成具有一定规模且研究方向稳定的研究团队。

（3）研究的技术导向性较强，但跨学科合作不明显。数字视频档案资源语义组织与精准化服务是建立在现代信息技术基础之上的业务活动，其研究也必然会涉及技术问题。目前该领域的研究成果多涉及视频检索、语义网技术如 RDF、Linked Data、本体等，体现了较为明显的技术导向性，而这些技术却是档案学界和实践工作界研究者们较为欠缺的内容，同时也是导致诸多档案学者无法有效深入该领域研究的原因之一。从检索到的文献作者分布情况来看，目前该领域的研究主体也多限于计算机学科专家或具有一定计算机知识和技能的档案管理单位和个人等。另外，数字视频档案资源语义组织与精准化服务是一项复杂的技术工程，它面临的问题必然是复杂的，其研究仅靠单一学科是无法解决的。令人遗憾的是，目前国内该领域的跨学科合作研究开展并不是很好，单打独斗的现象较为明显。如何将前沿的视频语义组织与检索等技术同视频档案的管理与服务结合起来是目前该领域研究亟待思考的问题，而这一切的实现即需要打破传统研究思维定式,加强跨学科合作,聚合社会多方力量共同攻克这一难题。

(4)研究受数字档案馆工程建设影响较大,但成果多以理论探讨为主,实证分析不足,成果转化的效率也有待提升。从文献分布年代来看,我国该领域的研究受数字档案馆工程建设推动较大,较好地反映了研究与实践工程的一致性,也体现了该领域研究的应用性。但是,除视频档案数字化研究成果外,目前其他层面的研究成果多以业务经验总结和理论探讨为主,研究的重点集中在数字视频档案的在线收集、保管等层面,对视频档案资源利用的探讨也多仅限于理论框架构建和管理策略探讨,这些理论构建是否可行,对此缺乏必要的实证分析。此外,目前该领域的研究成果多以论文的形式存在,相关专利较少,没有同具体工作实践有效地结合起来,实践部门构建的相关视频档案资源利用系统仍多停留在传统在线检索服务阶段。当前,如何将视频档案资源语义组织、精准化服务方面的理论研究同实践有机地结合起来,是档案工作部门面临的现实问题之一,也是该领域研究要重点思考和解决的问题。

2.3　国内外研究比较与未来研究对策

2.3.1　国内外研究比较

纵观国内外数字视频档案资源语义组织与精准化服务研究成果,不难发现,无论是国内还是国外,目前该领域研究均处于积极探索发展阶段。大多数成果以探索性的文章为主,在实践中基本没有很多成功且可以推广的案例,数字视频档案资源语义组织、精准化服务的理论与方法体系尚在构建中。不过,从研究发展趋势上来看,国内外该领域的研究方向基本趋同,即从视频档案实体组织向视频档案内容深度组织方向发展,并开始聚焦数字视频档案资源的内容解构与有效利用等问题。但是,由于国内外研究的立足点和研究传统等的不同,国内外研究呈现出各自不同的特征:

（1）国外研究多以视频档案资源利用服务实现为主，且实证分析较多，而国内研究多处于理论探讨阶段，成果主要集中于传统视频档案数字化、服务实现保障策略等方面。究其原因，主要是欧美等发达国家较早进入信息时代，社会信息化程度较高，已构建了较为丰富的数字视频档案资源体系。在文化遗产等理念的影响下，他们考虑更多的是如何有效保护和开发利用好视频档案资源。然而，我国档案信息化工作起步相对较晚，且传统视频档案数字化是一个新课题，在20世纪90年代诸多研究者主要考虑的如何将传统模拟视频档案资源转化数字化视频档案资源。进入21世纪后，随着数字档案馆工程的推进，国内部分研究者虽然开始考虑到数字视频档案资源的利用问题，但研究力量相对较弱，众多研究者的注意力集中在数字档案馆工程建设、文本型档案资源建设等方面。目前国内该领域大型实践项目相对较少，实证研究对象和条件相对不足。

（2）国外研究主题相对聚焦，且主要聚焦于数字视频档案资源描述、组织与检索服务等核心业务操作方面，而国内研究主题较为分散，更多的是从宏观管理的视角来研究数字视频档案资源组织与利用策略问题。国外该领域研究多以微观研究为主，着力解决数字视频档案资源组织与利用中的具体业务问题，提出的方案操作性较强。相比之下国内相关研究在体系上较为系统，除传统视频档案数字化方面的研究成果外，更多的研究成果停留在制度制定、组织安排、技术选择等管理层面，较少涉及资源描述、组织等内容，在解决实际问题方面仍存在一定差距，研究的深度与实用性有待提升。

（3）国外研究主要从视频档案资源和用户利用需求的视角出发，侧重于如何从用户利用的角度来解决数字视频档案资源的组织与利用问题，而国内相关研究更多地是倾向利用信息技术来解决数字视频档案资源的组织与服务问题。目前国内诸多研究仍更多的是从管理或技术管理的角度来展开的，成果主要聚焦于数字视频档案资源检索实现方案设计等方面，视频档案用户利用需求、行为偏好等较少涉及，更谈不上用户交互研究。

(4)国外研究主体来源广泛,理论界与实践界合作效果好,而国内研究主体较为分散,研究合作度偏低。国外研究主体既有高等院校的研究者也有各类实践部门的实践工作者,而我国该领域的研究群体虽然主要分布于高等院校、档案服务机构,但理论研究者和实践工作者合作的案例并不多见,没有形成稳定的专门研究团队。目前我国该领域公开发表的论文多以个人创作为主,产学研合作程度较低,研究的深度和可持续性有待加强。

2.3.2　未来研究建议

数字视频档案资源语义组织与精准化服务是一个新事物,它有诸多问题需要去研究和实践。在当前,针对该领域的研究与实践现状,结合国内外研究特点和差异,我国数字视频档案资源组织与服务研究工作需要采取下列措施:

(1)加强研究合作。数字视频档案资源语义组织与精准化服务是一项复杂的工程,单凭某一机构或某一学科的研究力量肯定是无法完成的,它需要整合国内外研究资源,共同攻克研究与实践难题。在当前,该领域的研究合作应是多方面的。它既需要档案学领域的内部合作,也需要档案学理论界与档案工作实践界的合作,同时还需要实现跨学科合作,如加强同图书馆学、情报学、信息管理与信息系统、计算机科学等学科的合作,以弥补该领域研究力量尤其是技术力量的不足。另外,它需要加强国际合作与交流,注意借鉴和吸收国外研究与实践成果,减少研究与实践探索成本。

(2)深化数字视频档案资源主题揭示、描述与组织研究。数字视频档案资源精准化服务是建立在科学合理的资源描述与组织基础之上的。目前我国数字视频档案资源主题揭示、描述与组织的理论研究和实践探索均处于相对滞后的状态,大多数数字视频档案资源仍处于粗粒度描述与组织状态。显然,它们是无法提供精准利用的。在当前,该领域还需要进一步深化视频档案资源组织研究工作,将其从信息组织层面提升到知识组织层面,为数字视频档案资源语义组织与精准化服务实现奠定最基本的理论基础。

(3) 增加实证研究。目前国内理论界对该领域的研究已积累了一定的基础和经验,但是实证研究明显不足,不利于研究的可持续发展,也不利于研究成果的推广与应用。现阶段该领域研究需要加强跨界合作,建立产、学、研合作平台,将理论研究与实践结合起来,通过实证来验证理论研究成果如观点、方案和技术路线等的科学性与合理性,逐步形成理论指导实践、再由实践上升到理论的良性循环的科学研究状态。

(4) 注重用户利用需求研究。精准化服务是一种个性化特征明显的、以用户为中心的服务。然而,目前我国该领域的相关研究成果较多从档案服务部门的角度来探讨其服务问题,对终端用户的研究却相对很少,用户需求与利用行为等因素没有得到充分的关注和重视。为此,在当前需要转换研究视角,注重用户研究,更多地了解用户对数字视频档案资源的需求和利用期望,研究用户需求特点和利用行为习惯、规律,提升该领域研究成果的科学性和适用性。

2.4　本章小结

随着数字视频记录与处理技术的发展,数字视频档案资源的管理与利用问题越来越受到国内外理论界和实践界的重视,并开展了一系列相关研究与探索活动。

在国外,早在20世纪90年代初就有学者开始关注这一方面的问题。从检索到的文献来看,国外该领域的相关研究主要集中在是数字视频档案资源元数据体系构建、资源特征识别与语义标注以及利用服务实现等方面,其研究特点为:一是研究涉及面较广,跨学科现象明显;二是研究立足用户需求,技术导向性明显;三是研究主体多元化,交流互动频繁;四是研究受大型项目驱动影响明显,与实践工作结合紧密。但是,总体上来讲,相对其他领域,国外该领域研究成果数量较少,仍处于探索发展阶段。

　　在国内,数字视频档案资源语义组织与精准化服务是一个新课题,相关研究仍处于起步与探索阶段,研究成果大部分包含于声像档案研究之中。大部分研究主要是针对视频档案的数字化而展开的,关注的重心仍聚焦于视频档案资源格式转换、存储载体选择、数字化后的著录等内容。随着研究与实践的深入,视频档案资源元数据构建、资源编目、开发利用等也成为近年来研究的热点之一,国内研究特点为:一是直接研究成果数量较少,且质量有待提升;二是研究获得一定数量基金项目支持,但尚未形成稳定的队伍;三是研究的技术导向性较强,但跨学科合作不明显;四是研究受数字档案馆工程建设影响较大,但成果多以理论探讨为主,实证分析不足,成果转化的效率有待提升。

　　纵观国内外研究成果,无论是国内还是国外,数字视频档案资源语义组织与精准化服务方面的研究均处于探索发展阶段。大多数研究成果以探索性的文章为主,理论与方法体系尚在构建过程中。针对该领域的研究与实践现状,结合国内外研究特点,当前该领域研究工作需要在研究合作、视频档案资源内容揭示、描述与组织以及实证、用户需求研究等方面采取切实有效的措施。

3 交互环境下数字视频档案
资源用户需求调查分析

分析和掌握用户需求是数字视频档案资源服务工作得以顺利开展的基础和前提。进入21世纪后,随着语义网、人工智能等技术的飞速发展,社会信息服务环境发生了翻天覆地的变化。它们不仅改变了人们获取信息资源的方式和方法,更是从根本上改变了人们利用信息资源的心理预期和行为习惯。在新的信息环境中,服务的交互性日益突出,服务提供者与用户之间的界限日渐模糊,用户既是数字视频档案资源的利用者,也是数字视频档案资源的建设者和服务指导者。用户身份的多重性和变化性,给现代档案服务工作提出了新要求。如何准确地把握用户需求是当前数字视频档案资源建设与服务工作的重要议题。本章在明确本次调查目的、意义、内容和方法的基础上,通过设计和发放调查问卷的形式来收集交互环境下数字视频档案资源用户需求情况,分析、归纳和总结用户利用数字视频档案资源的行为特点和期望要求,为后续的数字视频档案资源语义组织与精准化服务研究提供现实依据[①]。

---

① 吕元智,邹婧雅.交互环境下数字视频档案资源用户需求调查分析[J].山西档案,2023(06):143—161+134.

3.1 调查概述

3.1.1 调查目的与意义

（一）调查目的

随着数码声像记录技术的发展与应用,数字视频档案资源作为数字时代发展的产物,其在档案资源体系中所占的比重越来越大。然而,数字视频档案资源因其自身非结构化、语义特征难以识别和提取等因素的影响,其利用服务效果并不理想,与现代信息服务的便捷性、知识性、智能性等要求存在较大差距,在满足用户利用多元化与个性化方面存在诸多不足。为此,本研究拟通过调研当前数字视频档案资源用户需求情况,探究其背后的原因与动机,为数字视频档案资源建设与服务工作提供决策依据。本次调查目的主要有:

其一,掌握用户对数字视频档案资源及其利用的认知情况。通过调查,了解用户是否真正理解什么是数字视频档案资源及其利用,是否存在认知偏差以及这些偏差产生的根源是什么等,为后续的数字视频档案资源服务应用与推广提供参考信息。

其二,了解数字视频档案资源用户需求满足现状。通过调查,了解用户利用数字视频档案资源的目的、资源范围和类型,获取用户利用数字视频档案资源的常用方式与渠道以及面临的主要利用障碍等信息,分析影响用户需求实现的各类障碍因素,为档案服务机构完善数字视频档案资源利用服务策略、开展精准化服务提供定量和定性的事实依据。

其三,判断数字视频档案资源用户需求发展趋势。通过调查,收集和分析用户对数字视频档案资源利用的期望和意愿等内容,掌握用户和潜在用户利用数字视频档案资源行为习惯和偏好等,为数字视频档案资源内容揭示、语义组织以及精准服务实现等工作提供指导建议。

（二）调查意义

本次调查分析不仅仅是为本项目研究收集数据或事实资料,总结用户数字视频档案资源需求特点,同时也是为后续研究的深入开展提供认知框架,并为将来研究成果的推广应用提供参考信息支持。一方面,通过本次调查,深入分析用户及其数字视频档案资源利用需求实现情况,探寻数字视频档案资源需求与服务提供之间的差距及原因,为研究数字视频档案资源内容深度揭示与语义标注问题提供事实或数据支持,有助于选择和确立合适的数字视频档案资源语义关联组织方式、方法,让数字视频档案资源深度语义组织与聚合工作更加符合用户利用需求。另一方面,调查分析结果将为后续的相关研究工作提供基本的认知框架,让研究成果更符合实际,有助于改变数字时代档案管理与服务思维,从用户需求的视角来构建数字视频档案资源体系与服务模式。这将对提升档案用户满意度、促进我国数字视频档案资源开发利用产生积极的现实意义。

3.1.2　调查内容与方法

（一）调查内容

基于上述调查目的和意义,本次调查的内容主要分为以下两大方面:

其一,调查用户及其数字视频档案资源利用情况。调查用户的基本信息如性别、年龄、学历和职业等,分析不同用户群体与数字视频档案资源利用之间的关联关系;调查用户利用数字视频档案的目的、方式、渠道等内容,分析用户利用数字视频档案资源的需求特点与行为偏好;调查用户利用数字视频档案资源面临的障碍,分析产生障碍的原因,探寻档案服务提供与用户现实需求脱节的症结点。

其二,调查用户数字视频档案资源的利用期望与意愿。调查用户利用或再利用数字视频档案资源的意愿程度,分析用户数字视频档案资源的潜在需求;调查用户对数字视频档案资源利用与服务的期望,勾画出用户对于数字视频档案服务的需求图景;调查用户参与数字视频档案资源服务建设的意愿,分析用户期望的参与方式和渠道,为数字视频档案资源建设与服务模式构建提供研究依据。

（二）调查方法

为了了解用户在利用数字视频档案资源方面的真实情况,本次主要采用线上和线下相结合的问卷调查法对数字视频档案用户及潜在用户进行调查,以此来获取分析数据。

（1）问卷设计

在文献调研、档案用户访谈的基础上,吸收多方意见,本研究设计了问卷的总体框架及具体调查细节,并在预调查的基础上,根据用户反馈的信息对问卷进行了修订,最终完成问卷设计工作。

本调查问卷共分为两个部分。第一部分由4个问题组成,主要涉及用户的性别、年龄、学历和职业等基本信息,旨在了解受访用户的构成情况。第二部分共18个问题,题目设计遵循循序渐进的原则。其中,1—9题,主要了解用户利用数字视频档案资源的现状,包括用户利用频次、利用目的、用户利用的数字视频档案资源的类型与涉及领域、用户获取数字视频档案资源的方式与渠道、用户需求实现障碍等;10—18题,主要了解用户在利用数字视频档案方面潜在的需求期望,包括未来使用意愿、期望获得的帮助、期望利用的检索标识以及用户参与数字视频档案资源建设的意愿反馈与建议等。具体而言,这18个问题包括:"您利用数字视频档案资源的频次""您利用数字视频档案资源的主要目的""您需要获取的数字视频档案资源类型""您需要的数字视频档案资源主要涉及的主题领域""目前您获取数字视频档案资源的主要方式""目前您获取数字视频档案资源的最主要渠道""您对当前数字视频档案资源利用是否满意""您在数字视频档案资源利用中遇到的最主要障碍""当您碰到数字视频档案利用困难时,是否得到了有效帮助""您下次利用视频档案资源的意愿程度""您希望获取数字视频档案资源的渠道""如果在碰到利用（使用）困难时,您期望得到哪些帮助""如果一个检索系统能从一个视频文件中精准地找到您所需要的具体视频片段或画面,您利用的愿意程度""如果利用精准数字视频检索(搜索)服务平台,您最期望的视频档案检索标识""您是否愿意参加数字视频档案利用反馈活动""您期望的利用反馈渠道""您是否愿意参与数字视频档案资源建设工作"等,具体见附录1。

针对上述问题,本次调查分别设计单选题、多选题和开放性问题三种类型,且大多数为选择题,选择题的选项分为封闭型与开放型两种。为了保障调查问题答案的全面性,本次问卷的许多题目增设了其他选项,被调查者可以根据自己的理解和认知来填写自己的观点或答案等,以期收集到更真实、更全面的用户需求信息。

(2)数据收集

本次调查根据档案用户分布的特点,采用现场和在线发放调查问卷的方式开展数据收集工作,以期调查数据能够更全面反映用户需求情况。现场问卷调查主要采用直接发给档案用户的方式进行,由用户当场填写并直接回收。在线问卷主要是通过问卷调研网站"问卷星"投放,并由项目组成员借助微信、微博、QQ、贴吧等媒体平台,在档案用户聚集的网络社区投放问卷链接地址及二维码,希望最大限度地对不同地域、工作领域的档案用户开展调查。

(3)数据汇总与分析

在数据处理方面,本次调查将现场和在线有效问卷数据一并汇总处理。其中,在处理封闭性问题数据方面,本次调查采用定量分析法来分析数据,通过利用数值及百分比,结合表格、柱形图、折线图等形式加以展示和分析研究;在处理开放型问题答案方面,本次调查主要对用户提出的建议和期望进行归纳整理,以期客观真实地反映出档案用户对数字视频档案资源的需求与利用情况,使本次调查的结论更具有现实意义。

3.1.3　调查的实施

本次调查过程共经历三个阶段,分别是预调研、正式调研、问卷回收

与整理,具体实施内容包括:

(1) 预调研。为保证问卷结构设计合理,项目组在正式调研前先开展了预调研工作,对编制的问卷进行预调查。首先,项目组邀请9位档案管理领域的理论与实践专家进行访谈,让他们指出问卷题项中存在的问题,在此基础上对问卷内容进行修正。同时,项目组与所在地区和单位的档案馆合作,在征得档案馆方同意后向其用户发放并回收问卷,回收有效问卷102份。针对预调研结果反映的问题,本研究对问卷结构和提问形式进行调整,以便调查用户理解和填写问卷,确保调研数据的真实和有效。

(2) 正式调研。在预调研后进行正式调研,进一步扩大调查对象并发放问卷。由于档案及其利用的特殊性,档案服务部门的用户数量比图书馆等信息服务机构要少得多[①]。为此,正式调研阶段的问卷发放由线下和线上同时进行,线下调研时间跨度从2021年12月至2022年11月,分别在上海、江苏、浙江、安徽、河南、山东、云南、贵州、山西、广东、湖北等地共发放纸质问卷1000份;在线问卷调查持续的时间从2021年12月1日至2022年11月30日。

(3) 问卷回收与整理。截至2022年11月底,本次调查共回收纸质问卷691份,剔除无效问卷,得到有效纸质调查问卷672份,有效回收率为67.2%;回收在线有效调查问卷749份。根据问卷回收情况,项目组将线下和线上问卷合并汇总处理,共计得到有效问卷1421份,将其数据导入excel和SPSS统计软件进行统计分析,并对用户提出的建议进行归纳梳理。

3.2 调查数据分析

3.2.1 用户背景情况分析

不同用户群体往往呈现出不同的用户行为特征,对目标群体基本信

---

① 吕元智.基于语义关联的数字档案资源跨媒体知识集成服务研究[M].上海:世界图书出版公司,2021:65—66.

息的收集既是构建用户画像的基础,也是开展数字视频资源精准化利用服务的基础。通过对本次调查问卷用户的基本信息数据进行统计,1421名受访用户的基本信息汇总情况如表3-1所示。

表3-1　受访用户背景分布情况统计

调查问题	调查选项	人数	百分比
性　别	男	623	43.84%
	女	798	56.16%
年　龄	18岁以下	44	3.10%
	18—35岁	962	67.70%
	36—60岁	387	27.23%
	60岁以上	28	1.97%
学　历	初中及以下	92	6.48%
	高中	138	9.71%
	大专	130	9.15%
	本科	732	51.51%
	硕士及以上	329	23.15%
职　业	学生	662	46.59%
	公务员	62	4.36%
	企业单位人员	278	19.57%
	事业单位人员	169	11.89%
	农民/个体经营者/其他	250	17.59%
您利用数字视频档案资源的频次	没有利用	562	39.55%
	偶尔利用	578	40.67%
	多次利用	151	10.63%
	经常利用	130	9.15%

在接受调查的用户中,男性用户623人,占43.84％,女性用户798位,占56.16％。从年龄分布情况来看,18—35岁年龄阶段的用户最多,共有962人,占67.70％,36—60岁这个年龄段的用户数量次之,有387人,占27.23％,18岁以下有44人,60岁以上仅有28人。在此次调查中,中青年用户是最主要的受访群体,其年龄结构分布是由中青年作为主要网络用户群体的社会现实所决定的,与我国最新调查显示网民年龄结构比例①分布情况基本是一致的。从受访用户学历层次分布情况看,拥有初中及以下学历用户为92人(占6.48％),高中学历用户为138人(占9.71％),大专学历用户为130人(占9.15％),本科学历用户为732人(占51.51％),硕士及以上学历用户为329人(占23.15％)。八成以上用户都接受过高等教育,用户总体学历层次较高,对数字视频档案资源服务的要求自然也会相应提高。从用户身份角色分布情况来看,学生662人,占46.59％,公务员62人,占4.36％,企业单位人员278人,占19.57％,事业单位人员169人,占11.89％,农民、个体经营者及其他类型人员250人,占17.59％。从整体上来看,本次受访用户的职业来源分布较为广泛,反映出视频档案资源及其服务受到了社会各行业较为普遍的关注。其中,学生为最主要的受访者,共占46.59％,这与社会当前短视频信息服务的主要用户群体分布情况是一致的②。

另外,根据对数字视频档案资源利用频次的统计结果显示,选择"没有利用"562人(占39.55％)、"偶尔利用"578人(占40.67％)、"多次利用"151人(占10.63％)、"经常利用"130人(占9.15％)。这一结果显示,目前受访者对数字视频档案资源及其服务接触度相对较低,只有60.05％的受访者利用过数字视频档案资源,且40.67％的受访者也只是"偶尔利用",有39.55％的受访者没有利用过数字视频档案资源。这一情况与当前我国数字视频档案资源服务提供较少的现状基本上是相符的。另外,通过

---

① 中国互联网络信息中心.第50次《中国互联网络发展状况统计报告》[EB/OL].[2022—8—31].http://www3.cnnic.cn/n4/2022/0914/c88-10226.html.

② 有为短视频.短视频用户分析总结,短视频的主要用户群体[EB/OL].[2022—12—8].https://www.cehuan.com/124593.html.

线下与调查对象进行交流,我们也发现,声称没有利用过数字视频档案资源的受访者,主要是没有专门去档案服务部门或档案网站等平台有目的地利用过数字视频档案资源,但是在微信公众号、抖音等平台存在浏览过一些历史影像或相关视频等经历,只不过没有明确的利用目的而已。鉴于这种被动利用且没有明确利用目的的受访者,本次调查还是将其列入"没有利用"的统计范围。当然,这也说明社会公众对数字视频档案资源及其利用还不够了解,存在一定认知偏差,数字视频档案资源及其服务还未广泛深入"人心"。如何提升社会公众对数字视频档案资源的认知,加快视频档案资源开发利用,激活其所蕴藏的丰富社会价值,为社会提供更多的数字视频档案服务,是当前档案服务部门面临的主要工作任务之一。

3.2.2 用户利用情况分析

为探究数字视频档案资源用户需求的真实情况,有必要从不同维度来分析用户需求目的与利用行为等内容,即对数字视频档案资源用户的利用情况进行分析,为准确、客观地把握用户需求提供依据。具体从被调查用户目前利用数字视频档案资源的目的、获取资源的类型、主题领域、方式与渠道、满意度以及利用实现障碍等方面展开具体分析。需要说明的是,这一部分分析只针对有过数字视频档案资源利用经历的受访者(859人)来展开的,选择"没有利用"的受访者因其没有明确的利用目的或行为,故不列入统计分析范畴,具体情况在问卷问项设计中已作出了明确的说明。

(一)用户需求目的分析

利用需求是用户利用数字视频档案的根本驱动力。根据不同的需求目的,本调查在问卷中设计了"凭证""决策""研究""学习""生产""休闲"以及"其他"等选项供调查对象选择,并说明是多选题,用户可以同时选择多个选项。根据调查结果统计显示,选择"学习"目的用户有695人(占80.91%)、"休闲"目的495人(占57.63%)、"研究"目的331人(占38.53%)、"凭证"目的134人(占15.60%)、"决策"目的126人(占

14.67％）、"生产"目的90人（占10.48％）、"其他"目的54人（占6.29％），
如图3-1所示。

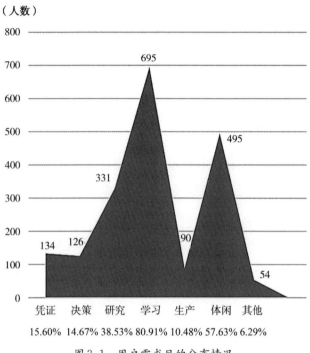

图3-1　用户需求目的分布情况

　　本次调查发现,用户需求目的主要集中在"学习""休闲"和"研究"等
层面。其中,"学习"目的用户所占比重最大,约80.91％的受访用户都是
出于学习目的而利用数字视频档案资源。这说明数字视频档案资源包含
的知识价值得到了用户较高认可,数字视频档案资源也是用户乐于接收
的信息资源。其次,"休闲"目的占57.63％,它说明相比于其他类型的档
案资源,视频档案资源凭借其形象生动的特点,更容易进入社会公众文化
休闲领域,并受到用户的关注和喜爱。再者,有38.53％的受访用户选择
了"研究"目的,这类用户往往是学术研究者或专业人士,更加重视档案服
务的专业性和精细性[①],他们往往在乎的是数字视频档案资源所记录的活

---

　　① 张丹.面向群体交互的档案服务系统构建——针对馆员与用户的分析[J].档案学通讯,
2021,(01):58—65.

动细节和历史原貌的完整呈现等。相比之下,传统档案服务价值需求目的在数字视频档案资源利用中却并不突出。本次调查的受访用户选择"凭证"目的占15.60%、"决策"目的占14.67%)、"生产"目的占10.48%,均处于统计数值较低水平。这些情况表明,用户对数字视频档案资源价值认知发生了较大的变化,除传统档案服务价值取向需求目的外,提升知识的学习需求和体验文化的休闲需求等日益突出,并占主导地位。这主要是因为,借助数字化、网络化的客观优势,数字视频档案资源的利用对象或将更为泛化,其价值取向也会随之发生相应的变化。目前这种基于数字化的传播模式打破了档案实体"孤本"所产生的束缚,让档案信息可以以多元化的形式传播和共享,有利于激活和发挥数字视频档案信息资源凭证价值外的其他社会价值①。

(二)用户获取数字视频档案资源类型与主题分析

(1)用户获取数字视频档案资源类型分析。本次调查发现,在"您需要获取的数字视频档案资源类型"(可多选)题目中,需要获取"原始视频档案文件"的457人,占53.20%,"视频档案编研成品"625人,占72.76%,"目录信息及其他"81人,占9.43%,如图3-2所示。"原始视频档案文件"和"视频档案编研成品"是被调查用户获取数字视频档案资源的主要类型构成。"原始视频档案文件"指的是经归档保存的原始视频文件,用户对原始视频档案文件的获取利用需求体现了用户对于视频档案原始记录性的重视及认可。"视频档案编研成品"则是根据视频档案资源内容和社会需求汇编而成的档案加工成品,即加工后的视频档案资源,它们往往包含更加多维度、深层次的信息与知识。用户对视频档案编研成品的获取利用需求体现了用户对数字视频档案资源内容集约化和专题化的需求。从本次调查结果数据来看,受访用户对"视频档案编研成品"的利用需求比例明显高于"原始视频档案文件",这说明用户需要档案服务部门在保障"原始视频档案文件"提供的同时,也更希望能获取集约化、专题化的视频档

---

① 白晶.技术·参与·裂变——网络环境下档案服务社会化问题的思考[J].兰台世界,2019(09):40—43.

案编研成品服务。这一现象与上述用户需求目的中的知识学习和文化休闲趋向是相吻合的。知识学习和文化休闲的利用动机大大激发了社会公众对数字视频档案编研的需求。随着数字档案馆工程的推进,数字视频档案资源的知识价值和文化价值日益得到社会普通公众的关注和重视,如何高效率地获取所需要的数字视频档案资源才是用户关注的核心问题。这就要求档案服务部门在提供原始数字视频档案文件利用的同时,要加强视频档案编研工作,将视频档案资源转化为档案知识产品,为用户提供高效率、集约化的视频档案服务。

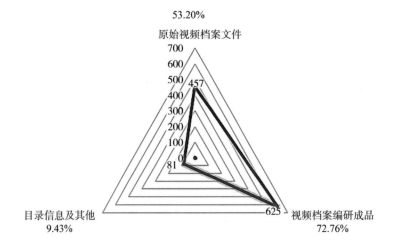

图3-2 用户获取的数字视频档案资源类型分布情况

(2)用户获取数字视频档案资源主题领域分析。本次调查显示,用户需要获取的数字视频档案资源所涉及主题领域较为广泛,政治领域占44.82%、经济领域占43.54%、文化领域占81.14%、科技领域占46.22%、其他占7.68%,具体见表3-2。其中,文化领域主题所占比重最大(81.14%),这说明用户对数字视频档案资源的文化价值需求较大。一方面,随着互联网技术在档案工作领域的深入应用,档案文化资源形态加速向数字化与数据化方向转型[①],而数字视频档案资源包含更加丰富的文化元素信息,更利于在各类数字化平台传播;另一方面,它与本次调查发现

---

① 樊树娟,陈建.档案文化传播机制演变与发展策略研究[J].浙江档案,2022(06):36—39.

的数字视频档案资源文化休闲需求取向相符,并说明数字视频档案内容更贴近百姓生活需要,能够在一定程度上满足社会文化需求。其次,仅次于文化主题的是科技领域主题,所占比重为46.22%。这说明数字视频档案资源蕴含的科技知识也开始得到了社会公众的关注,同时也反映了我国国民科学素养的提升。这就要求档案服务部门要利用好数字视频档案资源,发挥视频档案资源的科普与教育功能,以适应社会需求。

表3-2　用户获取的数字视频档案资源主题领域分布情况

调查问题	调查选项	选项频次	百分比
您需要的数字视频档案资源主要涉及的主题领域(可多选)	政治	385	44.82%
	经济	374	43.54%
	文化	697	81.14%
	科技	397	46.22%
	其他	66	7.68%

另外,本次调查还发现,除了政治、经济、文化及科技领域外,其他方面的需要也日益明显,被调查用户在开放性的选项中还提出了与民生相关的一些具体领域的档案需求。这些数据充分体现了当前社会对数字视频档案资源的利用需求呈现全方位、多元化的趋势。事实上,这与数字视频档案资源用户的广泛性以及数字视频档案资源来源的广泛性是一致的。这就要求档案服务部门在提供固有的数字视频档案资源服务时,要不断拓展档案服务部门的公共服务功能,将数字视频档案资源的文化功能和教育功能等放在重要的位置,以满足多元化的社会利用需求。

（三）用户获取数字视频档案资源方式与渠道分析

用户获取信息的方式与渠道是用户行为分析的重要内容,它能够反映出用户获取信息的行为习惯和偏好。在获取数字视频档案资源的主要方式(多项选择)问题中,有61.82%的受访者选择"主动利用"、65.08%的受访者选择"平台推送"、54.13%的受访者选择"他人推荐"、2.33%的受访者选择"其他",具体调查数据如图3-3所示。

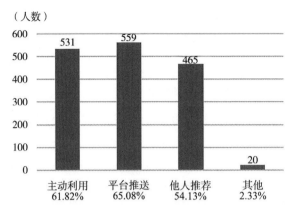

（人数）

图3-3 用户获取数字视频档案资源方式分布情况

调查结果显示,受访用户获取数字视频档案资源的方式基本集中在"主动利用""平台推送""他人推荐"等方面。这一调查情况表明,除用户主动利用数字视频档案资源外,"平台推送""他人推荐"在满足和激发用户利用需求方面也发挥了重要的作用。这就要求,档案服务部门除了培养稳定的专门用户群体外,还需要不断更新档案服务理念,借助以微信、微博、抖音等为代表的社交媒体,利用其开放性、交互性等特点扩大数字视频档案服务影响,激发用户利用或转发、推荐数字视频档案资源的兴趣。同时,这也要求档案服务部门将数字视频档案资源服务融入社会信息服务体系,积极引导社会力量参与服务推广建设,不断提升数字视频档案资源服务的社会覆盖面。另外,从调查结果数据来看,"平台推送"比例略高于其他方式,反映出当前各数字视频档案服务平台的主动推送发挥了积极引导作用。这就要求数字视频档案服务平台注重用户交互,建立用户小数据系统,总结用户利用偏好,优化服务推荐策略,建立更加人性化的服务机制,激发用户利用需求。

在获取数字视频档案资源具体渠道上,选择"档案部门"的受访者占16.88%、选择"档案网站"的受访者占36.20%、选择"搜索引擎"的受访者占73.11%、选择"档案APP"的受访者占21.89%、选择"微平台"的受访者占43.42%、选择"其他"的受访者占2.56%。根据调查结果显示,"搜索引擎"是目前受访用户获取数字视频档案资源最重要的渠道,这十分符合当代网络社会用户获取信息行为习惯。无论是出于休闲娱乐的目的,还是学习研究的要求,用户一般习惯通过各种搜索引擎来方便地检索、浏览和下载所需要的信息。档案服务部门有必要注意这一现象,将数字视频档案资源尽可能发布为可以被搜索引擎发现的"资源",而不是"看不见的网站"①。在当前,鉴于数字视频档案资源的特性,档案服务部门可以将数字视频档案资源目录信息以关联数据等形式进行发布,增强搜索引擎发现的概率,以适应当前用户利用行为习惯等。

表3-3 用户获取数字视频档案资源渠道分布情况

调查问题	调查选项	选项频次	百分比
目前您获取数字视频档案资源的最主要渠道是(可多选)	档案部门	145	16.88%
	档案网站	311	36.20%
	搜索引擎	628	73.11%
	档案APP	188	21.89%
	微平台	373	43.42%
	其他	22	2.56%

另外,还有相当一部分受访用户(43.42%)倾向通过"微平台"来获取数字视频档案资源。微平台信息传播的双向互动性越来越受到用户的青睐,目前诸多档案服务部门已搭建了档案服务微平台,并成为用户获取数字视频档案资源的一种重要渠道。这一调查结果表明,微平台在数字视频档案服务提供方面已发挥作用,加强微平台建设,提供基于微平台的数字视频档案服务如短视频等,应成为微服务环境下数字视频档案资源服务建设的基本内容之一。此外,根据调查结果显示,"档案网站"在数字视频档案服务工作方面也承担着重要任务,它是用户获取数字视频档案资源不可或缺的重要渠道。为此,在当前,加强档案网站建设也理应成为档案服务部门的基本任务之一。

(四)用户需求实现的满意度分析

用户满意度是衡量服务工作成效的重要指标之一,它能够反映出用

---

① 马费成,张婷."看不见"的网站与学科信息门户的比较分析[J].情报理论与实践,2004(03):298—301.

户期望值与实际体验之间的匹配程度。通过本次调查发现,在对当前数字视频档案资源利用的满意度问题上,选择"一般"的用户占49.36%、选择"比较满意"的用户占35.16%、选择"很满意"的用户占5.82%,仅有7.33%和2.33%的用户标识"不满意"和"非常不满意",具体调查数据如图3-4所示。

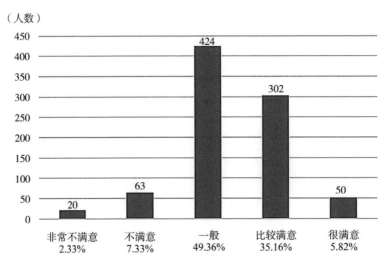

图3-4 用户数字视频档案资源利用需求实现满意度分布情况

这一调查数据显示,用户对数字视频档案资源利用需求实现的总体满意度并不高,有近一半的受访用户选择"一般"(49.36%)。这说明目前档案服务部门提供的数字视频档案服务与用户实际需求之间仍然存在较大差距,用户需求尚未得到有效满足。当然,造成用户不满意的原因是多方面的,但可以肯定的是当前数字视频档案资源服务供给的不足或不合适是主要因素。它与本项目组对我国省市级档案网站视频档案在线服务调查的结果[①]是相印证的。根据感知服务理论,用户对服务质量的实际感受值大于自身认知期望值时,用户满意度就会提升,产生一种持续使用意愿[②]。这就要求档案服务部门在提供数字视频档案的利用服务时,要积极转变思

① 陈欣慧,吕元智.我国视频档案在线服务现状调查分析——以省市级综合档案馆网站为调查对象[J].中国档案研究,2021(1):199—220.

② 徐文文,王毅.基于用户满意度的数字档案信息服务评价探究[J].档案管理,2017(02):37—39+48.

想观念,确立以用户为中心的服务理念,认真分析用户不满意的原因,从数字视频档案资源质量建设、档案利用服务平台设计、个性化推荐等方面做出实质性的改变,才能提升用户利用满意度,不断激发用户利用或再利用数字视频档案资源的积极性。

(五)用户需求实现的主要障碍分析

视频档案资源不同于文本型、图像型等类型档案资源,用户在利用数字视频档案过程中会面临诸多挑战。为了掌握用户在利用数字视频档案资源过程中遇到的实际障碍,本次调查从用户、检索平台、档案资源本身这三个层面列举最有可能遇到的障碍选项供受访者选择,并设置"其他"选项供其补充说明,具体调查数据如表3-4所示。

表3-4 用户数字视频档案资源利用的主要障碍分布情况

利用障碍		选项频次	百分比
无障碍		86	10.01％
用户	需求表述不清	220	25.61％
	检索技术不熟悉	324	37.72％
检索平台	检索功能单一	262	30.50％
	内容描述不清晰	225	26.19％
	缺乏检索线索	278	32.36％
	视频文件颗粒度过大	139	16.18％
档案资源	视频档案资源不够多	261	30.38％
	不知道有视频档案资源	218	25.38％
其 他		10	1.16％

由表3-4可见,除10.01％的受访者选择"无障碍"外,89.99％的受访者表示在数字视频档案资源利用中遇到本次调查所列举的障碍,说明受访者对所列举的利用障碍持认可态度。从用户的角度来看,"需求表述"和"检索技术"是由于用户的知识、信息处理能力差异而可能造成的两大障碍。调查结果发现,25.61％的受访者选择"需求表述不清"、37.72％受

访者表示在"检索技术"上遇到障碍。这一调查结果说明,能否充分利用数字视频档案资源与用户个体及其所掌握的检索技术密切相关,这种技术上的障碍可能不仅受到个人信息素养的影响,也与用户对数字视频档案资源的了解程度相关。

从检索平台的角度来看,30.50%的受访者选择"检索功能单一",这说明目前数字视频档案检索服务平台提供的检索入口少,未能满足用户多样化的需求;26.19%的受访者表示受到"内容描述不清晰"的困扰而造成利用障碍,这说明现有数字视频档案资源的描述工作不到位,无法充分、准确地揭示档案资源内容,让用户无法准确判断哪些是他自己所需要的视频档案资源;32.36%的受访者选择"缺乏检索线索",这说明数字视频档案建设相对独立,没有与其他类型档案资源建立有效关联,同时,也反映档案服务部门在数字视频档案利用方面缺乏必要的利用指南,导致部分用户利用时无处下手;16.18%的受访者表示"视频文件颗粒度过大",它说明这一部分用户希望能快速地查找到他所需要的视频档案资源,而现有数字视频档案资源大部分以文件级的方式加工处理,未考虑到他们的精准化利用需求等。

从档案资源自身建设角度看,30.38%的受访者认同"视频档案资源不够多"这一选项,25.38%的受访者则选择"不知道有视频档案资源"这一选项。这说明目前档案服务部门为社会提供的数字视频档案资源数量较少,并对数字视频档案资源的宣传还不够充分,数字视频档案资源没有进入公众的利用视野。这一情况与"1.您利用数字视频档案资源的频次"的调查结果是相吻合的,选择"没有利用"562人,占39.55%,说明还有相当一部分用户对数字视频档案资源还存在认识偏差。在当前,普及档案资源知识、丰富数字视频档案资源体系并提供利用,是档案服务部门需要加强的工作内容之一。

从总体上来看,用户自身利用能力的不足和现阶段数字档案资源检索平台的不完善是造成用户无法有效利用数字视频档案资源的主要障碍。另外,在回答"碰到数字视频档案利用困难时得到有效帮助"这一问题上,有51.57%的受访者表示并未得到有效帮助,48.43%的受访者则认为获得过有效帮助。这一情况显示仍存在一半多的用户未能解决数字视频档案利用过程出现的问题。这说明在数字视频档案资源利用过程中服务的交互性较差,数字视频档案资源服务仍以传统的服务模式来开展的。显然,这与当前交互服务环境是不相称的。为此,在当前,档案服务部门要加强用户利用过程指导,注意服务的交互性,及时解决用户数字视频档案资源利用中的问题,才能提升用户利用体验效果。

3.2.3　用户需求期望分析

为了解数字视频档案资源用户需求发展的趋势及潜在用户的利用行为偏好,本次调查设计了用户的利用意愿度、期望获取服务的主要渠道、获取的服务帮助、对未来检索系统的期望、参与资源建设与服务的互动意愿等问题,以期进一步了解用户数字视频档案资源利用服务需求情况①。

（一）用户利用意愿分析

根据图3-5的用户利用意愿度调查结果显示,55.24%的受访者表示愿意利用数字视频档案资源,其中44.33%的受访者选择"比较愿意",10.91%的受访者选择"非常愿意",但是也有38.85%的受访者选择"一般",以及有5.91%的受访者表示不愿意利用的态度。从总体上来看,有一半以上受访用户对数字视频档案资源的利用服务还是给予较高关注,但由于数字视频档案资源利用服务尚处于发展探索阶段,存在诸多不完善之处,部分用户持有不关注或负面态度也属正常。这说明档案服务部门还要继续优化数字视频档案资源的开发利用,破除用户利用数字视频档案资源的种种障碍,增强数字视频档案利用者的认同感,调动潜在用户群体的利用积极性。

---

① 本部分数据样本为本次调研的1421名受访用户。

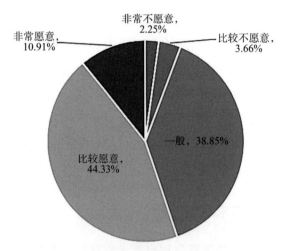

图3-5   用户数字视频档案资源利
用意愿程度分布情况

另外,本次调查还以提供一个精准数字视频检索系统为假设前提,用于帮助用户从一个视频文件中精准地找到所需要的具体视频片段或画面,以此了解用户对其开展利用的意愿度。对此,有48.35%受访者表示"非常愿意",37.58%受访者表示"比较愿意",7.88%受访者表示"稍微愿意",剩余6.19%受访者表示"无所谓",具体数据参见图3-6。根据统计结果显示,93.81%的受访者其实都表示愿意使用精准数字视频检索系统,这说明绝大多数用户对这类检索系统建设抱有期待,也希望能精准地利用数字视频档案资源。结合上述用户数字视频档案资源利用意愿度分布情况,即便有近四成的受访者对利用视频档案的意愿一般,但实际上只是缺乏一个理想的利用平台。当有这样一个更符合用户需求的检索系统出现时,还是会吸引他们关注并利用视频档案资源。这也进一步佐证了数字视频档案资源利用服务事实上拥有庞大的潜在用户群体。在当前,档案服务部门要善于发掘潜在的用户群体,深入分析他们的利用需求,提供多元化的服务,将潜在用户转化为现实用户。

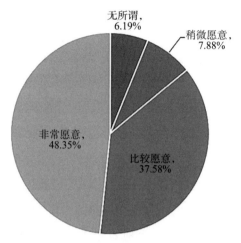

图3-6   用户精准数字视频检索系统
利用意愿程度分布情况

（二）用户期望的利用渠道与检索标识分析

利用渠道与检索标识选择是考量用户利用行为偏好的重要指标。本次调查发现，"档案网站""微平台""搜索引擎"和"档案APP"是用户主要的期望利用渠道，但分别也只占54.40%、54.05%、49.75%和45.74%，具体见表3-5。这一结果与上述"表3-3用户获取数字视频档案资源渠道分布情况"基本一致，它体现了用户需求的多元化和复杂化。这就要求档案服务部门在做好档案室、馆现场服务的基础上，尽量采用多种数字化渠道如档案网站或微平台等来开展在线视频档案服务工作，将数字视频档案资源服务推送给更广泛的网络用户①。同时，这也说明新的信息服务环境对数字视频档案服务工作提出了更高的要求。如何在有限的成本前提下，将数字视频档案资源通过不同的渠道覆盖更多的用户，是档案服务部门需要综合考量的问题。

表3-5 用户期望的数字视频档案资源利用渠道分布情况

调查问题	调查选项	选项频次	百分比
您希望获取数字视频档案资源的渠道是(可多选)	档案部门	442	31.10%
	档案网站	773	54.40%
	单位内部网络	386	27.16%
	档案APP	650	45.74%
	微平台	768	54.05%
	搜索引擎	707	49.75%
	其他	42	2.96%

在用户期望的视频档案检索标识选择上,有26.39%受访者选择"人物"选项,13.23%受访者选择"地点",19.56%受访者选择"时间",50.04%受访者选择"事件",40.11%受访者选择"标题",8.44%受访者选择"档号",见表3-6。其中,期望利用"事件"作为检索标识的用户占比最多,其次是"标题"。"事件"能够反映视频档案资源的核心内容,"标题"则最能体现视频档案所承载活动的整体概况。这一现象表明用户更关注数字视频档案资源记载的内容,倾向于从内容角度对视频档案进行检索。相比之下,选择"档号"的用户占比最少,这主要由于大多数利用视频档案资源的用户都并非受过专业的档案教育,对档案领域的一些专业术语并不了解。这也说明档案服务部门在提供数字视频档案资源利用服务时更应该关注那些易于让用户理解的检索标识设计,而不是从自身管理需要出发。

表3-6 用户期望利用的数字视频档案资源检索标识分布情况

调查问题	调查选项	选项频次	百分比
如果利用精准数字视频检索服务平台,您最期望的视频档案检索标识是(可多选)	人物	375	26.39%
	地点	188	13.23%
	时间	278	19.56%
	事件	711	50.04%
	标题	570	40.11%
	档号	120	8.44%

（三）用户期望的利用服务帮助分析

为了进一步发掘用户数字视频档案资源利用需求,本调查还设计了
"在碰到利用困难时,您期望能得到的帮助是"问题。根据调查统计结果
（表3-7）显示,只有62人（4.36％）选择"不需要"帮助,95.64％的用户选
择了其他选项。这说明在能得到帮助的条件下,用户还是很愿意同数字
视频档案资源服务系统进行交互,也希望在各类帮助下解决利用中的问
题。其中,69.46％受访者表示需要提供"利用示例",61.44％受访者表
示需要"工作人员指导"。这表明大多数受访用户还是信任来自档案部
门或档案专业人士的指导。这就要求,档案服务部门在构建服务系统
时,要充分利用好档案服务部门权威性、专业性的地位,做好用户利用指
导工作,及时解决用户用档过程中遇到的问题,强化用户利用或再利用
的意愿度。另外,本次调查还发现,有539名（37.93％）受访用户选择寻
求"网络社区经验"的帮助。这一比例虽然不太高,但也说明了档案用户
开始关注网络社区,并有一定数量的数字社区用户群体存在。鉴于此,
档案服务部门在开展数字视频档案资源服务时,除了加强视频档案资源
体系、服务平台系统建设外,还需要注意数字档案社区的培育与引导问
题,利用好数字社区的交互性、知识分享便捷等优势,为数字视频档案资
源服务构建良好的生态系统,让用户能更高效地解决利用中的障碍
问题。

表3-7　用户期望获得的利用服务帮助情况

调查问题	调查选项	选项频次	百分比
在碰到利用困难时,您期望能得到的帮助是（可多选）	不需要	62	4.36％
	利用示例	987	69.46％
	工作人员指导	873	61.44％
	网络社区经验	539	37.93％
	其他	44	3.10％

（四）用户参与利用反馈与期望反馈渠道分析

用户利用反馈是档案服务部门了解服务提供效果的重要途径,建立

健全用户反馈机制对改善数字视频档案的利用服务工作具有重要的意义。根据社会心理反馈效应的研究表明,如果用户在一项活动中得到了反馈,他们将愿意更多地参与其中。鉴于目前我国档案服务反馈系统不完善的现状,本调查从用户期望的角度设计了是否愿意参与反馈、期望的反馈渠道等问题,以期获得用户的真实想法。根据本次调查结果显示(图3-7),55.95%的受访用户表示愿意参与反馈,其中有41.17%选择"比较愿意"、14.78%选择"非常愿意"。这一比例与愿意利用数字视频档案资源的用户比例基本吻合,它反映出用户对利用反馈的重视程度与其对视频档案利用的意愿程度成正比。这说明相当数量的用户是愿意在视频档案利用过程提供反馈信息,愿意参与服务建设工作,从而为改善现有服务贡献力量。在当前,档案服务部门如何调动用户参与利用反馈的积极性是有现实意义的。另外,档案服务部门还要关注用户不愿意或无所谓参与反馈的问题。从调查数据来看,这一比例值得注意和反思,有34.62%的受访用户持"无所谓"态度。它在一定程度上也反映了用户对当前数字视频档案资源服务的一种"无奈"情绪。如何优化反馈系统,提供多元化反馈渠道,引导用户参与利用反馈,是当前档案服务部门改进服务工作的重要议题。

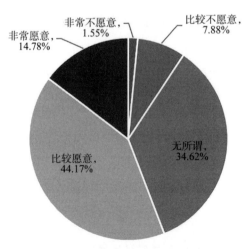

图3-7　用户参加数字视频档案利用
反馈活动意愿程度分布情况

在用户期望获得的利用反馈渠道选择上,25.26%受访用户选择"现场反馈",43.28%受访用户选择"电子邮件",25.40%的受访用户选择"电话"反馈,44.12%受访用户选择的渠道是"网络社区交流",53.20%受访用户希望通过"微平台"反馈等,具体见表3-8。这一调查结果表明,用户期望的反馈渠道呈现较为分散局面,体现了用户需求的多元化。这与当前数字视频档案资源用户来源广泛、需求多元等特点是相一致的。另外,在这些选项中,线上反馈渠道如微平台、网络社区、电子邮件等相对集中,这说明有近一半的用户倾向使用线上反馈的方式进行利用反馈,也体现了网络时代的交流反馈基本特点。此外,选择"微平台"的受访用户占比最高,占53.20%,它与目前用户获取数字视频档案资源的渠道分布情况相似,也与本调查的样本对象青年群体的比例相一致。因为"微平台"具有较好的双向互动性,对用户的黏性度高,利用"微平台"开展利用反馈交流活动更符合这一群体的利用行为习惯。

表3-8 用户期望的数字视频档案资源利用反馈渠道分布情况

调查问题	调查选项	选项频次	百分比
您期望的利用反馈渠道是(可多选)	现场反馈	359	25.26%
	电子邮件	615	43.28%
	电话	361	25.40%
	网络社区交流	627	44.12%
	微平台	756	53.20%
	其他	40	2.81%

(五)用户参与服务建设的意愿分析

为了了解用户参与数字视频档案利用服务建设的意愿情况,本调查设计了"您是否愿意参与数字视频档案资源建设与服务工作,如给视频打标签、纠正标注错误、在线义务咨询等"单项选择问题以及开放式问题"在数字视频档案服务包括精准化服务方面,您还有哪方面的需求,有哪些指导建议或期望"等。本次调查结果,有57.07%受访用户表达了愿意参与的意愿,其中有44.12%受访用户表示"比较愿意",有12.95%受访用户表示"非常愿意"。这一结果与上述用户参与利用反馈的意愿基本相似，它说明相当一部分用户对数字视频档案资源建设给予了高度关注，愿意参与相关建设工作。这就要求档案服务部门开辟多条渠道或途径供用户参与选择，构建基于用户交互的服务模式，利用好社会用户资源，撬动用户参与的意愿，激发用户交互的主动性和积极性。

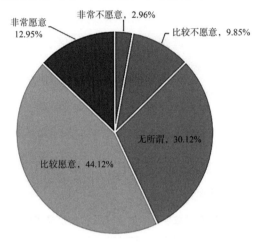

图3-8　用户参与数字视频档案资源
服务建设意愿程度分布情况

另外，本次调查有441名受访用户提供了其他反馈和建议，内容主要集中在民生服务、视频档案开放、描述精度、反馈系统建设、服务方式等方面。它体现了用户对数字视频档案资源服务建设工作的关注和关心，同时也体现了用户对精准化视频服务系统建设的期望以及服务多元化选择自由的需求等。

3.3　调查结论与建议

3.3.1　调查结论

满足用户需求是档案服务工作开展的基本要求，也是档案服务工作开展的根本立足点。有效地了解当前用户需求，并对用户需求进行深入分析，提供基于用户需求的数字视频档案资源服务是数字记录时代档案

服务部门必须要思考的现实问题。根据上述调查分析,主要得到以下几方面的结论:

(1)用户来源广泛,并以青年用户、高学历用户群体为主,但他们对数字视频档案资源及其服务的接触度不高,存在一定认知偏差。目前我国数字视频档案资源利用服务尚处于探索发展阶段,是视频档案资源与现代网络信息技术融合催生出的新事物,青年用户群体往往对新事物、新技术有着极大的兴趣,也是目前移动互联网时代最活跃的用户群体,他们对数字视频档案资源及其服务的关注度明显高于其他用户群体。但是,在本次调查中,也发现另外一个事实,在了解用户数字视频档案资源利用频次时,有39.55%受访用户表示从未利用数字视频档案资源。这说明当前数字视频档案资源及其服务的社会影响力并不高,且存在一定的认知偏差,虽然有部分用户利用了数字视频档案资源,但他们没有明确的利用意识或目的等。这需要档案服务部门加强对这一新事物的宣传和引导,以高质量的服务来提升数字视频档案资源及其服务的社会影响力。

(2)用户对数字视频档案资源利用需求主要集中在学习、休闲和研究等方面,并在文化领域的需求最为突出。在不同利用目的的驱使下,用户对数字视频档案呈现出不同的利用行为倾向。在本次调查中,一方面,用户利用数字视频档案的主要目的是学习、休闲和研究等需要,重视数字视频档案资源所承载的知识价值和文化休闲价值;另一方面,用户对数字档案资源的需求领域广泛,涉及文化、经济、政治、科技等多个领域,并以文化领域的需求最为突出。这就要求档案服务部门重新审视数字视频档案资源的价值,深入分析用户需求,更新档案服务理念,在保障视频档案资源权威性的基础上,不仅要激活视频档案资源的信息与知识价值,还要大力发掘其蕴含的文化休闲内容,以满足日益增长的用户利用需求。

(3)用户不仅重视对原始视频档案文件的利用,更在乎的是数字视频档案资源内容是否符合其需求。本次调查发现,用户对数字视频档案编研成品的兴趣度要略高于原始视频档案文件。当然,这并不意味着用户不看重视频档案的原始记录作用,它实际上是与用户利用目的密不可分,以知识学习或文化休闲目的需求,往往在乎的是视频档案内容与需求是否相匹配,是否符合利用的最省力法则等。视频档案编研成品不仅包含原始档案信息,而且往往是经过专业化、知识化和技术化处理与加工而形成的、围绕某一主题或面向某种叙事的成品,其所具有形象、生动、通俗等特点更加便于非档案专业人士利用,更加贴近公众的利用需求。这就要求档案服务部门要重视和加强视频档案编研工作,为用户提供集约化、知识化的且便于利用的数字视频档案资源,以满足用户学习、休闲与研究等需求。

(4) 用户习惯了基于互联网或移动端的信息服务模式,倾向于通过搜索引擎、微平台、档案网站等来利用数字视频档案资源。数字视频档案资源的利用环境决定着用户行为的转向,对网络信息技术的依赖使数字视频档案用户的信息行为不断向互联网和移动端迁移并渗透。本次调查发现,平台推送成为用户获取数字视频档案资源最主要的方式,其次是用户主动利用,其实这两者之间具有密不可分的关系。因为平台推送通常是迎合用户口味,通过追踪用户利用行为的"痕迹",将信息以"私人定制"①形式传递给用户。这说明目前数字视频档案资源用户多有主动利用数字视频档案资源的经历,而各类平台在档案服务系统与用户之间的沟通上承担重要的"桥梁"角色。这一现状与当前网络服务的思维是一致的。另外,在获取数字视频档案资源的具体渠道上,搜索引擎和微平台作为用户的首选,这再次反映出互联网思维已经改变了用户获取档案信息的行为习惯,使用户倾向于借助这类"短平快"的网络媒介随时随地获取自己所需求的视频档案信息与服务。这就要求档案服务部门正视用户行为的这些重要变化,切实提高数字视频档案服务的数字化、网络化程度,根据用户利用行为习惯来组织视频档案资源和设计服务模式,并注重服务的及时性、主动性和交互性等。

(5) 用户需求实现的满意度并不高,但对数字视频档案资源精准化

---

① 许加彪,付可欣.智媒体时代网络内容生态治理——用户算法素养的视角[J].中国编辑,2022(05):23—27.

服务显示出了极大的利用意愿。本次调查发现,用户对当前数字视频档案资源服务大部分是处于"一般"和"比较满意"的区间,且以"一般"居多。在利用或再利用意愿方面,受访用户调查数据与满意度数据相似。这说明当前用户需求的满足程度普遍不高,并受到了一定程度的抑制,同时也反映了目前数字视频档案利用服务与用户实际需求之间仍然存在较大的差距,用户并不满意。但是,在调查用户对数字视频档案资源精准服务需求时,受访用户显示出了极大的兴趣,93.81%的受访用户表示愿意使用精准的数字视频检索系统。这说明绝大多数用户对数字视频档案资源精准化服务抱有期待,也希望能精准地利用数字视频档案资源。因此,档案服务部门未来在改善数字视频档案的利用服务上仍有较大的发展空间,精准服务是数字视频档案资源服务的一个重要发展方向。

(6)用户利用数字视频档案资源的障碍主要源于自身检索能力不足和检索平台功能限制两大方面。就用户自身能力而言,用户信息素养直接影响视频档案检索的结果,进而影响利用效果,个人知识体系的缺陷与检索技术能力的不足是导致利用障碍的主要原因。就检索平台建设而言,除了检索功能欠缺外,用户遇到的主要障碍实际上是由目前视频档案的著录标引问题造成的,低质量的著录标引工作容易导致内容描述不清、无法准确揭示视频档案内容、无法提供有效的检索线索等,从而加大了用户获取视频档案资源的成本和困难。另外,根据用户期望获得服务帮助的反馈情况来看,提供利用示例与获取档案工作人员的指导非常重要,是用户最期待的。这就需要档案服务部门一方面要重视对用户的教育和培训,另一方面,在深化数字视频档案资源加工处理工作的同时,也要加强对常见问题自动解答系统、在线咨询系统、利用指导系统等建设,尽可能及时解决用户利用障碍。

(7)用户参与利用反馈的意愿较高,并期望以微平台、网络社区、电子邮件等为主要反馈渠道。用户利用反馈信息是档案服务部门衡量数字视频档案资源服务提供效果的最重要指标。本次调查发现,虽然有相当部分用户的需求没有得到满足,碰到诸多利用障碍,抑制了一定数量用户参与利用反馈的热情,但还是有55.95%的受访用户表示愿意参与反馈。这说明大部分用户还是关心数字视频档案资源服务工作开展情况,愿意为改进和优化视频档案资源做出自己的贡献,提供利用反馈信息。另外,在调查用户期望的反馈渠道时,微平台、网络社区、电子邮件为受访用户选择最为集中的反馈渠道。这一现象与当前大部分信息服务领域提供的反馈渠道是相符的,也再次印证了档案用户希望档案服务部门提供符合社会一般利用要求的服务及反馈模式。因此,档案服务部门要关注社会信息服务领域的发展变化,将数字视频档案资源服务融入社会信息服务体系。

(8)用户参与数字视频档案资源服务工作的意愿度较高,对数字视频档案资源精准化服务寄予较高期望。尽管目前用户对数字视频档案资源的利用服务存在诸多不满意,但有超过一半的受访用户对参与数字视频档案资源建设与服务工作表示了极大的热情,同时对构建精准化数字视频检索系统也寄予较高的期望,并倾向选择"事件"和"标题"作为检索入口,帮助自己精准地查找到所需要的具体视频片段或画面等。这说明数字视频档案资源的检索服务拥有庞大的潜在用户群体,档案服务部门要注重挖掘和分析这些群体的利用需求,构建精准化数字视频档案检索系统以满足或激发这些利用需求。另外,档案服务部门也可以尝试采用社会化建设的方式,让用户参与到数字视频档案资源建设与服务工作中来,构建交互式的服务模式,共同营造良好的档案服务生态环境。

3.3.2　建议

通过本次调查发现,数字视频档案资源利用服务在一定程度上已经引起了社会的关注,但是实际的利用服务效果并不理想,所提供的服务与用户需求之间仍存在较大的差距。对此,档案服务部门可以从以下几个方面改善现有的数字视频档案资源服务工作,提升档案服务质量。

(一)重新审视视频档案资源价值,确立以用户需求为中心的数字视频档案服务理念。根据本次调查结果表明,互联网技术与各行各业的深度融合对传统档案服务模式提出了挑战。社会对档案利用服务的观念与认知正在经历深刻的改变,尤其是随着人们信息共享意识、公共服务意识的提升,对档案服务工作提出了新要求。这需要档案服务部门转变传统档案服务思维,确立科学的数字视频档案服务理念,以适应日益多元化的服务发展要求。一是要重新审视数字视频档案资源的价值。在传统思维模式中,用户凭证需求、决策咨询需要及科研生产等需要往往占据档案服务的主导地位。但是,本次调查发现,在数字视频档案资源服务方面,用户事实上更加注重其知识价值和文化休闲价值的利用。这要求档案服务部门在保障数字视频档案资源凭证价值的前提下,一方面,深入发掘数字视频档案资源所承载的信息与知识价值,将其转为可方便利用的档案知识资源,让其发挥视频信息的优势,转化为信息与知识资源;另一方面充分利用好视频档案资源本身的文化性,将其转化为社会需求的文化产品,将档案事业与满足人民群众精神文化需求联系在一起,"繁荣新闻出版……档案等事业"[①],以满足日益多样化的社会文化休闲利用需求。二是重新思考视频档案服务模式。移动互联网络技术的应用让用户获取档案服务的方式、进行信息沟通的传输路径等发生了质的变化,档案服务部门除了要转变传统的档案服务思维外,还要在具体服务实践上做出根本性的改变,创建新的服务模式,以适应当前社会发展要求。根据本次调查结果可知,用户获取视频档案服务的方式和渠道已从线下转移到线上,以移动设备为主要终端的档案信息服务注定会成为未来档案信息服务的主要发展趋势。网络平台提供的档案服务体验不仅会影响用户的忠诚度,也会对其推广和口碑传播产生重要影响。这需要档案服务部门积极探索互联网时代档案服务方式,搭建现代化的档案服务网络平台,提供多元化的档案服务渠道供用户选择。同时,它还要注意移动互联网络环境下服务的交互性,建立双向交互的沟通模式,改变传统"坐等上门""用户被动接收"的服务逻辑,确立以用户为主体、以用户需求为导向、注重交互参与

---

　　① 中华人民共和国中华人民政府.政府工作报告——2021年3月5日在第十三届全国人民代表大会第四次会议上[EB/OL].[2021—3—12].http://www.gov.cn/premier/2021-03/12/content_5592671.htm.

的主动档案资源服务理念。

（二）加强数字视频档案资源建设工作,建立高质量的数字视频档案资源保障体系。从本次调查的用户利用障碍反馈情况来看,我国数字视频档案资源建设与服务工作仍存在诸多问题,如可利用的视频档案资源数量少、资源描述粒度大且不详细、资源检索与发现困难等。为此,在当前,建设高质量的数字视频档案资源保障体系是确保该领域服务工作得以有效开展的前提和基础。档案服务部门需要做好以下四个方面的工作:其一是加强数字视频档案资源的采集工作。由于档案服务部门人力、物力和财力投入的限制,目前数字视频档案的收集工作仍不理想,在数字档案资源体系中视频档案资源所占比重还有待提高。在具体采集方面,档案服务部门可以通过完善现有的归档制度,进一步明确视频档案资源的收集或接收范围,将数字视频档案资源纳入正常的归档范畴,并注意视频档案资源同文本型等类型档案资源的关联性的问题,在收集范围上保持一致。另外,可以采取措施尽量减少视频档案资源收集的困难和不利因素,如通过建立高效的在线视频档案接收系统[①],提升数字视频档案资源的收集效率和收集质量。二是加快数字视频档案资源知识组织工作。知识组织的目的是解决数字视频档案资源知识序化、关联、发现等问题,以满足用户对视频档案知识的深层次需要。它是现代数字视频档案资源体系建设的核心内容,也是数字视频档案资源能被有效利用的基础。一方面,档案服务部门要加强数字视频档案资源描述与内容揭示工作,设计科学的资源描述体系,将非结构化的数字视频档案资源解析为结构化的、细粒度的视频档案知识单元;另一方面,档案服务部门要积极利用和借鉴现代信息组织技术方案,在各类数字视频档案资源之间建立多维关联,将数字视频档案资源转化计算机可以识别和处理的档案知识资源。三是加强数字视频档案资源编研工作。鉴于用户的需求主要集中在知识学习与文化休闲利用等方面,档案服务部门需要加强数字视频档案资源的编研工作。一方面,通过编研工作,形成集约化的视频档案知识资源,减少用

---

① 王为邦.城建声像档案在线移交管理探索[J].通讯世界,2014(05):122—123.

户利用数字视频档案资源的人力成本和时间成本等,提升用户利用视频档案的满意度。另一方面,通过编研工作,将视频档案资源以故事化、人物纪实、专题纪录片等形式呈现出来,增强数字视频档案资源的可利用性、趣味性,提升用户利用数字视频档案资源的兴趣。另外,通过视频档案编研工作,形成数字视频档案编研成品,还可以进一步丰富数字视频档案资源库内容,为用户利用数字视频档案资源增加另外一种选择自由。四是开放一切可以公开的数字视频档案资源,并明确利用权限。档案服务部门需要处理好档案资源保密与开放、保密与利用的关系,对属于保密范围的视频档案资源按规定严格执行,对属于开放范围的档案资源遵循"开放为原则、不公开为例外"的要求,依法开放数字视频档案资源利用权限,积极主动地为社会提供利用,满足用户日益增长的利用需求。

(三)构建交互式的档案服务体系,设计用户便于利用的数字视频档案资源服务系统。在当前以信息化、数字化、数智化为特征的数字时代,档案服务场景逐渐由现场迁移至移动服务端或网站等线上平台,数字视频档案利用更是如此。根据用户调查反馈的信息可知,用户对搜索引擎及微平台的使用偏好更为强烈,它们具有个性化、交互动态化等特点,已经潜移默化地改变了用户利用档案的行为习惯,也使用户的档案利用需求呈现动态化、个性化、差异化等特点。在当前,档案服务部门要注意用户行为习惯与需求变化的特点,建立交互式的数字视频档案服务体系,以适应语义网时代用户视频档案利用需求。在这一服务体系中,档案服务部门和用户的角色不再是简单的服务提供者和接收者,交互服务改变了他们的角色定位。用户既是视频档案资源服务的具体接收对象,又是具体视频档案服务的参与者和建设者;档案服务部门也不仅仅是服务提供者,同时也是用户需求实现的合作伙伴。为此,这就需要档案服务部门改变传统服务思维,将用户纳入数字视频档案服务体系,并作为一个重要的要素来考量。在具体操作上,一是要充分尊重用户的利用行为习惯,根据用户利用目的、场景或行为偏好等来设计和构建数字视频档案资源服务系统,以便于不同类型用户的利用。如,根据用户期望的利用渠道来提供数字视频档案资源,根据期望的检索标识来设计数字视频档案资源检索入口等,真正构建以用户需求为中心的服务系统。二是要为用户提供尽可能多的服务选择自由,以适应多元化、个性化、精准化的用户利用需求。例如让用户自由选择所喜欢的界面风格、检索结果呈现形式、交互的渠道等,以彰显数字视频档案资源服务的开放性和交互性。三是要加强档案服务咨询工作,实时解决用户数字视频档案利用问题。本次调查发现,用户在碰到利用困难时希望得到服务帮忙,尤其重视利用示例和来自档案工作者的服务指导。这说明档案服务咨询应作为档案利用服务的重要组成系统,在利用过程中为用户提供必要的支持和帮助。一方面档案服务部门要做好利用示例、自动问答等服务系统的建设工作,为用户自动解决利用问题创新条件,另一方面档案服务部门要做好实时在线交互工作,引导用户分享利用经验,构建以档案服务人员、用户为服务共同体的服务支持体系,聚众人智慧来解决数字视频档案服务问题。

(四)加强档案用户群体培育工作,调动用户参与服务建设的积极性。本次调查显示,用户利用数字视频档案资源主要障碍之一是源于自身档案检索能力的不足。数字视频档案资源利用不同于一般文本型档案资源的利用,它们往往需要用户掌握一定的视频检索技术和视频加工处理技能,例如对视频检索系统的理解、视频播放的分辨率选择、场景截屏以及后期利用中的视频剪辑等[①]。为了更好地开展该领域服务工作,档案服务部门需要加强用户培训与培育工作,为交互环境下数字视频档案资源的利用与建设活动奠定广泛的社会基础。具体来讲,档案服务部门可以通过建立在线课程、举办专题讲座、提供在线利用指导和答疑服务、设置专门的用户交流虚拟社区等方式,为用户提供更多的学习与交流机会,不断提升其利用数字视频档案资源的能力。另外,本次调查结果还反映出目前我国数字视频档案的利用存在大量的潜在用户群体。在当前,档案服务部门可以通过宣传、引导、主动推送等措施,让公众了解视频档案

---

① 吕元智.基于用户交互的数字视频档案资源精准化服务模式构建研究[J].档案学研究,2021(01):78—86.

是什么、有什么利用价值,提升用户对视频档案及其利用的基本认知,将潜在用户转化为实际用户。此外,本次调查发现,有相当一部分用户或潜在用户有较强的服务建设参与意愿,他们是解决当前我国档案服务部门服务能力不足的有生社会力量。档案服务部门需要为其参与服务建设创造条件,并积极引导。具体而言,一是要为用户参与服务建设提供平台和渠道,如设计用户视频档案资源标签系统、提供用户反馈渠道等,为用户参与服务建设提供条件和便利;二是要建立用户激励制度,如设计荣誉馆员制度、会员积分制度等,尊重用户劳动,积极采纳用户合理的建议等,提升用户参与服务建设的荣誉感和责任感。

3.4　本章小结

用户需求是数字视频档案资源建设与服务提供的立足点。本章在明确调查目的、意义、内容和方法的基础上,通过设计和发放调查问卷的形式来收集交互环境下数字视频档案资源用户需求与期望信息,进而归纳总结用户利用数字视频档案资源的行为模式和期望要求,为数字视频档案资源语义组织与精准化服务研究提供现实依据。

通过本次调查发现,数字视频档案资源用户来源广泛,并以青年用户、高学历用户群体为主,但他们对数字视频档案资源及其服务的接触度并不高,存在一定认知偏差;用户对数字视频档案资源利用需求主要集中在学习、休闲和研究等方面,并在文化领域的需求最为突出;用户不仅重视对原始视频档案文件的利用,更在乎的是数字视频档案资源内容是否符合其需求;用户习惯了基于互联网或移动端的信息服务模式,倾向于利用搜索引擎、微平台、档案网站等来利用数字视频档案资源;用户需求实现的满意度并不高,但对数字视频档案资源精准化服务显示出了极大的利用意愿;用户利用数字视频档案资源的障碍主要源于自身检索能力不足和检索平台功能限制两大方面;用户参与利用反馈的意愿较高,并期望以微平台、网络社区、电子邮件等为主要反馈渠道;尽管目前用户对于数字视频档案资源的检索利用服务存在许多疑虑,但用户普遍对于开发一个精准数字视频检索系统建设寄予了较高的期望等。为此,档案服务部门需要坚持以用户需求为中心,转变传统档案服务思维,创新视频档案服务模式,建立高质量的视频档案资源体系,构建交互式的数字视频档案服务平台,并加强档案用户培训,引导用户积极参与服务建设,营造良好的视频档案服务环境。

4 数字视频档案资源内容揭示与语义描述研究

数字视频档案资源内容的准确揭示与合理描述是其能被计算机系统理解与处理的基础,也是推动数字视频档案资源向档案知识资源转化的关键。令人遗憾的是,目前数字视频档案资源描述与组织效果并不理想,在视频内容深度揭示与语义描述等方面存在诸多困难。一方面,数字视频档案资源以连续的动态画面来记录内容,呈非结构化状态,计算机系统难以准确识别和理解,需要档案服务部门对其进行结构化处理。另一方面,数字视频档案资源记录的内容非常丰富,如何提取最有效的信息(如内容特征等)也不是一件容易的事情,需要档案服务部门设计合理的描述框架对其进行科学有效的描述。本章将在数字视频档案资源类型、特点和记录逻辑结构阐释的基础上,明确数字视频档案资源语义描述要求、方式方法与流程,并结合上一章用户需求调查结果,设计面向用户需求的数字视频档案资源描述框架和多层级语义描述模型,以期为数字视频档案资源内容深度揭示和科学描述提供参考方案。

4.1 数字视频档案资源分析与语义描述逻辑确立

数字视频档案资源是以连续的图像帧来记录信息的档案资源,对其内容进行揭示和描述则有别于一般的文本型档案资源内容揭示与描述工作。为此,在具体内容揭示和描述工作前,档案服务部门需要了解数字视频档案资源的特性,掌握数字视频档案文件记录结构逻辑,并以此为依据来设计和确立具体的描述要求、方式方法与流程等,以保障数字视频档案资源内容揭示与语义描述工作有效开展。

4.1.1 数字视频档案资源分析

数字视频档案资源属非结构化信息资源,对其内容识别和提取不仅需要了解数字视频档案资源的类型和特点,而且还需要了解其记录结构,以便档案服务部门根据这一结构特性确立具体描述层级与描述对象,从而对其全面系统地揭示和描述。

(一)数字视频档案资源类型

数字视频档案资源是以数字化形态而存在的视频档案资源,其来源复杂、构成多元、信息呈现形式多样,可以将其划分为不同类型。

(1)从资源来源构成来看,数字视频档案资源主要有以下类型:

其一是传统视频档案数字化后形成的数字视频档案资源。随着社会信息化程度的不断加深,传统视频记录技术和相关设备逐渐退出历史舞台。然而,在各档案服务部门留存了相当数量的以录像带等形式存在的传统视频档案资源。这些传统视频档案资源制式不一,它们不仅面临播放设备缺失,而且还面临着存储介质老化、信号衰减、影像无法正常播放①等问题。如何保障这些传统视频档案资源长期有效保存和可利用,是数字化时代档案服务部门不可回避的现实问题。在电子政务、数字档案馆等工程建设的推动下,一些档案服务部门对传统视频档案资源进行了数字化采样、量化、压缩和编码等处理,形成了便于计算机等数字化设备和系统管理的数字视频档案资源。这一类型的数字视频档案资源仅仅是传统模拟记录型视频档案资源的数字化转换,可以将其理解为"复制型"的数字视频档案资源,其要求是最大限度地保留传统视频档案资源所承载的信息和内容。它们的质量在很大程度上取决于传统视频档案原件的质量、数字化采集设备、技术参数的选择以及数字化后的视频信息的修复、

---

① 张照余.视频档案数字化:原理、设备与步骤[J].山西档案,2008(05):17—20.

纠正、检查①和编目等。目前我国已制定和颁布了传统视频档案资源数字化相关指导标准和规范,为这一类型数字视频档案资源质量保障以及共享利用奠定了基础。

其二是数字视频文件经鉴定、归档转化而成的数字视频档案资源。它们是由数码记录设备或计算机等生成的原生型数字视频档案资源,具有原始记录性,是第一手记录材料。随着数码声像记录技术和设备的发展与广泛应用,数字视频文件或视频数据日益增加,由之转化而成数字视频档案资源亦呈日益增长之势。这一类型的数字视频档案资源构成和来源日益复杂,给档案工作带来了不少困难和挑战。如何面对不同设备、不同系统生成的视频档案资源是当前数字档案管理与利用系统建设要考虑的重点内容。因为它们不仅是电子型档案资源,要保障其"四性"(真实性、可用性、安全性、完整性②),而且还是视频型的档案资源,其内容识别和处理较为复杂,要确保其可利用和方便利用等。

其三是经档案编研而形成的数字视频档案资源。相对于上述类型的数字视频档案资源,这一类型的数字视频档案资源属再生型的数字视频资源。它是在原始档案资源的基础上,根据一定主题或利用目的经过编辑、加工制作而成的数字视频资源,如纪录片、视频档案专题集等。虽然它们不是原生型的视频档案资源,但是其信息来源可靠且内容集成,在实践中有非常高的利用价值,能替代原始档案资源的一般浏览和参考利用功能,在提高档案资源利用效率方面具有积极的现实意义。故此,本研究也将这一类型数字视频资源纳入数字视频档案资源范畴,作为数字视频档案资源体系的重要补充。

(2)从内容呈现形式来看,数字视频档案资源又可以分为以下类型:

其一是无声型的数字视频档案资源。它们主要是指只有连续记录画面而没有声音的或者有声音但从声音中无法提取有效语义内容的数字视频档案资源。例如,传统无声影像档案数字化后形成的数字视频档案资

---

① 刘江霞.模拟音视频档案数字化质量控制研究[J].档案学研究,2018(01):101—106.

② 《中华人民共和国档案法》(2021年)第三十九条。

源,就是只有连续记录画面而没有声音的数字视频档案资源。又如,实践部门通过无人机航拍的大型社会活动视频文件经归档而形成的数字视频档案资源,它们虽然记录了活动场面的声音,但是这些声音多是噪音,没有实质性的语义内容,也难以与具体镜头内容匹配起来。这一类型的数字视频档案资源其内容呈现主要以连续的画面为主,目前主要是通过镜头分割和提取关键帧的方式来实现其检索①②,但是内容识别精度和特征提取效果等有待完善。目前,为了提高资源内容揭示和描述的精准度,档案服务部门往往对这一类型数字视频档案资源采用人工的方式来完成具体内容揭示和描述工作。

其二是有声型的数字视频档案资源。有声型的数字视频档案资源主要是指记录有明确语义声音的数字视频档案资源,如经编辑加工和归档的会议视频文件、领导讲话视频、音乐类的数字视频文件等。它们不仅有连续的记录画面,而且还有明确的、可以识别的声音信息,是目前档案服务部门收集量最大的数字视频档案资源。它们以立体的形式记录社会活动开展情况,在还原历史等方面具有明显的优势。目前,这一类型数字视频档案资源可以借助现代信息处理技术来实现内容识别和特征提取等任务。如,利用语音识别技术将这一类型数字视频档案资源所记录的声音转化为文本,再利用转化的文本来实现数字视频档案资源的有效切割和匹配检索等③。

其三是多媒体型数字视频档案资源。多媒体型数字视频档案资源是指同时记录有声音、画面并配有字幕的数字视频档案资源,如归档保存的电视新闻视频、配有字幕的教学活动视频等。在实践工作中,为了让视频使用者能准确或者更好地理解视频文件内容,在视频文件加工剪辑阶段往往会在视频对应的位置加入相应的字幕,以明晰其所要表达的内容。这一类型数字视频档案资源集声音、画面、文字于一体,加工处理很规范,

---

① 朱爱红,李连.基于内容的视频检索中的镜头分割技术[J].情报杂志,2004(03):66—68.

② 徐彤阳,张国标,任浩然.基于镜头的数字图书馆视频资源检索框架构建与实现[J].情报科学,2017,35(05):89—93+105.

③ 柯家年.语音识别在视频会议中的应用研究及实现[D].广州:华南理工大学,2014:7—12.

是目前利用较为方便的数字视频档案资源。在具体利用工作中,用户可以利用字幕来完成具体视频档案检索与查找任务[①]等。当然,在实践工作中,档案服务部门也可以构建基于帧的视频检索系统或基于内容的检索系统等来帮助用户利用好这一类数字视频档案资源。

(二)数字视频档案资源特点

数字视频档案资源不同于一般的数字档案资源,它兼具数字档案资源与视频档案资源的双重特点。具体而言,除了具有数字档案资源的信息真实性、内容复杂性、形式多样性、利用便捷性、管理风险性等特点[②]外,数字视频档案资源还具有以下特点:

其一,记录内容主题明确。根据《录音录像档案管理规范》(DA/T 78—2019)"5.1 收集范围"规定,各类档案管理机构收藏的视频档案资源主要包括三大类[③]:一是记录本单位主要职能和基本历史面貌的,具有保存价值的录像文件;二是记录本地区地理概貌、城乡建设、名胜古迹、自然风光、民风民俗和人物宣传的录像文件;三是执法部门或司法部门职能活动形成的录像文件等。这些视频文件均以社会活动记录如工作会议、外事交流或专题内容呈现(如风景介绍、人物宣传等)为主,具有清晰的主题内容,并能提炼出对象、时间、地点、背景等基本主题要素。另外,这些视频文件沿活动发展的时序或主题展示的内在逻辑来记录,具有明确的内在逻辑和典型的层次化结构[④]。

其二,记录内容语义丰富。相对文本型、图像型、录音型等类型档案资源而言,数字视频档案资源以连续摄录的方式来留存社会活动记录。它不仅全面系统地记录了社会活动内容,而且还清晰明确地记载了社会活动发展轨迹。它们记录的信息不仅是多维、立体的,而且还能体现社会活动发展的内在运动特征,是目前语义最为丰富的数字档案资源。这一

---

① 孟岩,刘云.基于字幕的视频检索[C]//中国电子学会信息论分会.中国电子学会第十五届信息论学术年会暨第一届全国网络编码学术年会论文集(上册).北京:国防工业出版社,2008:81—84.

② 戚颖,倪代川.数字档案资源形态特征研究[J].兰台世界,2017(19):28—33.

③ 具体参见《录音录像档案管理规范》(DA/T 78—2019)"5.1 收集范围"。

④ 侯西龙.非物质文化遗产视频资源语义组织研究[D].武汉:华中师范大学,2018:30.

特点具有两面性。一方面,它用视觉的形式记录更多的信息,并以最直观的方式传递给利用者,深受利用者欢迎;但是,另一方面,它们丰富的语义也在客观上增加了数字视频档案资源内容揭示与主题提取等工作的成本,迫使档案工作部门在成本与效率之间做出平衡。

其三,多与其他类型档案资源关联。事实上,数字视频档案资源虽然记录的信息最完整,但在具体工作实践中,同一活动或事件会形成多种媒体类型的档案资源,并要求按相关规定悉数归档①。即,在数字档案资源体系中,数字视频档案资源往往不是独立而存在的,它们大多数时候同文本型档案资源、图像型档案资源等是有关联的,并同这些档案资源一起共同记录和再现某一历史事实。视频档案资源的这种天然的关联特点,要求档案工作部门在开展数字视频档案描述与组织工作时,注明数字视频档案资源与文本型档案资源等之间的关联关系,并提供关联接口,为后续的数字档案资源跨媒体整合奠定基础。

其四,资源颗粒度大。在实践工作中,视频摄录往往根据社会活动发展要求而展开,在档案工作领域所形成的视频档案文件一般时长较长,大多为容量较大的数字视频文件。这种大容量的数字视频文件属大粒度的信息资源,它们往往会给资源处理和利用工作如资源描述、组织、存储和传输等带来麻烦和障碍。从信息资源组织与利用的角度来看,大粒度的数字视频档案资源,不利于内容特征的有效提取,也不利用视频档案资源语义化组织和智能化、精准化利用等实现。同时,它也给数字视频档案资源存储和传输等提出了更高要求,增加了视频档案资源管理与利用成本。为此,在具体视频档案资源建设工作中,档案服务部门往往需要对其进行合理切割,将其分解为一个个相对独立的描述对象再进行处理。

(三)数字视频档案资源结构

从存在形式上来看,数字视频档案资源主要以数字视频文件的形式而存在,而每一份数字视频文件均由时序上连续的图像帧构成,具有内

---

① 参见《重大活动和突发事件档案管理办法》(国家档案局令第16号)第十六条规定。

在逻辑和典型的层次化结构①。为此,从视频记录的层次结构上来看,视频文件从上到下可以划分视频文件、视频片断、镜头、帧等层级,并形成不同级别的资源粒度,如图4-1所示。其中,帧为视频文件中的记录某个时间点的静态图像。根据视觉暂留原理,当静态图像的播放速度超过每秒24帧,就会形成动态的视频影像。从这一意义上来讲,视频可以理解为由内容连贯、时间连续的静态图像所构成的图像系列。帧是视频文件最基础的构成要素,经过视频编码,它一般分为关键帧(Ⅰ帧)、向前参考帧(P帧)、双向参考帧(B帧)等。其中,关键帧是某一具体图像系列中记录最为完整的一幅图像②,它完整地记录某个时间点上的静态信息,但不能体现视频所记录的时空语义,一般只作为视频查找的索引之用。该层级对应的描述对象为关键帧,属微粒度级描述。镜头是摄像机等设备从开始拍摄到停止时所摄录的一系列相似图像(帧),它是视频文件最小的记录结构单元和基本的视觉语言单位,是视频文件叙事和表意的基础③。镜头是最小的连续记录视频单位,可以作为相对独立的描述对象进行处理,每个镜头可以提取一幅关键帧,且镜头和镜头之间有较为明显的界线,以便于人工识别或计算机处理系统自动切分。该层级对应的描述对象为具体的镜头,属细粒度级描述。视频片断即镜头组,它由若干个时序上相连的镜头组成,它表达一个相对完整的视频记录子主题或场景等,如某项活动一个可以相对独立的阶段或大故事中的一个完整的小故事等。它反映的是某个具体场景内容,语义较为丰富,描述的对象为具体的场景等,属中粒度级描述。若干个视频片断组合在一起就构成了视频文件,完整地记录一项或一次具体的社会实践活动等。视频文件

---

① 侯西龙.非物质文化遗产视频资源语义组织研究[D].武汉:华中师范大学,2018:30.

② 在视频记录过程中,由于连续记录的帧具有很大的相似性,为了避免数据的冗余,往往会对视频进行压缩存储即视频编码。经过编码的视频帧一般分为关键帧(Ⅰ帧)、向前参考帧(P帧)、双向参考帧(B帧)等。在视频压缩存储中,存储完第一张完整的静态图像后,后面的每张图片只存储与前面图片差异部分,直到出现内容差异性很大的图片,才再一次重新存储一张完整的图片,这一过程中的完整图片就是关键帧即Ⅰ帧。资源来源:储相瑞.视频资源的分割标注及组织管理策略的研究与实现[D].武汉:华中师范大学,2019:6.

③ 中国社会科学院语言研究所词典编辑室.现代汉语词典(第7版)[M].北京:商务印书馆,2016:696.

反映的某项具体活动过程全貌,属粗粒度级资源,对应的是粗粒度级描述。

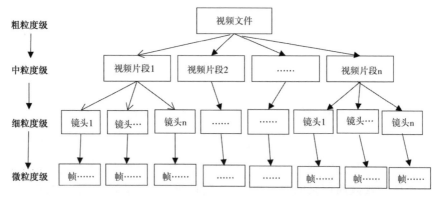

图4-1 数字视频档案文件结构层级与对应的粒度级别

数字视频档案资源不同于一般的影视作品,它们记录的是具体的社会活动内容,具有纪实性。社会对其利用往往也不是一般的欣赏和浏览,更多的是考证和参考,用户在乎的是其所记录的信息内容是否完整、是否有价值等。为此,在实践工作中,档案服务部门需要结合数字视频文件记录的结构特性,根据档案叙事的要求,从宏观、中观和微观等层面对大粒度数字视频档案文件进行合理解析,并设计科学合理的描述方案在不同层面对其进行内容揭示和语义描述,以满足不同类型用户的利用需求。

4.1.2　数字视频档案资源语义描述要求与逻辑确立

数字视频档案资源是非结构的信息资源,但其层次化结构给视频档案资源内容细化描述和深入揭示提供了机会和切入口。通过文件级、片段级、镜头级等不同层级的内容揭示和描述,可以将数字视频档案资源内容较为充分地揭示出来,并降低计算机系统对其语义特征识别和理解的难度。然而,数字视频档案资源描述层级划分、描述对象选择以及具体描述工作的开展,除了要注意视频档案资源记录结构特性外,还要充分考虑到视频档案资源利用需求以及各种内外影响因素,明确描述要求,选择合适的方式和方法,制定科学的描述流程,为具体工作有条不紊地开展提供保障。

（一）数字视频档案资源语义描述要求

数字视频档案资源语义描述的主要任务是对其所承载的内容进行深度揭示,并有效地提取各类特征,以达到对数字视频档案资源全面有效揭示和描述的目的。然而,数字视频档案资源语义描述是一项较为复杂的工作,它不仅要遵循视频资源记录的特性和用户利用的要求,而且还要考虑到资源描述的效率以及与其他类型资源的融合利用问题。具体而言,当前档案服务部门开展数字视频档案资源语义描述工作需要遵循下列要求:

其一,要尊重视数字视频档案资源的记录特性。数字视频档案资源是沿时间序列来记录社会活动内容的档案资源,其记录顺序具有不可逆性,能清晰地体现社会活动发展轨迹。同时,数字视频档案资源还可以根据其记录结构进行层级划分,形成不同粒度级的描述对象,以适应不同层面的内容揭示与描述需要。数字视频档案资源的这些特性不仅固化了社会活动发展的时间顺序以及内在逻辑关系,而且还在"天然"层面上将视频档案资源表示一个个可以相对独立处理的逻辑对象。这就要求在数字视频档案资源语义描述时,要注意利用好数字视频档案资源记录的这些特性,结合其记录的社会活动内在逻辑来完成描述层级划分、描述对象选择以及各类特征提取任务。简言之,就是数字视频档案资源语义描述工作不得破坏视频记录结构的逻辑性以及内容的相对独立性与关联性等,以保障具体描述工作的科学性与合理性。

其二,要能有效揭示视频档案资源内容及关联关系。数字视频档案资源语义描述的主要目的就是在不同层面、不同维度上将视频档案资源内容揭示出来,并利用关联关系组成语义化的资源体系,以适应多样化、智能化的社会利用需求。对视频内容及其关系的有效揭示是数字视频档案资源语义描述工作的核心内容,因为用户最关心的视频档案内容以及如何通过相关线索发现更多的资源内容等。为此,当前档案工作部门需要在现有研究与实践成果①②③的基础上,做好下列工作:一是设计科学的视频内容提取框架,优化数字视频档案资源描述方案,强化细粒度层级的视频内容揭示与标注工作,将视频档案资源所承载的信息内容尽可能地揭示和提取出来,以满足多样化、精准化的视频档案利用需求。二是注重数字视频档案资源对象间的语义关系提取与标注,在领域本体、机器学习等智能化技术的支持下,将视频档案资源转化视频档案知识资源,以适应语义网络社会发展要求。

其三,要符合用户利用的习惯和要求。用户需求是数字视频档案资源语义描述工作的立足点和逻辑起点。在具体工作中,设计的数字视频档案资源内容揭示与语义描述框架要符合用户利用需要,按照用户的利用需求和行为习惯等来提取各类特征要素,以实现数字视频档案资源建设的本来目的。为此,具体描述工作需要从用户需求的视角出发,将用户的利用习惯和要求作为重要的参照指标。在这一方面,档案服务部门需要注意以下问题:一是要考虑数据库、网站、微平台等信息资源描述与组织工作已形成的通用规范和标准,注意数字视频档案资源描述与之相兼容的问题,吸收和借鉴相关领域的成功经验,促进数字视频档案资源与其他信息资源的融合,共同培育良好的社会信息生态环境;二是数字视频档案资源描述要更多地考虑用户利用的可行性和便捷性,加强用户需求分析和利用行为研究,如检索常用入口、检索模式等调研,真正从用户利用的视角来描述和组织数字视频档案资源。

其四,要注意成本与可操作性问题。从理论上讲,数字视频档案资源描述的层级越细、描述对象越多,其揭示出来的内容和描述的信息就会越丰富。然而,数字视频档案资源描述是一项成本相对较高的专业性工作,具体描述工作要考虑到投入和实践上的可操作性问题。在具体描述工作中,首先要确立数字视频档案资源的描述层级。是按照粗粒度到微粒度的顺序逐层描述,还是有选择、有重点进行描述? 其次是具体描述对象特

---

① 王清,孙跃军.模拟声像档案的数字化探索[J].数字与缩微影像,2013(3):18—19.

② 张美芳.面向音视频档案保存与利用的分类编目研究[J].档案学通讯,2018(01):93—96.

③《录音录像类电子档案元数据方案》(DA/T 63—2017)

征要素的提取和表述。针对具体的描述对象,哪些特征要素是必须要提取的,哪些特征要素是可以选择的? 是用规范词来表述,还是用自由词来标注? 如此等等。档案服务部门要结合自身的人力、物力、财力等综合考量,制定合适的资源描述方案。鉴于目前我国视频档案资源建设和用户需求现状,数字视频档案资源细粒度级的描述是不可缺少的,因为它是数字视频档案资源能被深度利用的基础性工作,而具体的各类描述特征要素则可以根据利用需要和相关标准来设计和选择。

(二) 数字视频档案资源语义描述方式和方法

数字视频档案资源内容揭示与描述是一项专业较强的工作,它需要采用科学的方式和方法来处理。目前在数字视频档案信息资源描述实现方面,主要有人工识别与标注以及机器自动识别与标注两种。人工识别与标注方式是目前我国大部分档案服务部门对视频档案资源描述所采用的方式。它基础上沿袭了传统文献著录标引的思路,通过主题分析和外在特征如标题、著者、时间等提取的方式来完成具体描述任务。它在视频档案内容识别和语义理解方面具有明显的优势,且标注的精度高,但是工作效率低下,并对描述人员有较高的专业要求。面对海量的数字视频档案资源,人工识别和标注的方式日益难以为继。机器自动识别与标注是近些年来视频数据标注领域发展的新方向,诸多研究者展开了相关研究,如2014年Chorianopoulos等人采用监督学习方法来实现视频自动标注[1]、2016年崔桐和徐欣探讨了一种基于语义分析的大数据视频标注方法[2]等。机器自动识别与标注是建立在视频镜头自动分割以及机器学习基础上的一种视频标注方式[3][4],它可以节省大

———————

① Chorianopoulos K, Giannakos M N, Chrisochoides N, et al. Open Service for Video Learning Analytics[C]//IEEE International Conference on Advanced Learning Technologies. IEEE, 2014:28—30.

② 崔桐, 徐欣. 一种基于语义分析的大数据视频标注方法[J]. 南京航空航天大学学报, 2016, 48(05):677—682.

③ Wu J, Hua X S, Zhang H J, et al. An Online-Optimized Incremental Learning Framework for Video Semantic Classification [C]//Association for Computing Machinery (ACM) Multimedia 2004, 2004:320—323.

④ Fan J, Elmagarmid A K, Zhu X, et al. ClassView:hierarchical video shot classification, indexing, and accessing[J]. IEEE Transactions on Multimedia, 2004, 6(1):70—86.

量人力、物力和时间成本,资源标注的效率高,但是因目前技术发展等因素的限制,视频内容机器自动识别与标注的准确率有待提升,后期还需要人工干预。鉴于上述两种方式的优势和不足,在人工智能技术不断优化和升级的今天,本研究建议采用机器与人工相结合的方式来开展数字视频档案资源语义标注与描述工作。即,先采用机器自动标注方式进行视频特征自动提取和标注,再通过人工审核的方式来修正机器处理的偏差,不断完善和优化数字视频档案资源语义标注与描述成果。

另外,在具体描述方法选择上,鉴于数字视频档案资源记录的结构特性,本研究建议采用分层描述的方法来解决数字视频档案资源的内容揭示与语义描述问题。结合数字视频档案资源的具体描述情况,本研究将数字视频档案资源的描述层级界定为粗粒度级(视频文件)、中粒度级(视频片断)、细粒度级(视频单元)和微粒度级(关键帧级)四个层级,具体描述标准见表4-1。需要说明的是,本研究设计的细粒度度级描述对象为视频单元,而不是一般意义上视频切割而形成的镜头。视频单元有可能是一个相对独立的"镜头",也可能是几个相连的镜头小集合。这主要是因为,在具体实践中,存在多个相连镜头才能反映某一最小独立主题的情况。如果严格按镜头来划分细粒度级描述对象,则很容易破坏社会活动记录的完整性[①],不符合最小活动主题要求。

表4-1 数字视频档案资源描述层级、对象与标准

描述层级	描述对象	描述标准
粗粒度级	视频文件	描述视频档案所记录的整体活动概况,从宏观视角上展现视频档案的内容特征和形式特征等,多以档案题名、分类号、提要等作为内容描述项。
中粒度级	视频片段	描述视频档案所记录活动的某一具体场景内容,如一场学术会议的各个阶段——开幕式、主题报告、交流讨论等,它描述的是活动主题相近的视频片段内容,能体现社会活动发展的阶段性。

---

① 吕元智.视频档案资源多层级语义标注框架构建研究[J].数字图书馆论坛,2021(11):13—20.

描述层级	描述对象	描述标准
细粒度级	视频单元	描述视频档案所记录的某个最小活动场景且具有相对独立意义的单元内容。它是数字视频档案资源深层次语义标注和描述的核心,需要深度标注和描述,为后续的精准化服务、智能化服务等实现奠定基础。
微粒度级	关键帧	它反映的某个时间点的静态视频信息内容,主要提取关键帧所体现的主题内容如人物、地点、事件等,按一镜头一帧的原则进行描述。

　　其中,粗粒度级描述是以整个数字视频档案文件为对象进行的宏观描述,它反映视频档案所记录的整体活动概况,从宏观视角上展现视频档案的内容特征和形式特征等,并多以档案摘要与记录活动概述为内容描述主体。中粒度级描述是以视频片段为对象进行的描述,展现的是视频档案所记录活动的某一具体场景内容,如一场学术会议的各个阶段——开幕式、主题报告、交流讨论等,它描述的是活动主题相近的视频内容,能明确地体现社会活动发展的阶段性。细粒度级描述以视频单元为对象进行的描述,体现的是视频档案所记录的某个最小活动场景且具有相对独立意义的单元内容,如微课中的一个5分钟的专业知识点讲解和分析等。它是数字视频档案资源深层次语义标注和描述的核心,需要深度标注和描述,为后续的精准化服务、智能化服务等实现奠定基础。微粒度级描述是以关键帧为对象进行的描述,它反映的某个时间点的静态视频信息内容,如关键帧所体现的主题内容如人物、时间、地点、事件等,并按一镜头一帧的原则进行描述。通过分层描述,在不同层面对数字视频档案资源进行特征要素提取和描述,可以全方位地揭示和描述数字视频档案资源。但是,在实践工作中,全面落实分层描述的成本较高,基于成本的考虑,档案服务部门可以有选择有重点进行分层描述,或者分阶段按宏观到微观的路径来逐步完成具体描述任务。

（三）数字视频档案资源语义描述流程

数字视频档案资源内容揭示与语义描述是一个多环节、协同配合的过程,其实现流程如图4-2所示。具体的数字视频档案资源语义描述工

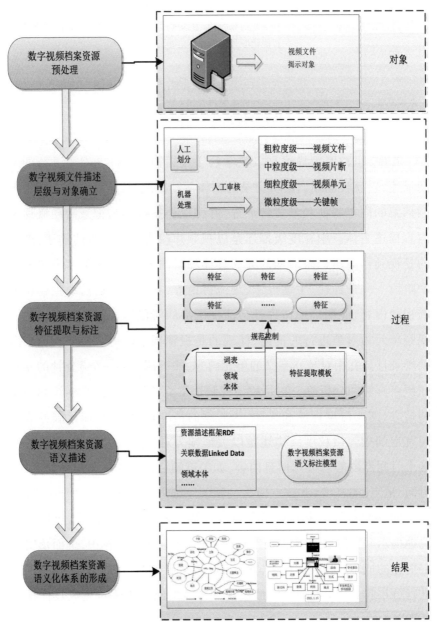

图4-2　数字视频档案资源语义描述实现流程

作流程可以分为"数字视频档案资源预处理""数字视频档案资源描述层级与对象确立""数字视频档案资源特征提取与标注""数字视频档案资源语义描述"和"数字视频档案资源语义化体系的形成"等阶段。

(1) 数字视频档案资源预处理。其任务主要是将数字视频档案资源进行"文件级"切割和规范化处理。即按视频档案资源所记录的活动主题将原数字视频档案资源尤其是多活动记录的视频档案资源合集在物理层面上进行分解处理,形成独立的、规范的数字视频档案文件。为了便于视频档案资源语义描述工作的开展以及视频档案资源内容的深入揭示,本研究建议按社会活动主题为参考标准对数字视频档案资源进行切割处理,以免多主题视频文件聚合在一起,给后续内容揭示与描述工作造成麻烦。另外,在预处理阶段,还需要对原来不规范的、不符合质量要求的视频档案文件进行剪辑、加工,如空白记录时间过长、存储格式不规范等,实现待处理数字视频档案文件的规范化和标准化。

(2) 数字视频档案资源描述层级与对象的确立。此阶段是在数字视频档案资源预处理的基础上,对视频档案文件进行描述层级划分和描述对象选择。具体描述层级划分和描述对象选择上文已作出解释,在此不再赘述。需要强调的是,在实践操作中对数字视频档案资源描述并不是严格要求一层一层依次描述,是可以根据实际情况来选择描述重点和可省略的内容。鉴于数字视频档案资源的利用实际,本研究建议加强细粒度级视频单元的描述工作,因为它们是视频档案资源内容得以深入揭示的基础,同时也是视频档案资源信息结构化处理的重要举措。在做好细粒度级描述的基础上,可以适当简化粗粒度级视频文件和中粒度级视频片段等的描述工作。

(3) 数字视频档案资源特征提取与标注。在描述层级和描述对象确立的前提下,将数字视频档案所蕴含的内容和信息揭示并表述出来(赋值)。此阶段需要具体工作部门提前准备好数字视频档案资源特征提取模板、资源描述框架以及相关控制工具如词表、领域本体等。特征提取模板主要是为数字视频档案资源各类特征如内容特征、产权特征、形式特征等的提取提供预设框架,减少因特征要素过多而无法有效归类的困境。数字视频档案资源描述框架是将数字视频档案资源在不同层级上进行描述,实现数字视频档案资源向结构化信息资源转化。相关控制工具如词表、领域本体等主要是规范和协调特征要素、语义关系特征等提取和表述行为,确保资源描述的科学性和规范性。

(4)数字视频档案资源语义描述。具体而言,就是在数字视频档案资源特征提取和属性赋值的前提下,利用资源描述框架 RDF、领域本体、视频档案语义标模型等对数字视频档案资源及其特征要素进行语义化处理,如将其表示为 RDF 三元组形成 RDF 文件并存储等,将不同粒度层级的数字视频档案资源转化为富含语义关系的档案知识资源。

(5)数字视频档案资源语义化体系的形成。经过上述各阶段处理后,数字视频档案资源既有宏观层面的整体描述,又有微观层面视频单元的细粒度揭示。这些描述通过各类标注的语义关系联系在一起,形成多维多层语义互联的数字化视频档案资源体系,为后续的语义关联组织和聚合等工作奠定基础。

4.2　数字视频档案资源语义描述框架构建与阐释

4.2.1　数字视频档案资源描述框架构建

描述框架是数字视频档案资源语义描述工作开展的依据,其质量直接关系到数字视频档案内容及语义关系揭示的科学性与合理性,也直接关乎后续视频档案资源组织与服务利用效率等实现问题。当前,构建科学合理的数字视频档案资源描述框架是其内容揭示与语义描述工作得以顺利推进的核心任务。

(一)构建原则

数字视频档案资源描述框架是数字视频档案资源内容揭示与各类特征要素提取的工具和指南。其设计不仅要尊重数字视频档案资源的记录特性,而且还要考虑到用户利用需求、描述成本等因素。在当前,构建数

字视频档案资源描述框架需要遵循下列原则:

其一,以用户需求实现为导向。用户需求是数字视频档案资源内容揭示和语义描述工作的立足点,具体描述框架构建工作均以保障用户需求有效实现为前提。即,以用户需求实现为中心来构建数字视频档案资源描述框架。它要求在具体构建时,要充分考虑到用户对数字视频档案资源需求的重心以及利用行为偏好等,加强视频内容特征和常用检索标识等的设计工作,确保档案服务部门能在做好数字视频档案资源管理的基础上,也能为用户提供尽可能多且符合其理解的描述要素如人物、地点、时间、事件等,确保用户能便捷地利用数字视频档案资源。

其二,遵从视频文件记录逻辑特征。在现实工作中,数字视频档案资源往往以大视频文件的形式保存,属粗粒度资源,对其内容揭示和描述大多是粗线条的状态,难以深入到每个关键的细节,检索利用的精准度一般较低,不符合用户利用要求和期望。庆幸的是,数字视频档案资源记录具有内在的逻辑结构,可以将其划分为视频文件、视频片段、视频单元等层级。因此,具体描述框架构建工作要考虑到数字视频档案资源这一特性,注意数字视频档案资源分层描述的现实需求和分层描述的科学性,即是要根据用户利用需求和数字视频文件记录逻辑特征来选择和设计数字视频档案资源描述层级。鉴于目前视频档案资源利用实际,具体构建工作可以考虑以宏观和微观层级的描述为重点。宏观描述以视频档案文件为对象,通过摘要等形式为用户展现视频档案文件记录的整体内容,便于用户快速地了解视频档案资源整体情况。微观描述以视频单元为对象,属细粒度级资源描述,能将记录的关键细节描述出来,有助于视频档案资源内容的深入揭示。

其三,考虑信息资源间的兼容要求。即,构建的数字视频档案资源描述框架要与其他信息资源描述框架能兼容,实现资源互操作。一是要考虑与现有数字视频档案资源描述方案的兼容问题。如,能方便地利用数据映射等方法将已有的数字视频档案资源描述成果映射到新构建的数字视频档案资源描述框架中,减少重复劳务,降低新描述框架应用成本和障碍。二是要考虑与其他类型档案资源间的互操作问题。数字视频档案资源属档案资源体系的一个组成部分,构建的描述框架要能促进数字档案资源的跨媒体整合与检索利用的实现。三是要考虑与其他信息资源描述方案的兼容问题,为数字视频档案资源融入社会信息服务体系提供便利。

其四,注重描述工作的成本与效率。数字视频档案资源描述要素越多,其内容揭示与描述的精度就会越高,但是相应的描述成本会大幅增加,应用推进尤其是基层单位的应用推进就会受到较大的挑战。成本与效率平衡的具体内容在上一节“数字视频档案资源语义描述要求”中已有论述,在此不再赘述。为此,在具体描述框架构建时,要考虑到数字视频档案资源描述的成本与效率问题,合理设计描述维度,将描述的特征要素控制在合理的范围内,设计必要和可选择的描述要素(著录项目),以适应不同单位的描述要求。

(二)构建思路

基于上述原则,数字视频档案资源语义描述框架构建采用下述思路来实现:

第一步,调查研究。具体调查研究分为两个部分:一是用户需求与利用行为调查[①]。通过用户需求与利用行为调查,切实了解用户对数字视频档案资源的具体需求如关注的重点是什么等,分析用户利用数字视频档案资源的行为习惯,为数字视频档案资源描述要素的设计和选择提供参考依据。二是数字视频信息资源现有描述框架调研。在剖析我国现有视频档案资源描述方案的基础上,比较分析国内外相关领域数字视频信息资源描述方案的异同,吸收相关领域视频信息资源描述框架的优势,并思考数字视频档案资源与其他信息资源能兼容和互理解等问题。通过上述调研,为数字视频档案资源语义描述框架构建准备基本素材。

第二步,框架设计。在上述调查研究的基础上,结合现有的视频档案描述方案,设计出具体的数字视频档案资源语义描述框架草案(雏形)。

---

① 具体情况参见本书第三章的调查分析情况。

设计出的描述框架应包括描述维度、具体描述项目以及描述规则与特征要素选择要求等。此阶段的主要任务是把数字视频档案资源语义描述的目标和任务以具体的描述维度、描述项目及描述要求等内容以表格的形式体现出来。

第三步,专家咨询。专家咨询的目的主要是从理论和实践层面来论证描述框架的科学性和可行性,并给出相关建议。本次设计的描述框架听取了多位档案信息组织、计算机信息系统等领域理论专家和实践人员的建议,修正了原设计的部分内容,如设计的描述框架吸收了《录音录像类电子档案元数据方案》(DA/T 63−2017)中已明确规定的元数据名称、具体描述要求等。

第四步,实践修正。一是以具体的数字视频档案资源为实例,利用描述框架进行实例描述,检查设计方案的科学性和合理性,对不合理的部分进行分析和修正,让本次设计的描述框架基本定型;二是在今后的实践工作继续修正描述框架,收集实践反馈信息,确保描述框架的不断优化升级。

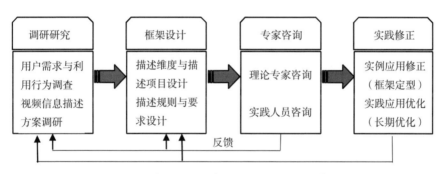

图4-3 数字视频档案资源语义描述框架构建过程

(三)构建结果

数字视频档案资源的描述问题一直是我国档案资源建设的基础性问题,尤其是随着数字视频档案资源在档案资源体系中所占的比重日益提升,其内容的有效揭示与描述更是引起了研究者和实践机构的关注和重视,并制定和颁布了相关描述标准和规范方案。但是,从总体上来看,我国数字视频档案资源描述存在内容描述过于简略、关联关系设计较少、兼容性问题突出、利用权益规定不清晰等问题[①]。基于此,本研究根据数字视频档案资源特性,依据上述构建原则和思路,参考《录音录像类电子档案元数据方案》(DA/T 63—2017)、DC[②]等描述框架,采用分层描述的思路来构建面向用户需求的数字视频档案资源描述框架,以期解决数字视频档案资源内容的整体揭示与微观描述等问题。需要说明的是,结合数字视频档案资源管理与利用实际以及描述工作成本等因素的考虑,本次构建的数字视频档案资源描述框架重点放在视频文件级和视频单元级描述,具体描述框架见表4-2[③]。它由描述维度、描述项目、描述要素以及应用说明等内容构成,其中"活动描述"是针对中、微观粒度——视频片段、视频单元而展开的具体描述,每个"活动阶段""活动单元"与具体划分的"视频片断""视频单元"一一对应[④]。

表4-2　面向用户需求的数字视频档案资源描述框架

描述维度	描述项目	描述要素	应用说明
视频档案资源内容维	题　名	正题名	必选
		并列题名	可选
		副题名及其他	可选
	分类号	——	可选
	活动描述	活动阶段1名称	可选
		活动单元1名称	必选
		主题词或关键字	根据"5W+H"提取相关词汇,用分号隔开
		语　种	非汉语时为必选
		起始时间	必选

---

① 吕元智,谷俊.面向用户需求的视频档案资源描述框架构建研究[J].档案学研究,2021(06):91—99.

② 马费成,宋恩梅.信息管理学基础(第二版)[M].武汉:武汉大学出版社,2011:205.

③ 吕元智,谷俊.面向用户需求的视频档案资源描述框架构建研究[J].档案学研究,2021(06):91—99.

④ 本次设计的描述框架简化了"活动阶段"描述,仅保留了"活动阶段名称"描述要素,具体实践单位可以根据需要增加活动阶段的"起始时间""结束时间""提要"等描述要素。

描述维度	描述项目	描述要素	应用说明
视频档案资源内容维	活动描述	结束时间	必选
		活动环节2名称	有则必选
		主题词或关键字	同活动环节1
		……	……
		活动阶段2名称	
		……	……
	时空范围	空间范围	可选,如长江流域
		时间范围	可选,如1949—1956
	提　要	——	可选,对视频文件整体记录简要描述
	关　联	全宗或类	必选,体现数字视频档案资源隶属全宗或类等
		附件	有则必选
		原格式	有则必选
		其他格式	有则必选
		参照	有则必选
		被参照	有则必选
视频档案资源产权维	主要责任者	——	必选(对视频内容负有责任的机构或个人)
	其他责任者	——	可选
	摄录者	——	必选
	编辑者	——	可选
	著录者	——	必选
	提供者	——	必选
	利用权限	——	必选,值域为公开利用、许可利用、其他
视频档案资源形式维	唯一标识符	——	可选
	档　号	——	可选
	存储信息	存储机构名称	必选,正式名称
		存储机构代码	可选

描述维度	描述项目	描述要素	应用说明
视频档案资源形式维	存储信息	在线存储地址	有则必选
		离线存储地址	有则必选
	日　期	摄录日期	必选
		编辑日期	可选
		著录日期	可选
		数字化日期	可选
	密　级	——	必选
	保管期限	——	必选
	视频来源	细分参照DA/T 63-2017	应用参照DA/T 63-2017
	计算机文件名	——	必选
	视频时长	——	必选，以小时、分、秒为计量单位
	计算机文件大小	——	必选
	原始载体	细分参照DA/T 63-2017	应用参照DA/T 63-2017
	生成方式	——	必选，值域为"原生""编辑""数字化"
	捕获设备	细分参照DA/T 63-2017	应用参照DA/T 63-2017
	格式信息	细分参照DA/T 63-2017	应用参照DA/T 63-2017
	视频参数	细分参照DA/T 63-2017	应用参照DA/T 63-2017
	音频参数	细分参照DA/T 63-2017	应用参照DA/T 63-2017
	数字签名	——	可选

本次构建的数字视频档案资源描述框架是建立在现有描述框架分析基础之上并结合数字视频档案资源管理与利用需求而设计的框架。首

先,它是面向用户利用需求的资源描述框架。它加大了数字视频档案资源内容描述力度,从宏观和微观两个层面来揭示数字视频档案资源内容,并改变了传统档案内容特征著录项目设置,将题名、分类号、活动描述、时空范围、提要等与视频档案资源内容相关的项目作为内容提取项,为用户查找视频档案资源提供尽可能多且实用的检索入口。其次,它是符合描述工作需要的描述框架。本次构建的描述框架将具体描述项目进行了归类处理,从视频档案资源内容、产权和形式①等三个维度进行描述,避免描述人员在具体工作时需要在视频档案资源内容、产权、形式等三类描述项目间来回"穿梭",有助于提升数字视频档案资源描述效率。第三,它是开放的资源描述框架。档案服务部门可以根据数字视频档案资源及其利用实际需要,在本描述框架的基础上,增加一些反映视频档案特色描述项目,也可以适当简化一些描述内容。另外,在具体实践工作中,档案服务部门还可以根据视频档案资源描述的实际需要在"活动描述"项中增加视频片段级、关键帧等层面的描述内容。最后,它是能兼容的资源描述框架。本次构建的数字视频档案资源描述框架遵循了我国档案著录一般规则要求,并吸收了《录音录像类电子档案元数据方案》(DA/T 63—2017)、《视频资源元数据规范》(WH/T 63—2014)、DC 等标准的内容如描述项目名称、应用要求等,为数字视频档案资源与其他类型档案资源以及社会信息资源融合创造了有利条件。另外,本次构建的描述框架在数据映射等技术的支持下,可以较为方便地将我国已有的数字视频档案资源信息化建设成果利用起来,能保障档案信息资源建设的连续性,同时也能让其更好地适应时代发展需要。

4.2.2　数字视频档案资源描述框架阐释

从结构上来看,本研究构建的数字视频档案资源描述框架由内容描述维、产权描述维和形式描述维等维度构成,它们分别承担不同的描述任务,共同来解析数字视频档案资源,为数字视频档案资源管理与利用提供

---

① 张美芳.面向音视频档案保存与利用的分类编目研究[J].档案学通讯,2018(1):93—96.

支持。

（一）数字视频档案资源内容维阐释

内容维是对数字视频档案资源所承载的社会活动主题内容进行揭示和描述的维度，它承担数字视频档案资源内容特征提取和视频档案主题检索支持等任务，是用户最为关心的描述维度。本描述框架设计的内容维由"题名""分类号""活动描述""时空范围""提要""关联"等描述项目组成。其中，"题名""分类号""提要"等描述项目同档案著录一般规则中的要求是一致的，在此不再赘述。"活动描述""时空范围""关联"等项目是针对数字视频档案资源内容深度揭示而专门设计的。"活动描述"项目主要是对数字视频档案资源细粒度的视频单元进行深度描述，它以"活动阶段名称""活动单元名称""主题词或关键字""语种""起始时间""结束时间"为描述要素，揭示每个活动子单元(视频单元)层面记录的主题内容，并明确起止时间，为将来资源调用和利用提供精准的切入口。"时空范围"项目又分为"时间范围"和"空间范围"两个描述要素，用来反映视频档案文件记录主题所涉及的时空边界，帮助用户从时间或空间的角度来判定某一视频档案资源是否是其所需要的资源等。"关联"项目主要是从主题相关联的角度来考虑数字视频档案资源与其他资源之间的关系，并针对目前描述框架关联少的情况而设计的。它由"全宗或类"①"附件""原格式""其他格式""参照""被参照"等描述要素构成，其目的主要是揭示和描述数字视频档案资源语义层面的各类关联关系，为下一步数字视频档案资源语义关联组织、聚合等工作奠定基础。

（二）数字视频档案资源产权维阐释

产权维是对数字视频档案资源主要利益相关者及权限进行揭示和描述的维度，其目的是进一步明晰数字视频档案资源的产权与利用权限。针对数字视频档案资源形成链较长、涉及的利益相关者较多且利用权限

---

① "全宗或类"主要是面向数字视频档案资源管理而设计的描述项目，但是它也能体现数字视频档案资源的全宗或类等主题信息。在现代信息技术的支持下，数字视频档案资源服务系统可以根据全宗或类号来实现语义关联聚合任务。故此，本次设计将"全宗或类"纳入内容描述维"关联"描述项目，以增加数字视频档案档案关联的机会和实现途径。

规定不清晰等问题,本描述框架将数字视频档案资源产权描述项目如"主要责任者""其他责任者""摄录者""编辑者""著录者""提供者""利用权限"等从以往视频档案资源形式特征描述项目中独立出来,并作为一个独立的描述维度。其中,"主要责任者""其他责任者""摄录者""编辑者"是数字视频档案资源形成的主要利益者,是数字视频档案资源形成的责任方,负责数字视频档案资源摄录工作组织以及具体视频摄录、剪辑加工、归档等任务。"著录者""提供者"主要是针对数字视频档案资源管理和服务而设计的责任主体,主要负责数字视频档案资源著录标引和服务提供等工作。"利用权限"是针对用户如何合法利用数字视频档案资源而设计的描述项目,其目的是避免利用权限模糊而产生不必要的纠纷等。总体上来讲,这一设计符合数字视频档案资源形成、管理与利用实际,它将数字视频档案资源最主要的利益相关者的权利均纳入了规范范围,不仅明晰了数字视频档案资源的产权如著作权、所有权等,而且还规定了数字视频档案资源利用的权利与责任范围如公开利用、许可利用等,为后续数字视频档案资源利用或再加工等提供明确的利用权限或产权责任说明。

(三)数字视频档案资源形式维阐释

形式维主要是用来揭示和描述数字视频档案资源内容维和产权维之外的其他信息。它是面向数字视频档案资源文件管理而设计的描述维度,承担数字视频档案资源真实、可靠、完整和可用等基本保障任务。本次构建的描述框架形式维由"唯一标识符""档号""存储信息""日期""密级""保管期限""视频来源""计算机文件名""视频时长""计算机文件大小""原始载体""生成方式""捕获设备""格式信息""视频参数""音频参数""数字签名"等描述项目组成。其中,"存储信息"又分为"存储机构名称""存储机构代码""在线存储地址""离线存储地址"等描述要素,能为资源调用提供明确且详细的信息。"日期"描述项目又分为"摄录日期""编辑日期""著录日期""数字化日期"等描述要素,用来记录数字视频档案资源形成过程中的关键时间节点,为其管理和利用提供参考信息。另外,本维度的各个描述项目的应用要求同《录音录像类电子档案元数据方案》(DA/T 63—2017)一致,与其有很好的兼容性。此外,在具体实践工作中,档案服务部门可以根据数字视频档案资源管理实际需要来增加或删减一些非必选的描述项目,以适应不同类型数字视频档案资源描述要求。

4.3　数字视频档案资源语义描述实现策略

数字视频档案资源语义描述是档案资源建设的核心工作,其质量直接关系到数字视频档案资源服务提供的效果。本研究根据上述已确立的描述要求、方式方法、流程以及具体资源描述框架,采用多层级描述的思路对数字视频档案资源进行语义描述,以适应不同类型用户的利用需求[①]。

4.3.1　数字视频档案资源多层级语义描述的意义

数字视频档案资源多层级语义描述是指根据视频档案资源记录逻辑结构,将数字视频档案资源划分为不同层级的描述粒度如视频文件、视频片段、活动单元等,进而根据实际情况来选择合适的描述粒度层级[②],并一一进行语义概念析出和标注的信息处理行为。其目的在于将非结构化的数字视频档案资源内容转化为人与计算机能方便理解的结构化语义信息,并为不同层次需求的视频档案利用提供相对应的描述信息支持,将数字视频档案资源转化为可以利用的档案知识资源。从本质上来看,数字视频档案资源多层级语义描述是在数字视频档案资源结构分析的基础上,根据视频档案记录内容的逻辑界线,将数字视频档案资源划分成不同级别(宏观、中观、微观等)的描述粒度,进而对其承载的信息如主体、时间、地点、活动、背景、主题等进行深度提取,并完成对应的语义关系标注,

---

① 吕元智.视频档案资源多层级语义标注框架构建研究[J].数字图书馆论坛,2021(11):13—20.

② 本研究根据4.2中构建的描述框架来选择具体描述层级,具体以粗粒度的视频文件和细粒度的视频单元开展内容描述。

为数字视频档案资源深度聚合①奠定基础。具体来讲,它包含以下四层含义:

其一,它是数字视频档案资源逻辑单元划分基础上的分层描述。视频档案资源是社会活动的第一手记录材料,而具体的社会活动往往具有一定的程序性,在逻辑层面上可以将其分解成不同层级的活动单元。相对应的视频档案资源,也可以划分为不同颗粒度的视频片段或单元。在具体描述工作中,它既要将数字视频档案资源解构成相对独立的视频单元片段如一个人的一次演讲、一道工艺流程等进行标注,又需要将整体的视频档案文件或部分(如一个活动环节等)的视频片段作为描述对象进行宏观或中观描述。也即是,数字视频档案资源多层级语义描述既有细粒度层面的深度标注,也有粗粒度和中粒度层面的宏观和中观描述。

其二,它是数字视频档案资源从宏观到微观的多级组合描述。在具体描述工作中,它需要处理好数字视频档案资源语义描述的整体与部分关系问题,注意整体宏观描述与微观单元揭示的结合,而不只是单一的视频档案文件宏观描述或视频档案单元的细粒度标注。即,具体数字视频档案资源语义描述工作,既要保障数字视频档案资源描述的系统性和全面性,又要注意数字视频档案资源内容和内在逻辑关系的深度揭示和展现,实现数字视频档案资源描述的宏观与微观统一。

其三,它是对数字视频档案资源内容和语义关系的描述。数字视频档案资源多层级语义描述不仅要对数字视频档案资源内容进行多层级描述,而且还要对数字视频档案资源间的关系进行深度揭示。除了从宏观、中观、微观等层面揭示数字视频档案资源特征外,它还需要在各视频单元间以及不同层级描述对象之间建立起关联关系,为后续的数字视频档案资源的语义组织与检索等工作奠定基础。

其四,它的目标是将非结构化的数字视频档案资源转化为结构化的视频档案知识资源,并在不同粒度层级上进行表示,构建起与不同层次利

---

① 贺德方,曾建勋.基于语义的馆藏资源深度聚合研究[J].中国图书馆学报,2012,38(4):79—87.

用需求相适应的数字视频档案资源揭示与内容呈现体系。

数字视频档案资源多层级语义描述是对数字视频档案资源语义特征和内在逻辑关系进行深度揭示和描述的具体构建过程,它是数字视频档案资源能否有效被精准化管理和利用的基础和前提,也是关系到数字视频档案资源能否被深度开发利用的保障。在当前数字视频档案资源管理工作中,开展多层级语义描述工作具有重要的现实意义。一方面,它可以将非结构化的数字视频档案资源转化为结构化的档案知识资源,有利于降低计算机对数字视频档案资源内容理解和识别的难度,从而真正高效地提升数字视频档案资源管理与利用效率。通过数字视频档案资源多层级语义描述,构建起与视频档案文件记录叙事内涵结构相对应的文本型描述体系,有效地弥补了当前视频语义检索技术的缺陷,能提高计算机对视频档案内容理解和识别的效率和精度。另一方面,通过多层级语义描述将数字视频档案资源内容进行不同粒度级的揭示和描述,有利于将数字视频档案资源内容充分地展示出来,为后续的数字视频档案资源检索利用提供尽可能多的标识,并为其精准化利用奠定基础。同时,通过语义关系标注将数字视频档案资源间的各类关系揭示出来,有利于丰富档案资源间的语义关联关系,为数字视频档案资源知识挖掘创造条件,从而真正促进数字视频档案资源开发利用工作向智能化、知识化方向发展。

4.3.2 数字视频档案资源多层级语义描述实现模型

鉴于上述数字视频档案资源多层级语义描述内涵的分析,现结合视频语义标注方法使用情况,本研究采用基于本体的语义标注方法[1]来完成数字视频档案资源多层级语义描述工作。为了便于理解,现设计多层级语义描述实现模型来进一步阐释数字视频档案资源多层级语义描述实现问题。具体模型由"视频档案资源语义信息描述""视频档案语义标注领

---

[1] Khurana K,Chandak M B.Study of various video annotation techniques[J].International Journal of Advanced Research in Computer and Communication Engineering,2013,2(1):909—914.

域本体模型构建"以及"视频档案资源语义描述完成"三个模块构成,如图4-4[①②]所示。

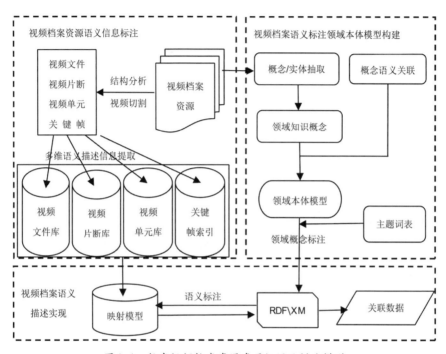

图4-4 数字视频档案资源多层级语义描述模型

其中,"视频档案资源语义信息标注"模块的功能是在逻辑层面将视频档案文件从宏观到微观划分为不同级别的描述粒度,并通过"多维语义信息提取框架"建立起相对应的视频资源库,为"视频档案语义描述实现"模块提供具体的描述对象;"视频档案语义标注领域本体模型构建"模块的功能主要是为视频档案语义描述提供"领域概念词汇"和"本体概念关系",为数字视频档案资源语义描述提供规范;"视频档案资源语义描述实现"模块在"视频档案语义标注领域本体模型"的支持下,利用"映射模型"对"视频档案资源语义信息描述"模块提供的标注对象进行映射和语义标

① 侯西龙,谈国新,庄文杰,等.非物质文化遗产视频语义标注方法研究[J].情报科学,2018,36(11):88—94.
② 王敬,祝忠明.科学视频综合语义标注框架构建研究[J].图书馆理论与实践,2016(1):50—55.

注,形成语义标注文件并存储,从而完成数字视频档案资源分层语义描述任务。

（一）数字视频档案资源语义信息标注

数字视频档案资源是连续的视频活动记录,对其进行揭示需要采取分层多维解构的方式来实现。数字视频档案资源语义信息描述的任务就是在对视频内容进行识别和理解的基础上,从中抽取出视频所包含的可被人类和计算机理解的高层语义信息。在具体操作中,它需要做好两个方面的工作。

其一,数字视频档案资源描述层级划分与描述对象确立。基于视频档案的利用要求和记录特性,本研究从宏观和微观两个层次来划分数字视频档案资源描述层级,并以视频档案文件、视频单元为具体描述对象。各层级的描述对象的具体描述要求见本章"表4-1 数字视频档案资源描述层级、对象与标准",在此不再赘述。通过层级划分和描述对象的确立,从宏观和微观层面将数字视频档案资源进行不同粒度的分解,形成层级分明、边界清晰且有关联的数字视频档案资源描述对象体系,为具体描述工作做好准备。

其二,数字视频档案资源多维语义信息提取。在上述数字视频档案资源描述层级与描述对象确立的基础上,为了规范数字视频档案资源语义信息提取,现构建数字视频档案资源多维语义信息提取模板来完成具体的语义信息提取工作,具体提取结构和要素等如表4-3①②所示。具体的语义信息提取工作,可以利用这一框架,从内容、产权、形式等维度根据"描述要素"提取相关内容,完成具体描述工作。需要说明的是,上述不同层级的数字视频档案资源描述对象,其语义信息提取的要求也是不一样的。鉴于实践操作的可行性和成本问题,本研究建议具体视频档案语义信息提取以视频单元为重点,尽可能详细地提取视

① 时念云,杨晨.基于领域本体的语义标注方法研究[J].计算机工程与设计,2007(24):5985—5987.

② 翟姗姗. 基于关联数据的非物质文化遗产资源聚合研究[M]. 北京:科学出版社,2015:84.

频单元的各类语义信息,可以适当省略视频片段级的描述工作,以降低实践操作成本。

表4-3　数字视频档案资源多维语义信息提取模板

描述维度	描述说明	描述要素
内容特征	数字视频档案资源所记录的活动内容信息	题名、分类号、活动描述、覆盖时空范围、全宗或类、主题……
产权特征	数字视频档案资源的产权归属及利用权限等	摄录者、编辑者、其他责任者、著录者、提供者、利用权限……
形式特征	数字视频档案资源物理特征和形式特征信息	唯一标识符、档号、存储信息、日期、密级、保管期限、视频来源……

通过数字视频档案资源层级划分和多维语义信息描述后,将不同层级(粒度)的视频档案描述对象分别归入视频档案文件库、活动单元视频库等,为数字视频档案资源多层级语义描述工作做好准备。

(二)数字视频档案资源语义标注领域本体构建

本体是知识组织与管理的最基本工具之一,目前它在信息资源管理领域得到了较为广泛的应用。领域本体(Domain Ontology)是专业性的本体,它是对特定领域的概念模型的明确的、形式化的、可共享的规范说明[1],其目标是确定该领域内共同认可的词汇,提供该领域特定的概念定义和概念之间的关系,实现该领域知识的共同理解[2],达到促进知识交流、共享、互操作、重用等目的。为此,为了推进数字视频档案资源语义标注的规范和效率,本研究在借鉴相关研究成果[3][4][5][6]的基础上,结合Ontol-

---

[1] DECKER S, ERDMANN M, FENSEL D, et al. Ontobroker: Ontology Based Access to Distributed and Semi-Structured Information[C]//Ifip Tc2/wg2.6 Eighth Working Conference on Database Semantics-Semantic Issues in Multimedia Systems. Kluwer Academic Publisher, 1999:351—369.

[2] 吕元智.数字档案资源体系的语义互操作实现研究[J].档案学通讯,2013(5):53—57.

[3] 徐雷,王晓光.叙事型图像语义标注模型研究[J].中国图书馆学报,2017,43(5):70—83.

[4] 周耀林,赵跃,孙晶琼.非物质文化遗产信息资源组织与检索研究路径——基于本体方法的考察与设计[J].情报杂志,2017,36(8):166—174.

[5] 段荣婷,马寅源,李真.档案著录本体标准化构建研究[J].档案学研究,2018(2):63—71.

[6] 赵生辉,胡莹.拥有整体性记忆:档案领域数据本体管理论纲[J].山西档案,2020(6):17—27.

ogy for Media Resource 1.0[①]及数字视频档案资源的特性,构建视频档案语义标注领域本体模型。基于档案记录的5W1H要素原则[②],本研究定义了主体、时间、地点、方式、活动、背景、主题等7个核心类及其之间的相互关系,如图4-5[③]所示。

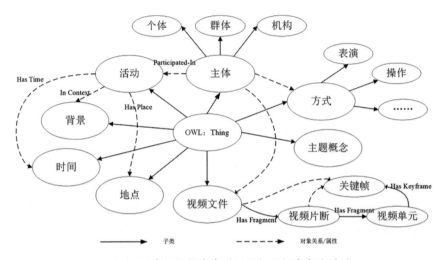

图4-5　数字视频档案资源语义标注领域本体模型

其中,主体类是视频档案内容所涉及的个人、群体、组织机构等的总称,是视频档案所记录社会活动的实施主体,如报告人、项目组、承担单位等;时间类主要是描述具体社会活动在时间维度发展的阶段,比如活动的某个具体环节如会议总结、活动持续的时间段等;地点类主要表征社会活动维度的呈现情况,如活动发生的场所、地域范围等;方式类是物类主体在具体活动中所采用的方式和手段,如现场演示、致辞、口述等;活动类是指活动主体在具体活动中通过方式类表现出来的具体内容,如实验流程、课程内容、工作报告等。活动类是数字视频档案资源语义标注的重点,本研究设计的语义标框架是基于活动不同层级(粒度)分解而进行的多重标注。以一次学术会议的视频档案文件为例,"视频文

①　W3C.Ontology for Media Resources 1.0[EB/OL].[2021—10—21].https://www.w3.org/TR/mediaont-10/.

②　吕元智.基于限制性标签的档案资源主题标引方法探索[J].档案学研究,2020(1):59—66.

③　侯西龙.非物质文化遗产视频资源语义组织研究[D].武汉:华中师范大学,2018:52—54.

件"用于记录整个会议活动,"视频片断"记录会议的一个阶段或环节如会议的总结等,"视频单元"记录会议中某个最小单位的微观事件如某个专家具体的学术报告等,"关键帧"记录的是最小微观事件中的一幅画面如专家报告的照片等;背景类主要是用来反映或揭示社会活动开展的动因是什么,如新文科建设、科技创新、一带一路等;主题类是数字视频档案资源描述所需的术语表和主题概念词汇,主要用来表达数字视频档案资源的主题概念。

语义标注领域本体模型是开展数字视频档案资源语义描述工作的重要工具和指南。它不仅能为数字视频档案资源语义概念标注提供规范的术语表和词汇,还能为不同层级视频档案描述对象以及描述要素间的关联提供规范和丰富的语义关系。通过构建语义标注领域本体模型,为下一步数字视频档案资源语义描述实现做好准备。

(三)数字视频档案资源多层级语义描述完成

数字视频档案资源语义描述的任务是将上述需要描述的各类数字视频档案资源对象在语义标注领域本体的作用下,转化为含有语义信息的、规范的视频档案知识资源并进行存储。具体来讲,就是将多层多维标注的数字视频档案资源(视频文件、视频片段、视频单元、关键帧)与领域本体提供的语义概念集进行映射,进而利用RDF/XML赋予其语义,并对形成的RDF语义关系文件进行存储。

其一,将数字视频档案资源与语义概念进行映射,赋予视频档案对象属性及各类关系。具体工作主要有:一是利用领域本体模型将多层多维描述的信息转化为规范的、可以共同理解的语义信息,并体现出各对象之间的关联关系,为高层语义信息推理奠定基础。二是解决数字视频档案资源对象不同层次之间的关系问题。这一方面可以通过映射模型①在视频文件、视频单元、关键帧间建立语义关系,将这些不同层级的对象关联成一个相互连接的数字视频档案资源整体,以方便将来用户的关联浏览利用等。

---

① 侯金奎,王锋,张睿.基于本体语义的模型映射研究[J].计算机科学,2008(5):119—122.

其二,利用RDF对数字视频档案资源各类描述对象进行标注,并对形成的RDF语义关系进行存储。在对各层级的数字视频档案资源对象提取的内容要素、产权要素、形式要素等进行概念映射基础上,利用RDF描述框架将具体对象如视频单元、主体、背景等描述成一个由主谓宾结构来表示的三元组,并生成命名图,赋予唯一的、可识别的资源标识符(URI)。利用RDF三元组对数字视频档案资源语义信息描述条目进行一一标注,形成对应的RDF文件为并存储,最终完成数字视频档案资源分层语义描述工作。

4.3.3 数字视频档案资源多层级语义描述实现保障

数字视频档案资源多层级语义描述是一项较为系统的复杂工程,它需要档案工作部门做好以下保障工作:

（一）做好数字视频档案资源描述预处理工作

数字视频档案资源描述预处理的主要目的是要将不规范或容量过大的视频档案资源转化为便于描述处理的独立对象。具体工作主要包括:一是对数字视频档案资源进行"微化"处理,按社会主题活动独立的原则进行视频文件切割,并进行规范化剪辑处理。从目前了解的情况来看,我国档案工作部门收藏的视频档案资源往往以大容量的视频文件形式而存在。它们不仅记录的时长,而且单个文件还要占据大量的存储空间,给档案保管和在线利用工作带来诸多不方便。更为重要的是,目前这种大粒度大容量的视频文件所承载的信息量大、社会活动主题多,档案资源描述工作中难以揭示其全部内容,会给后续的检索利用工作带来诸多漏检问题。为此,在预处理阶段要尽可能按活动主题对视频文件进行切割处理,形成活动主题边界分明、内容聚焦的小视频文件,以免给后续的内容特征提取等工作造成麻烦。另外,目前我国档案部门收藏的视频档案文件大多没有经过严格的剪辑与加工处理,存在空白记录、无关记录、格式不规范等情况,在预处理阶段也需要进行再次剪辑处理,删除无效记录,对数字视频档案文件进行规范化处理。二是要事先了解视频档案所记录的活动内容,根据具体的社会活动程序和场景特点等来划分数字视频档案资源描述层级。这一方面,鉴于视频自动切割技术实现的限制,具体的视频档案描述层级划分尤其是视频片断和视频单元的划分,在现阶段采用人工与机器相结合的方式为宜。三是根据实际需要和描述成本,合理确立数字视频档案资源描述方案。本研究设计的多层级语义描述框架涉及视频文件、视频片断、视频单元以及关键帧的描述,考虑到描述与描述的成本,在具体工作中需要根据实际情况做出详略选择,并制定具体操作方案。视频单元是最基本的数字视频档案资源描述对象(细粒度),它是数字视频档案资源内容深入揭示的关键,为此建议将视频单元层级的描述作为数字视频档案资源描述的重点。视频文件、视频片断属粗粒度和中粒度的描述对象,在具体描述工作可以概要式地描述,突出核心要素即可。关键帧是数字视频档案资源揭示和描述的最小微粒,但它事实上只是具体镜头中一幅代表性的照片,往往只用作数字视频档案资源索引之用,故此在数字视频档案资源描述中可以根据实际情况来选择或适当简化。

(二)建立丰富的视频档案领域主题词汇集

众所周知,数字视频档案资源来源多样,构成复杂,涉及领域较多,主题概念词汇集的形成是一件复杂和不断优化的工作。主题概念是数字视频档案资源语义描述领域本体模型构建的关键,它是数字视频档案资源能否有效交流、共享、互操作、重用的基础。基于主题概念的视频档案领域主题词汇集是数字视频档案资源语义描述的基本工具。目前,构建丰富的视频档案领域主题词汇集可以从以下三个方面入手:一是参考和借鉴已有的通用词表工具书如《中国档案主题词表》《汉语主题词表》等来构建视频档案领域主题词汇集。在目前我国视频档案领域主题词表不完善或缺失的情况下,参考和借鉴这些词表工具具有积极的现实意义。一方面,它可以减少视频档案领域主题词汇集构建的成本和障碍,让实践部门在较短时间内完成基本词汇集的构建工作;另一方面,它可以让视频档案资源语义描述成果具有良好兼容性,方便与其他档案资源及社会信息资

源的融合。另外,针对一些特殊领域形成的数字视频档案资源描述需要,
具体词汇集构建工作还可以参考和借鉴该领域的主题词表如《医学主题
词表》《航空科技资料主题词表》等。通过参考和借鉴这些专业的词表工
具,以确保专业领域视频档案资源描述的专业性,为构建专业的视频档案
资源网络或知识库等奠定基础。二是引导社会力量参与视频档案领域主
题词汇集建设工作。一方面要发挥领域专家的作用,聘请领域专家完成
相关词汇的选择、编制与评价工作,另一方面要聚合众智力量,引导社会
一般用户尤其是视频档案利用用户参与到具体的词汇集建设工作中来。
通过引导社会力量尤其是众多用户参与具体词汇集构建工作,不仅可以
分解视频档案领域主题词汇集建设的任务,聚众人智慧,而且还可以调动
用户参与资源建设的积极性,提升用户的档案意识和档案资源利用能力。
三是建立词汇集定期修订机制。随着视频档案资源来源与内容范围的不
断拓展,对其描述的主题词汇集理应也要进行拓展与优化。建立定期修
订机制是保障视频档案领域主题词汇集不断优化的重要措施。通过定期
修订机制,对视频档案资源领域主题词汇集进行审核,完成具体词汇的删
除、修正与补充工作,以适应数字视频档案资源语义描述工作不断发展之
需要。除此之外,视频档案领域主题词汇集构建还要考虑视频档案资源
与其他社会信息资源的融合与互理解问题,尽可能采用通用的词汇集,以
适应跨行业跨系统共享需要。

(三)建立多阶段介入的资源描述工作体系

数字视频档案资源多层级语义描述是一项描述成本较高的工作。为
了更好地推进数字视频档案资源语义描述工作,建议建立多阶段介入的
资源描述工作体系,即建立由视频文件形成阶段、管理阶段和利用阶段不
同主体分阶段参与的资源描述工作体系。具体而言,就是除文档管理部
门介入外,还需要数字视频档案文件形成者和利用者参与其中,承担相应
的资源描述任务。一是加强数字视频档案文件形成的前端控制工作。该
方面除了要求视频文件形成者尽可能按一社会活动一件的原则来剪辑、
加工视频外,还需要将视频档案资源描述规范和保管要求等内容提前融

入具体的视频记录工作中。从档案形成的角度来看,摄录视频的目的大多就是为了存档。为此,将视频档案管理上的规范和要求提前介入到具体的摄录工作,是可以被理解并能获得支持的。为了该阶段描述工作的顺利推进,档案工作部门可以事先制作好视频文件摄录、剪辑加工处理标准、要求,提供一些必要的业务指导等。二是建立用户参与式的语义描述工作模式。即,在用户利用数字视频档案资源时,赋予用户一定的资源描述权限,在预定的规则和框架内,鼓励用户利用自己的知识和经验对数字视频档案资源进行标注和描述。当然,用户参与也会带来一定风险如描述错误、标注无意义等。为了规避用户参与有可能带来的风险,具体工作可以借鉴社会化标签①、联合开发②的一些经验,将用户形成的标注内容和描述结果独立于原有的视频档案资源描述体系之外,并定期进行审计等。在当前,建立用户参与的模式是有积极意义的,它不仅可以缓解档案工作部门数字视频档案资源语义描述的压力,而且还可以激发用户参与数字视频档案资源建设的积极性,为数字视频档案资源建设与利用营造良好的社会生态环境。

除上述措施外,数字视频档案资源的摄录、剪辑加工、内容标注与语义关系描述是一件专业性较强、成本较高的工作,专业人才配备与相应的资金投入也是保障数字视频档案资源语义描述工作能顺利实现的重要举措。目前,在专业人才配备方面,主要需要配备以视频档案资源内容揭示与描述为中心的专业信息组织人员和以语义网等技术为知识基础的语义关系分析与构建人员等,以解决数字视频档案资源内容有效析出与语义关联实现的核心业务问题。在资金投入方面,主要是要计算和考虑数字视频档案资源语义描述实施成本,如视频档案资源预处理、领域本体构建、词汇集修订以及具体每份视频档案资源的描述等成本,投入相应的资金以确保具体描述工作的顺利推进。

---

① 张云中,韩继峰.社会化标注系统用户标注动机研究:基于扎根理论的视角[J].情报科学,2020,38(7):45—51.

② 朱雄轩.数字媒体传播中广播电视声像档案的模式探究[J].山西档案,2019(3):108—109.

4.4　数字视频档案资源语义描述应用实例与建议

4.4.1　数字视频档案资源语义描述应用实例

为了检验上述数字视频档案资源语义描述方案的科学性和可行性，本次验证以合作单位收藏的"新文科与大数据专题研讨会"数字视频档案文件为对象开展具体应用分析。鉴于本次验证采用的数字视频档案文件数量并不大这一现状，项目组采用人工的方式对其进行内容揭示和语义描述。具体验证步骤如下：

第一步：确定数字视频档案资源描述层级和对象。根据数字视频文件记录的逻辑特性，结合设计的描述方案，从视频文件、视频片断和视频单元三个粒度层面来描述"新文科与大数据专题研讨会"数字视频档案资料。其中，视频文件级描述对象为整个的会议视频文件，视频片断级描述对象为与会议活动对应的各个活动环节如"开幕与致辞""议题1：新文科与数字人文""议题2：新文科数据基础设施""议题3：新时期的学科交融""会议总结"，视频单元级描述对象为从各视频片断中划分出来的最小独立主题意义的活动单元如刘炜做的学术报告"数字人文能给新文科带来什么？"等。

第二步：提取数字视频档案资源各类描述要素。根据设计的资源描述框架和信息提取模板对数字视频档案资源进行深度解析，提取各类描述要素并形成规范表述的语义信息。现以数字视频单元"数字人文能给新文科带来什么？"描述为例来阐明这一操作。通过具体描述，视频单元"数字人文能给新文科带来什么？"与视频片段"议题1：新文科与数字人文"和视频文件"新文科与大数据专题研讨会"之间的层次关系（隶属关系）清晰地体现了出来，并通过提取"刘炜""数字人文""新文科""华东师范大学科技园""2021.1.15""学术报告"等描述要素对这一视频单元的内容进行了深度揭示，并标明了其在视频文件中的具体位置，为视频档案精准检索和精准点播提供了条件。其他描述对象语义信息提取与描述工作同理处理,部分描述结果见表4-4。

表4-4 视频单元"数字人文能为新文科提供什么"描述实例(部分)

描述维度	描述项目	描述要素	描述内容
数字视频档案资源内容维	题名	正题名	新文科与大数据专题研讨会
	活动描述	活动阶段名称	新文科与数字人文
		活动单元1名称	报告:数字人文能为新文科提供什么
		关键词	刘炜;数字人文;新文科;华东师范大学科技园;2021.1.15;学术报告
		起始时间	00:35:13
		结束时间	00:54:28
		活动单元2名称	报告:新文科与古代文学研究
		关键词	方笑一;新文科;古代文学;学科创新……
		起始时间	……
		结束时间	……
		活动3名称	……
		……	……
	关联	全宗号	RS0001
		参照	新文科与大数据专题研讨会通知、日程
		被参照	万人观看!新文科与大数据专题研讨会召开! https://mp.weixin.qq.com/s/YL6_UKrblEz YokuaooV8Qg
数字视频档案资源产权维	责任者	——	上海市高等院校海外交流联谊会新文科专业委员会
	摄录者	——	田野
	编辑者	——	田野
	发布者	——	新文科专委会
	利用权限	——	公开,须注明来源
数字视频档案资源形式维	档号	——	2021.LX.002
	存储信息	存储单位	上海市高等院校海外交流联谊会新文科专业委员会

续表

描述维度	描述项目	描述要素	描述内容
数字视频档案资源形式维	日　期	摄录日期	2021—01—15
	密　级	——	公开
	保管期限	——	永久
	来源方式	——	自拍
	……	……	……

第三步:对上述提取的描述要素进行语义化处理。本次应用采用 RDF 描述框架和数字视频档案资源语义标注领域本体概念之间的关系对具体的描述对象和要素一一进行语义处理。通过语义化处理,这些资源和要素就变成了一个个具有明确语义的资源对象。例如刘炜学术报告"数字人文能给新文科带来什么?"视频单元经过语义描述处理后,就会形成一张如图4-6所示的语义关联网络。它表达的主要内容是,2021年1月15日刘炜在华东师范大学科技园举办的新文科与大数据专题研讨会上做了"数字人文能给新文科建设带来什么?"学术报告,它属会议"议题1:新文科与数字人文"部分,而"议题1:新文科与数字人文"是"新文科与大数据专题研讨会"一个活动阶段。

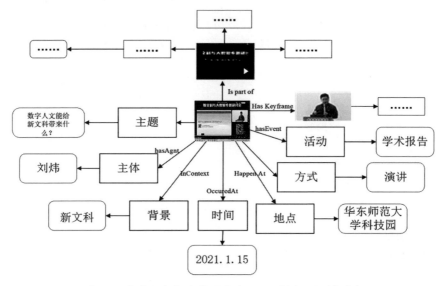

图4-6　数字视频档案资源多层级语义描述示例(部分)

第四步:对语义描述结果进行校验,并以文件为单位进行存储,从而完成该数字视频档案资源的多层级语义描述任务。

另外,为了检验数字视频档案资源语义描述的效果,本研究采用Python开发语言,结合xadmin开发框架和D2RQ资源管理框架来设计和开发数字视频档案资源精准化服务原型系统(具体见本书第7章)来检验上述描述工作的实际应用成效。现以"新文科"为关键词进行检索,得到对应的视频档案检索结果,如图4-7所示。

题名	责任者	档号	活动名称	活动关键词	查询

活动名称	关键词	起始时间	结束时间	查看
报告: 数字人文能为新文科提供什么	刘炜; 数字人文; 新文科; 关系; 学科体系	00:35:13	00:54:28	查看详情
报告: 新文科与古代文学研究	方笑一; 新文科; 古代文学; 学科创新; 文学问题	00:55:53	01:25:29	查看详情
报告: 新文科是"复数"的吗?	陈静; 新文科; 发展路径; 历史渊源; 数字人文; 学术生态	01:27:18	01:52:31	查看详情

图4-7　视频档案资源检索结果界面截图(部分)

每一条记录显示"活动名称""关键词""起始时间""结束时间""查看详情"等信息。用户如想了解具体情况,点击"查看详情"按键,就可以查看到每条记录的具体情况,并找到对应的视频点播接口——"查看视频",如图4-8所示。

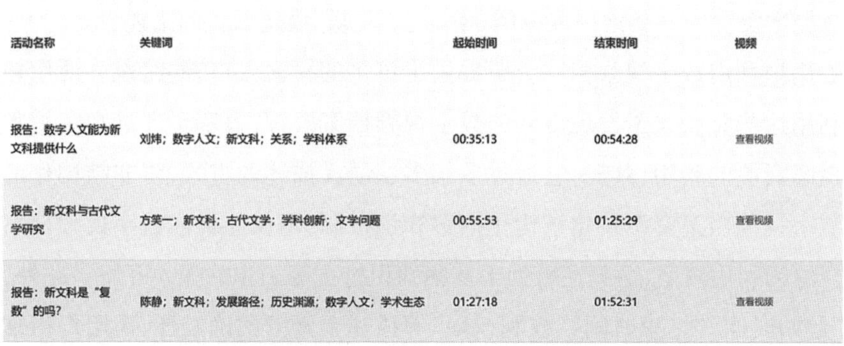

活动名称	关键词	起始时间	结束时间	视频
报告: 数字人文能为新文科提供什么	刘炜; 数字人文; 新文科; 关系; 学科体系	00:35:13	00:54:28	查看视频
报告: 新文科与古代文学研究	方笑一; 新文科; 古代文学; 学科创新; 文学问题	00:55:53	01:25:29	查看视频
报告: 新文科是"复数"的吗?	陈静; 新文科; 发展路径; 历史渊源; 数字人文; 学术生态	01:27:18	01:52:31	查看视频

图4-8　视频档案资源播放界面部分截图

用户只需要点击相应的"查看视频"按钮,就可以精准地播放所需要的视频资源。例如,用户想了解"新文科与古代文学研究"报告内容,只需用鼠标单击该条目后面的"查看视频"按钮,系统就会直接精准地为用户播放该视频内容,如图4-9所示。

图4-9 "新文科与古代文学研究"报告视频播放界面截图

本次应用实例验证表明,构建的面向用户需求的数字视频资源描述构架和多层级语义描述模型可以较好地解决数字视频档案资源内容深度揭示与语义描述问题,并在实践操作上是可行性的,能为我国数字视频档案资源建设工作提供借鉴和参考。具体而言,其一,它采用宏观到微观的描述思路,既保障了视频文件描述的完整性与层次性,又能在细粒度层面深入揭示视频档案资源内容,为满足数字视频档案资源不同层次利用需求(如宏观参考、精细利用等)创造了机会和条件;其二,它加大了数字视频档案资源内容要素提取范围,增加了"关联"描述项目的描述要素,为一般用户利用数字视频档案资源提供了更多的检索入口,同时也方便用户利用这些关联线索发现更多的数字视频档案资源,有利于促进数字视频档案资源的利用;其三,它通过多维多层语义描述的方式,将非结构化的数字视频档案资源转化结构化档案知识资源,不仅能提高数字视频档案资源的利用效率,而且还有助于档案知识挖掘等工作的深入开展。此外,"起始时间""结束时间""权利权限"等描述要素的明确设计,为用户精准点播视频、避免利用产权纠纷等提供了基本保障。

4.4.2 应用建议

数字视频档案资源内容揭示与语义描述是一项专业性较强的工作,

也是需要结合用户需求和技术发展来不断优化和完善的工作。通过上述应用实例可以看出,数字视频档案资源内容揭示与语义描述是一项关系到数字视频档案资源能否被有效利用的关键环节,它还需要档案服务部门注意以下几个方面的问题:

其一,内容特征提取与表述的规范问题。主题内容深度揭示与规范描述是数字视频档案资源语义描述的重心,也是数字视频档案资源能被深度利用、精准利用的基础和前提。然而,在具体的描述工作中,数字视频档案主题内容提取要求的专业性和现实标注的随意性,往往造成数字视频档案资源内容揭示不全面或表述不规范等现象发生,降低数字视频档案资源描述质量。故此,在具体描述工作中,档案服务部门要制订和执行好内容描述框架和内容提取要求和规则。一是要确保必要内容描述项目的完整性,将数字视频档案资源内容所蕴含的人物、时间、地点、事由、活动等信息提取出来,尽量不要遗漏,为后续的检索提供尽可能多的检索入口。二是在条件允许的情况下,尽量使用规范的词表来控制内容特征表述,为数字视频档案资源语义互理解的实现创造更加有利的条件。

其二,描述层级间的协调配合问题。本研究设计的描述方案为多维多层描述方案,并按照从粗粒度级的视频文件到细粒度级的视频单元的方式来展开具体描述,对数字视频档案资源内容进行了较好揭示和描述。但是,在具体描述方面,要处理好不同描述层级资源的描述详略协调问题,避免工作重复,造成资源浪费。从上述应用实例检索的效果来看,在做好"活动描述"项"活动单元名称""关键词"等描述的基础上,粗粒度级的数字视频档案文件的一些内容描述项目如"提要"项是可以适当简略的。为此,在数字视频档案资源内容揭示与语义描述工作中,要将细粒度级的视频单元列为描述工作的重点,其描述要尽可能做到完整、全面和精准。

其三,资源语义表述形式的选择问题。本次应用实例采用RDF三元组(主语—谓语—宾语)形式来描述各类数字视频档案资源及其要素,采用的是关联数据(Linked Data)技术,在语义表示方面取得了良好的效果,但是这一语义描述方式需要投入大量人工成本,存在描述效率不高等问题。近年来兴起的知识图谱采用"实体—关系—实体""实体—属性—属性值"三元组形式来表示资源之间的关系,其描述成本低,较容易通过计算机系统自动处理来实现,在工业领域已有较广泛的应用①。目前,这一资源描述方式虽然有诸多不足如关系描述不精准、错位②等,但是其适用范围广,随着人工智能技术的发展,档案服务部门也可以尝试采用知识图谱技术的三元组形式来解决数字视频档案资源语义关系表示问题③。

其四,智能处理技术的采用问题。数字视频档案资源的加工处理效率问题一直是档案工作领域的难题,目前国内外有诸多学者和机构进行了研究并提出实践方案。在具体工作中,档案服务部门可以与计算机等领域的机构合作,利用他们的技术优势来解决数字视频档案资源切割、语义自动识别和提取等问题。但是,目前视频智能处理技术仍在不断完善之中,档案服务部门在采用这些技术来提高数字视频档案资源描述效率的同时,要加强质量管理和控制,以保障描述成果的可用性和精准性。例如,利用计算机视频分割技术可以将数字视频档案资源文件分割成不同的镜头,且效率很高,但是这些分割出来的镜头是不是一个具有相对独立意义的视频单元,是不是符合视频单元的要求,则需要档案工作人员对其进行审查。又如,识别出来的特征是不是符合要求,是不是具有检索意义等,目前均需要人工干预的方式进行审查。为此,在目前视频语义处理技术不成熟的条件下,档案服务部门可以采用智能处理技术来完成一定的工作任务,但是要加大质量控制力度。在实践操作中,除了利用制度和标准来保障数字视频档案资源语义描述质量外,档案服务部门还需要建立专门的质量审查机制,定期或不定期对具体描述成果进行检查和校验。同时,档案服务部门还需要建立开放的检验机制,动员用户参与到描述成果检查与检验工作中来,让用户在视频档案资源利用中发现问题,并提出

---

① 陈涛,刘炜,单蓉蓉,等.知识图谱在数字人文中的应用研究[J].中国图书馆学报,2019,45(06):34—49.

② 张大雷.知识图谱关系三元组的错误检测与清洗研究[D].苏州:苏州大学,2021:1—3.

③ 具体可参见本书的"5.4 数字视频档案资源语义关联组织与聚合应用验证"相关内容。

反馈建议,以达到检查与校验的目的。

其五,描述成果的兼容发展问题。数字视频档案资源内容揭示与语义描述是建立在现代信息技术基础之上的专业性工作,它总是与一定的信息技术环境相对应。随着信息技术的进步和发展,档案服务部门要注意数字视频档案资源描述成果与新技术环境相适应的问题即兼容发展的问题。一方面,档案服务部门要将已有的数字视频档案资源描述成果通过映射等技术转化为语义化的描述形式,以适应当前数字视频档案资源利用要求,以保障数字视频档案资源建设的连续性,并避免资源建设浪费;另一方面,档案服务部门要考虑到数字视频档案资源描述成果未来可能存在升级转化的要求以及与其他类型数字信息资源融合利用的情况,注意尽量采用或构建能兼容的数字视频档案资源描述方案,并根据技术环境和应用需求不断对其进行优化和升级。

4.5　本章小结

数字视频档案资源内容深度揭示与语义描述是其语义关联组织与聚合等实现的基础和前提。然而,数字视频档案资源来源广泛、构成多元,其内容揭示与语义描述较为复杂且成本较高,给具体档案管理与利用工作带来了诸多困难。

本章在数字视频档案资源类型、结构特征分析的基础上,结合用户需求,确立了数字视频档案资源内容揭示与语义描述的要求、方式方法以及具体描述实现流程等。然而,数字视频档案资源语义描述是一项复杂且专业性较强的工作,如何构建科学合理且易于实践操作的描述框架,构建与用户利用需求相适应的数字视频档案资源体系,是具体数字视频档案资源描述工作需要重新思考的重要议题。基于此,本章构建了面向用户需求的数字视频档案资源语义描述框架,从内容、产权和形式三个描述维度来解析和描述数字视频档案资源,并规定了描述的具体要求和标准等,其目的是构建一个与数字视频档案资源内在语义逻辑相对应的文本型信息建构。在具体语义描述实现方面,本章还提出多层级数字视频档案资源语义描述理念,设计了多层级数字视频档案资源语义描述模型,从数字视频档案资源各类特征信息提取与标注、数字视频档案资源语义标注领域本体构建以及具体实现完成等方面进行了系统阐释,并从数字视频档案资源语义描述预处理、领域主题汇词完善以及多阶段介入的资源描述工作体系构建等方面提出了保障策略。为了验证研究设计的科学性和合理性,本章最后以"新文科与大数据专题研讨会"数字视频档案文件为描述对象,对本次设计的描述框架、语义描述方案进行了验证。经验证,设计的数字视频档案资源语义描述方案和实现思路是可行的,能为用户提供精准的数字视频档案资源内容。

5　数字视频档案资源语义关联组织
与聚合研究

　　数字视频档案资源的组织与聚合问题一直是困扰档案资源建设的核心问题。科学合理的资源组织与聚合实现是数字视频档案资源能被高效利用的基础,也是数字视频档案资源价值能得以发挥的保障。在数字视频档案资源日益增长的今天,又该如何将这些有价值的数字视频档案资源科学有效地组织起来,构建立体化的、多维语义关联的数字视频档案资源保障体系,为用户提供优质和高效的视频档案服务,已成为档案服务工作的重要议题。本章将在上一章"数字视频档案资源内容揭示与语义描述"的基础上,结合当前数字视频档案资源组织与聚合工作面临的困境,分析数字视频档案资源语义关联组织与聚合含义,探讨数字视频档案资源语义关联关系、映射方案、关联方式等问题,并以最小主题意义的数字视频档案资源单位(即视频单元)为资源对象,从多维关联的视角来探讨数字视频档案资源语义关联组织与深度聚合问题,以期为数字视频档案资源精准服务等工作的实现提供支持。

5.1　数字视频档案资源语义关联组织与聚合内涵分析

5.1.1　数字视频档案资源语义关联组织与聚合面临的问题

　　数字视频档案资源有效组织与深度聚合是其能被有效且精准利用的

基础和前提。然而,在传统的档案资源建设模式下,数字视频档案资源内容及其关联关系等没有得到深入揭示,资源组织工作大多处在"粗放""封闭"等状态,聚合也停留在小范围、粗粒度等层面,给当前数字视频档案资源服务工作造成诸多障碍和困境。

其一,数字视频档案资源组织对象粒度较大,难以实现深度语义聚合。数字视频档案资源组织对象粒度大小是关系到资源聚合深度的重要影响因素。从目前国内视频档案服务网站提供的结果来看,档案服务部门在数字视频档案资源组织时多以视频文件为具体对象。这种资源组织方式,大多只能为用户提供资源浏览或列表服务,难以体现视频记录细节层面的内容,更谈不上深度语义聚合的实现。例如,上海音像资料馆网站在"珍贵党史影像档案"资源组织方面,就是以视频档案文件为对象,简要地按时间顺序对相关数字视频档案资源进行排列组织[①]。这种粗线条的数字视频档案资源组织方式,只能为用户按年代提供视频浏览服务,无法体现数字视频档案资源之间的其他关系。又如国家图书馆网站上公布的"音视频资源库"仅提供题名关键字检索服务[②],也就是这些数字视频档案资源组织也是建立在数字视频文件基础之上的,仅从标题的角度进行资源组织。这种以整体视频文件为对象的资源组织工作,不仅难以全面揭示视频文件所承载的历史活动内容,而且建立在该基础上的资源聚合往往也只能是粗粒度的聚合,难以为用户提供细致且丰富的信息,更谈不上精准服务。

其二,数字视频档案资源关联组织维度较少,难以满足不同类型用户的利用诉求。一个关联组织维度实际上就是数字视频档案资源的一个聚合分面,它对应的是某一具体层面的应用需求。数字视频档案资源关联组织维度越多,其应用的适应面就会越广。然而,从目前数字视频档案资源组织结果应用呈现情况来看,其关联组织维度较少,与多元化用户利用

---

① 上海音像资料馆.珍贵党史影像档案[EB/OL].[2022—6—5].http://www.sava.sh.cn/subjects/list.php?fid=1596&sid=1600&sort=1&pub=1.

② 中国国家图书馆.音视频资源库[EB/OL].[2022—6—5].http://read.nlc.cn/specialResourse/yinshipinIndex.

需求有较大的差距,大部分档案服务部门只是根据部分的形式特征或内容特征简单地组织数字视频资源。如,中国国家数字影像馆在其网站"检索"板块提供了"类型检索""年代检索""特色专场""字母检索"等资源聚合服务①,这些应用虽然也体现了数字视频档案资源关联组织应用思想,但是其关联组织实现维度却较少。根据该网站目前提供的服务情况来看,它只能从简要的形式特征如视频文件标题的首字拼音字母、形成年代或粗略的主题标签如"历史""人物""军事""科技"等维度为用户提供浅层次的视频档案聚合检索服务,几乎没有考虑到数字视频档案资源的其他相关利益主体如视频拍摄爱好者、视频档案再加工者等的利用需求。究其原因,除了档案服务部门仍按传统的内容特征、形式特征等来组织和聚合数字视频档案资源外,主要是没有充分地考虑到数字视频档案资源及其利用的特殊性,没有将数字视频档案资源其他利用诉求纳入服务体系建设范畴。显然,目前这样的数字视频档案资源组织与聚合是无法满足社会多元化利用需求的。

其三,数字视频档案资源聚合方式单一,难以实现档案知识服务目标。从本质上来看,数字视频档案资源聚合是档案知识组织的范畴,它需要为用户深层次的视频档案知识服务奠定基础。然而,目前数字视频档案资源聚合服务形式单一,绝大多数的数字视频档案资源服务系统以关键字或关键词为检索标识,并按照布尔逻辑运算规则来完成具体聚合检索任务。如,香港电影资料馆网站"香港电影检索"的高级检索服务主要是提供以"片名""语别""人物""机构"等关键字为检索入口的"逻辑与"检索服务②等。这种基于"逻辑与"的、简单标签式的聚合检索只能限定电影档案资源的检索范围,提升资源检索的字面匹配度,但它难以揭示数字视频档案资源之间各类关系如因果关系、应用关系、从属关系等,无法提供智能推荐服务,更谈不上深层次的档案知识服务。当然,这一现状同目前

① 中国国家数字音像资料馆.首页界面[EB/OL].[2022—6—6].http://videoarchive.cntv.cn/.

② 香港电影资料馆.香港电影检索(进阶)[EB/OL].[2022—6—5].https://mcms.lcsd.gov.hk/Search/hkFilm/enquireAdvancedSearch!

我国档案信息系统建设目标层次较低以及知识管理技术在视频档案管理领域没有广泛应用有非常直接的关系。目前这种语法信息层面上的聚合方式,只能为用户提供简单的视频资源聚合检索或资源列表浏览等服务,它难以揭示数字视频档案资源间的各类内在逻辑关联关系,也不能为用户提供更多的资源发现线索。

其四,数字视频档案资源聚合范围较小,难以与其他信息资源进行跨系统融合。视频档案资源是珍贵的社会信息资源,其价值只有在广泛的社会利用中才能彰显和体现。然而,目前在保密、资源管理条块分割等因素的影响下,我国数字视频档案资源管理系统大多为独立、封闭的小系统,资源聚合应用也大多仅限于具体的资源管理系统内部,且标准不一,聚合范围较小,难以跨系统融合。它主要集中体现在两个方面:一是数字视频档案资源系统与其他类型档案资源系统的不兼容,跨媒体档案资源集成服务难以实现。虽然近年来我国档案服务领域制定了相关声像档案资源管理标准如《录音录像类电子档案元数据方案》(DA/T 63—2017)等,但是较少考虑与文本型等档案资源之间语义互操作问题,没有建立起共同遵循的核心元数据描述规范。另外,当前开展的档案资源聚合实践大多也以文本型档案资源聚合为主,数字视频档案资源管理系统基本上是独立建设或建成相对独立的服务模块,跨模态档案信息语义集成或聚合仍在探索之中。二是数字视频档案资源系统与其他社会信息资源系统的不兼容,跨系统资源聚合应用困难重重。虽然跨系统的资源集成问题如LAM的资源元数据整合方案[①]等得到了国内外研究者和实践部门的广泛关注,但国内仍未形成一套可用于操作的资源兼容描述方案。当前数字视频档案资源建设工作仍局限于传统的档案资源建设范畴,跨系统聚合、社会化利用等问题考虑较少。显然,数字视频档案资源聚合领域的这一现状与社会发展的需求是不相适应的。

从上述分析中可以看出,目前我国数字视频档案资源组织与聚合领域仍存在诸多问题,与社会发展要求有较大的差距。它需要档案服务部门改

---

① 贾君枝.LAM馆藏资源的元数据整合方法比较分析[J].档案学研究,2022(01):79—84.

变传统的档案资源建设思维模式,结合语义时代的社会需求,采用科学的方式和方法,从语义层面来实现数字视频档案资源的关联组织与深度聚合。

5.1.2 数字视频档案资源语义关联组织与聚合的基本含义

(一)语义与语义关联

在语言学领域,语义是指"语言的意义"[①],而在信息管理领域,"语义"更多地是指"数据的含义"。事实上,语言和数据都可以理解为符号。当人们赋予符号一定含义时,它们就转化为人们所理解的信息,因此,数据与语言在这一层面具有同一性。当然,信息管理领域的"语义"与语言学中的"语义"还是有较为明显的差异,语言中的语义最小表现单元为词汇,而信息中的语义最小表现单元为"资源"(如一份文件、用 URI 标识的任何对象等)。另外,信息管理中的语义呈现形式要比语言语义丰富得多,如电子数据在一定条件下可以转化为文字符号或者语音,也可以用图形、图像、音乐等形式来呈现等[②]。

语义关联是指为原本零散、孤立存储但实际上具有某种关联的信息建立语义联系。信息间有了语义层面上的联系,其信息含量就会大大增加,知识性也能够得到充分体现[③]。语义关联是知识组织的基础和关键,其目的就是利用信息间的语义联系将信息资源关联在一起,形成一个相互关联、多维度、多层次、立体化的知识资源网络[④]。语义关联通过识别和分析资源间的语义信息,并通过自动整合、转换与处理,来解释不同资源之间的语义关系[⑤]。目前利用资源间的语义关联进行信息资源组织具有明显的优势和实践价值。一方面,它可以弥补元数据方法资源组织的缺

① 中国社会科学院语言研究所词典编辑室.现代汉语词典(第5版)[M].北京:商务印书馆,2005:1665.

② 吕元智.基于语义关联的数字档案资源跨媒体知识集成服务研究[M].上海:世界图书出版公司,2021:123—124.

③ 苏新宁,谢靖,徐绪堪,等.面向知识服务的知识组织理论与方法[M].北京:科学出版社,2014:35.

④ 贺德方,曾建勋.基于语义的馆藏资源深度聚合研究[J].中国图书馆学报,2012(4):79—87.

⑤ 陈良.基于语义关联的数字图书馆馆藏资源知识发现服务研究[J].农业图书情报学刊,2018,30(03):38—41.

陷,将信息组织从语法层面推进到语义层面,为资源的知识化组织奠定基础;另一方面,它将资源组织的传统树状结构转变为网状结构,并通过关联实现资源组织范围的无限延伸,能有效打破本体模型在应用领域内的局限,为多源异构信息资源的组织与知识化处理提供支持①。

(二)数字视频档案资源语义关联组织

数字视频档案资源语义关联组织是指在语义层面凭借数字视频档案资源之间的各类关联关系来实现数字视频档案资源序化、知识化的档案资源建设过程,其最终目的是为数字视频档案资源服务提供科学的资源保障体系。它是现代社会对数字档案资源建设工作提出的新要求,同时也是数字视频档案资源价值得以实现的重要保障。从本质上来讲,数字视频档案资源语义关联组织包含以下几层内容:

其一,数字视频档案资源语义关联组织的目的在于改变传统档案信息组织模式,在数字视频档案资源间建立网状的资源组织结构,为数字视频档案资源多维关联检索与知识服务奠定基础。

其二,数字视频档案资源语义关联组织的实质是打破数字视频档案资源固有的内在线性记录逻辑,从用户利用需求的视角来重构数字视频档案资源内容呈现体系。它需要在兼顾数字视频档案资源内在记录逻辑的基础上,根据数字视频档案资源的内容和它们之间的各类关联关系来分析,并依此建立起它们之间的语义映射和知识关联,为用户构建多维、立体且相互关联的数字视频档案资源保障体系。

其三,数字视频档案资源语义关联组织是建立在各类语义关联关系基础上的。语义关联关系的确立和优化是数字视频档案资源语义关联组织实现的根本保证,也是开展数字视频档案资源语义关联分析和智能推荐等服务工作的基础,是推动档案信息服务向档案知识服务转型的保障。为此,它需要档案服务部门事先研究数字视频档案资源及其形成特点,明确它们之间的语义关联类型和关联路径等,为具体的语义关联组织工作做好准备。

① 李慧佳,王楠.基于语义关联的智库资源知识组织研究[J].图书与情报,2020(01):120—126.

（三）数字视频档案资源语义关联聚合

数字视频档案资源语义关联聚合是指在数字视频档案资源语义关联组织的基础上,根据用户的利用需求将分散的、不同系统来源的数字视频档案资源整合在一起,以便于用户浏览、检索及利用。它包括聚集和整合两个部分[①],其中聚集是指根据用户需求对分散的、不同来源的数字视频档案资源进行选择和集中,而整合则是指对选择和集中的数字视频档案资源进行整合,以适应用户的利用需求等[②]。具体而言,它包含以下含义。

其一,数字视频档案资源语义关联聚合是建立在语义关联组织基础上的深度聚合。它需要档案服务部门提前做好数字视频档案资源语义关系分析、提取、标注等基础性的资源描述与组织工作。

其二,数字视频档案资源语义关联聚合是根据用户利用需求而展开的资源聚合。它面向用户利用需求,根据用户的利用需求来收集和整合相关数字视频档案资源,为用户提供恰当的数字视频档案资源及服务支持。

其三,数字视频档案资源语义关联聚合是一种动态、个性化的资源聚合。它强调数字视频档案资源整合的灵活性与交互性,能根据用户的需求变化及时调整聚合策略,以满足用户的个性化、精准化的数字视频档案利用需求等。

5.1.3 数字视频档案资源语义关联组织与聚合的意义

语义关联组织和聚合是语义网时代数字视频档案资源组织工作的核心内容。它不仅可以将来源复杂、构成多元的数字视频档案资源进行有序化、网络化呈现,而且还可以揭示数字视频档案资源间隐藏的且不易被发现的隐性知识,并根据用户的利用需求进行有机整合,为用户提供精准化的、个性化的数字视频档案资源支持,具有重要的现实价值和意义。

其一,语义关联组织和聚合利用各类关联关系将数字视频档案资源

---

① 丁楠,潘有能.基于关联数据的图书馆信息聚合研究[J].图书与情报,2011(06):50—53.

② 魏明坤,滕闻轩,冯昌扬.基于语义关联的数字图书馆馆藏资源聚合研究[J].图书馆理论与实践,2022(05):85—89.

链接起来,形成语义关联的数据网络,促进数字视频档案资源向档案知识资源转化,有助于视频档案资源的开发利用。在具体的数字视频档案资源语义关联组织和聚合工作中,可以利用各类语义关联关系在不同来源、不同粒度数字视频档案资源之间建立链接,将它们整合在一起,形成立体、多维的视频档案数据网络。用户在利用时,不仅可以较为精准地查找到自己所需要的数字视频档案资源,还可以以某一视频档案资源为切入点去发现更多的相关档案资源。这样一来,数字视频档案资源语义关联组织和聚合工作不仅能有效提高用户利用视频档案资源的效率,在成本既定的前提下,让用户尽可能高效地、精准地查询到所需要的数字视频档案资源,而且还可以通过各类关联链接让用户发现其他相关档案资源的线索,激活"沉睡"的档案资源,让其发挥出应有的社会效用,促进档案资源开发利用。

其二,语义关联组织和聚合突破了传统语法层面信息组织的局限,从内容理解的语义层面进行视频档案资源组织与整合,符合用户利用需求,有助于改善用户利用视频档案资源的体验效果。内容组织与整合是数字视频档案资源语义关联组织和聚合的核心。数字视频档案资源语义关联组织和聚合是面向用户需求的一种档案资源组织与整合,它从用户利用的视角出发,从内容理解的语义层面对数字视频档案资源进行细粒度组织与聚合。从第三章的用户需求分析中可以看出,用户首先关心的问题是数字视频档案资源能否被找到。语义关联组织和聚合是基于主题内容层面的关联与整合,它不仅符合当前用户利用的一般要求和习惯等,而且还有助于提升数字视频档案资源组织与聚合质量,消除资源间的无效关联,在改善用户利用体验方面具有积极的现实意义。

其三,语义关联组织和聚合将不同来源、分散的数字视频档案资源整合在一起,根据用户利用需求来构建动态的数字视频档案资源支撑体系,能为数字视频档案资源精准化服务实现奠定基础。精准化服务是数字视频档案资源服务的难点,而解决这一难点的关键在于对数字视频档案资源内容的精准理解和组织。在当前,档案服务部门可以利用各类语义关联关系,根据用户利用需求,将不同来源、分散的数字视频档案资源整合在一起,构建动态的、个性化的数字视频档案资源支持体系。这一措施不仅能降低具体服务工作中数字视频档案资源语义识别和理解的成本和难度,而且还能在交互的情况下及时动态修正聚合策略,提高数字视频档案资源语义关联聚合的质量,为数字视频档案资源精准化服务实现提供资源保障。

5.2　数字视频档案资源语义关联组织与聚合的支撑基础

数字视频档案资源语义关联组织与聚合是一项复杂的工程,它需要结合用户利用需求以及数字视频档案资源管理实际,在数字视频档案资源内容揭示与语义描述的基础上,深入分析数字视频档案资源间的各类语义关联关系,选择合适的语义关联方式与映射方案,为具体的语义关联组织与聚合做好基础支撑。

5.2.1　数字视频档案资源语义关联关系分析

在信息管理领域,语义关联关系是数据挖掘、机器学习等工作赖以开展的依据和线索,具有十分重要的现实价值和意义。因为这些语义关联关系不仅可以揭示各类资源间的隐含规律,发掘出新的信息和知识,而且还可以将分散的或表面上没有关联但实际上有联系的资源聚集在一起,为用户提供更多的资源发现线索,推动资源共享与有效利用。数字视频档案资源间的语义关联关系是一种客观存在的联系,它们是数字视频档案资源语义关联链接和聚合实现依据。为了便于理顺数字视频档案资源的语义关联关系,结合已有的相关探索成果[1][2],本研究利用"数字视频档

---

① 董振东.静态表达与动态激活[EB/OL].[2023—1—30].https://www.doc88.com/p-9748234263826.html?s=rel&id=1.

② Fillmore C J,Johnson C R,Petruck M R L.Background to Framenet[J].International Journal of Lexicography,2003,16(3):235—250.

案资源"之间以及它们"描述要素(属性)"之间的关系来表现数字视频档案资源的语义关联关系。即,通过"数字视频档案资源"与"数字视频档案资源""数字视频档案资源"与"描述要素(属性)""描述要素(属性)"与"描述要素(属性)"之间的对应关系来表现。数字视频档案资源间的这些语义关联关系具体可以归纳为以下类型①:

(一)同一性关系

同一性关系即是相同性或相似性关系,它是指数字视频档案资源在内容特征、形式特征或产权特征等方面具有很大程度上的相同或相似②的一种联系。例如,数字视频档案资源反映的活动主题是相同的或相似的,那么它们之间就会存在同一性的关系。又如,虽然每份数字视频档案资源如视频片段或视频单元等具体记录的内容不尽相同,但是它们同属于一个社会活动,分别记录不同阶段或单元的活动情况,具有一定的相似性,在隶属上就具有同一性关系。在具体的数字视频档案资源语义关联组织与聚合工作中,凭借这种同一性关系就可以将这些具有共同特征(无论是内容特征、形式特征,还是产权特征)的数字视频档案资源聚合起来,让用户在利用时有尽可能多的选择,并能有效防止资源的"漏检"。同一性关系是数字视频档案资源聚合的基础性关系。

(二)隶属性关系

隶属性关系也可以理解为总分关系,它体现的是数字视频档案资源之间的纵向关联关系③,它主要是用来反映数字视频档案资源整体与部分之间的内在逻辑联系。例如,一份大容量的数字视频档案文件,为了便于利用,往往在描述处理时会根据记录的活动程序分解成一个个相对独立的描述单元,这些描述单元与整个视频档案文件之间就是一种隶属性关系。从本质上来讲,隶属关系是数字视频档案资源主题、范畴和类别之间

---

① 吕元智.数字档案资源跨媒体语义关联聚合实现策略研究[J].档案学研究,2015(05):60—65.

② 曾建勋.知识链接及其服务研究[M].北京:科学技术文献出版社,2012:39—41.

③ 曾建勋.知识链接及其服务研究[M].北京:科学技术文献出版社,2012:39—41.

的逻辑关系的具体体现①。鉴于当前的数字视频档案资源描述处理现状（视频切分描述等），隶属性关系是数字视频档案资源语义关联关系中最为基础性的关联关系（整体与部分的关系）。在具体实践工作中，可以利用这种隶属关系为用户展示数字视频档案资源之间内在逻辑层级关系，让用户在利用时既能"追根溯源"，又能拓展"纵向"（向前向后）搜寻范围，优化视频档案资源检索策略。

（三）相关性关系

相关性关系是指除同一性关系、隶属性关系外数字视频档案资源间相互影响、渗透、依存、制约②等关系。它主要包括先后关系、应用关系、影响关系、因果关系、参照关系等③。其中，先后关系是指数字视频档案资源所反映的社会实践活动在时序上的逻辑关系。如，一场正式的学术会议由"开幕式""主题报告""专题研讨""会议总结"等环节组成，其相对应环节所形成的视频记录就存在先后关系。应用关系表示某种科学、原理、方法、材料、设备、工艺等在某方面的应用。如，"AI技术""元宇宙"这两类数字视频档案资源间无同一性关系，也没有隶属关系、因果关系等，但是它们之间存在"应用关系"，因为"元宇宙"实现肯定会应用到"AI技术"。影响关系表示某事物对另一事物的影响，如"档案检索系统对档案服务效果的影响"等。因果关系表示某事物是另一事物的原因或结果，利用数字视频档案资源之间因果关系，可以从"因"推导出"果"，也可以从"果"逆向推导出"因"。参照关系可以理解为一种提示关系，它主要是用于提醒用户要注意与之相关概念或类似关系的理解和处理④。总而言之，相关性关系是数字视频档案资源间最为复杂的关联关系，但是它们也是数字视频档案资源语义化组织与聚合实现的重要内在依据。

除了上述三种最主要的关系外，数字视频档案资源之间往往还存在

---

① 吕元智.数字档案资源跨媒体语义关联聚合实现策略研究[J].档案学研究,2015(5):60—65.

② 曾建勋.知识链接及其服务研究[M].北京:科学技术文献出版社,2012:39—41.

③ FrameNet.What is FrameNet?[EB/OL].[2022—4—12].https://framenet.icsi.berkeley.edu/fndrupal/WhatIsFrameNet.

④ 田光明,刘艳玲.FrameNet框架之间的关系分析[J].现代图书情报技术,2008(6):1—5.

隐性且有价值的联系即间接性关系。这种间接性关系虽然多是隐性的,但又是客观存在的,需要借助语义推理技术和较为复杂的分析过程才能发现和提取出来。总之,数字视频档案资源的这些关联关系是一种客观存在的联系,它们让具体的数字视频档案资源语义关联组织与检索服务等变成可能。在数字视频档案资源语义关联组织与聚合工作中,档案服务部门可以借助这些关联关系,将不同来源、不同属性的数字视频档案资源按一定规则汇集在一起,建立起一个多维语义关联的数字视频档案知识资源体系[①],并在服务时为用户提供更多的资源关联发现线索。

5.2.2　数字视频档案资源语义映射方案确立

语义映射是一种特殊的元素转换机制,它的意义在于元素由一种特殊的模型表述到另外一种特殊的模型表达之间建立语义关系[②]。语义映射是数字视频档案资源跨系统聚合开展的关键环节。因为在具体聚合工作中,档案服务部门需要将不同来源、语义异构的视频档案资源进行转换,以解决资源聚合过程中待匹配概念、属性、实例和关系之间的关联问题[③]。可以说,语义映射是视频档案数据交换、资源整合的关键,其质量直接关系到数字视频档案资源语义聚合实现的效果。目前,从映射实现方式来看,语义映射主要有模式映射(schema mapping)和数据映射(data mapping)等形式。模式映射是在抽象概念层次上建立的映射关系,它要解决的是各个数据模式之间的对应联系[④],而数据映射要解决的是各条数据之间的对应联系问题,它是建立在具体数值对应基础之上的映射关系[⑤]。它们各有其特点和适用范围,在实际语义映射工作中要根据实际情

① 贺德方,曾建勋.基于语义的馆藏资源深度聚合研究[J].中国图书馆学报,2012(4):79—87.
② 肖清滔.一种本体演化条件下的语义映射可视化维护方法研究[D].长沙:国防科学技术大学,2009:29.
③ 程娅.基于关联数据的图书馆数字资源语义互联模型研究[D].武汉:华中师范大学,2015:22.
④ 王文玲,李广建.Web数据整合的语义映射研究[J].图书馆杂志,2010(9):51—56.
⑤ 吕元智.基于语义关联的数字档案资源跨媒体知识集成服务研究[M].上海:世界图书出版有限公司,2021:129—130.

况来选择。当前,选择合适的语义映射方式是保障具体数字视频档案资源聚合工作得以有效开展的基础和前提。

鉴于要解决的是数字视频档案资源的语义聚合实现问题,本研究推荐采用数据映射方式来完成具体数字视频档案资源特征描述数据映射任务。这主要是因为我国数字视频档案资源管理工作尤其是资源描述工作已形成了较为规范的体系框架,制定和颁布了相关标准如《录音录像类电子档案元数据方案》(DA/T 63－2017)、《录音录像档案管理规范》(DA/T 78－2019)等,提取的视频档案描述数据大多相同或相似,其差异主要体现在具体数据项的表述形式和结构呈现形式等方面,采用数据映射方式能高效地解决它们间的语义映射问题。另外,在实践工作中,数据映射效率较高,能够表达丰富的语义,且不受数据模式变化等因素的影响,能较好地保障数据源的独立性和自治性,已广泛应用于分散、开放、动态的数据整合工作中,并取得良好的实践效果。

目前数字视频档案资源语义映射要解决的核心问题是数字视频档案资源间的语义异构问题,实现不同系统资源间的语义互操作,为跨系统数字视频档案资源语义融合体系的构建做好准备。从实践的角度来看,当前我国数字视频档案资源语义映射工作需要解决以下三个方面的问题:

其一是不同系统数字视频档案资源特征描述要素项的归类问题。虽然在我国视频档案管理领域已有相关的标准和规范,但在相对封闭的档案工作环境,各档案服务机构使用的档案管理系统不尽相同,具体的数字视频档案资源特征描述要素分类也存在不合理的现象。目前大多数档案管理系统将数字视频档案资源的产权特征要素并入形式特征系统一并处理,在具体映射工作中,需要将其分开处理,以便与本研究设计的数字视频档案资源描述框架保持一致。

其二是不同系统数字视频档案元数据项及其属性的表述差异。如,产权特征"拍摄者"要素,有的系统采用"责任者"来表述,有的系统采用"摄像者"等来表达。又如,在形式特征"时间"项的表述格式上,有的系统在年月日之间用点号,也有的采用短线来体现。显然,这些差异会给计算机识别和处理带来麻烦。

其三是不同系统数字视频档案资源描述元素之间的关联差异问题。不同系统在设计时,主要考虑的各自系统内部资源的有效管理与利用问题,再加上实现方案的多元化,资源关联方式的差异是不可避免的。当前这方面的工作主要是重新制定关联规则,数据映射完成后,在它们之间重新建立统一、规范的关联联系。

数字视频档案资源数据映射是一项复杂的工作,它需要明确具体映射任务,制定映射规则,设计相关映射表格(mapping table)①等。在具体操作上,本研究以数字视频档案资源特征描述数据为对象,借助D2RQ平台②来解决数字视频档案资源间的语义映射问题,具体参见"5.4 数字视频档案资源语义关联组织与聚合应用验证"。

5.2.3 数字视频档案资源语义关联方式选择

(一)目前主要的语义关联方式分析

为了实现数字资源的语义关联组织与整合,国内外诸多专家学者和实践部门进行了卓有成效的探索,取得了一些代表性的成果。目前该方面代表性的关联方式主要有③④:

(1)基于本体的语义关联方式。1993年Gruber认为"本体是概念模型的明确的规范说明"⑤。随着本体概念提出和应用的深入,本体已成为知识组织与管理的重要工具之一,在信息资源管理领域得到了较为广泛的应用⑥。

① 吕元智.基于语义关联的数字档案资源跨媒体知识集成服务研究[M].上海:世界图书出版有限公司,2021:131.

② D2R SERVER[EB/OL].[2017—9—15].http://www.wiwiss.fu-berlin.de/suhl/bizer/d2r-server/.

③ 牟冬梅,张艳侠,黄丽丽.数字资源语义互联的模式及其比较研究[J].图书情报工作,2013(17):6—10.

④ 程娅.基于关联数据的图书馆数字资源语义互联模型研究[D].武汉:华中师范大学,2015:13—17.

⑤ Gruber T R. A Translational Approach to Portable Ontologies[J].Knowledge Acquisition,1993,5(2):199—220.

⑥ 马费成,胡翠华,陈亮.信息管理基础[M].武汉大学出版社,2002:205—206.

目前本体又有顶层本体、桥本体和领域本体之分。顶层本体,又称之为通用本体,它通常用来表示最基本的、普遍的、抽象的和哲学上的概念如空间、时间、人物、事件、行为等,与具体应用无关[①],独立于任何领域本体,它可以使相异的系统共享同一个知识库[②],在知识关联与组织方面具有较强的实际应用价值。桥本体[③][④]是本体中的特例,其目的在于以桥本体为媒介来解决不同领域本体概念之间的关系映射问题[⑤],最终实现资源的语义标注与关联整合。领域本体是专业性的本体,是用于描述指定领域知识的一种专门本体[⑥]。领域本体是将某一领域中的概念、与其相关联的领域活动、某一领域所具有的特征和规律的形式化描述,以揭示某一领域内的概念以及概念间的关系,在专业领域知识组织方面具有明显优势。然而,由于各领域差异较大,各本体的规范也不尽相同,如何实现不同领域、不同本体之间的语义互操作,是基于本体语义关联组织方式面临的现实问题。目前本体映射是解决本体异构问题并在不同本体间建立语义关联的一种有效的方法[⑦]。本体映射可以看作是本体从不同角度或者不同应用领域到不同任务和应用的视图,它定义一套规则指明一个本体中的术语在另一个本体中的相关含义并由中介在应用程序运行时执行[⑧]。它通过特征提取、映射发现、相似度计算、相似度整合、优化、迭代等步骤完成具体映射任务[⑨]。本体映射可以解决多个不同本体间知识的共享和利用问

① 贾君枝,刘艳玲.顶层本体比较及评估[J].情报理论与实践,2007(3):397—400.

② 宋文,张剑,邵燕.顶层本体研究[J].图书馆理论与实践,2006(1):43—45.

③ Wang P,Xu B,Lu J.et al.Theory and Semi-automatic Generation of Bridge Ontology in Multi-ontologies Environment[EB/OL].[2017—8—21].https://link.springer.com/chapter/10.1007%2F978-3-540-30470-8_88#citeas.

④ 毕强,牟冬梅,王丽伟,等.数字资源语义互联研究(I)——体系结构设计[J].现代图书情报技术,2010(9):3—7.

⑤ 牟冬梅,余鲲涛,范轶,等.数字资源语义互联研究(Ⅱ)——桥本体系统的设计与实现[J].现代图书情报技术,2010(9):8—12.

⑥ 汪方胜,侯立文,蒋馥.领域本体建立的方法研究[J].情报科学,2005(02):241—244.

⑦ 王丽伟,王伟,高玉堂,等.领域本体映射的语义互联方法研究——以药物本体为例[J].图书情报工作,2013,57(17):21—25+33.

⑧ 毕强,滕广青,赵娜.基于知识地图的多领域本体映射研究[J].图书情报工作,2011,55(23):12—16.

⑨ 王顺,康达周,江东宇.本体映射综述[J].计算机科学,2017,44(09):1—10.

题。然而,它也带来一些问题,如本体构建与维护成本较高、易造成语义信息丢失等。另外,实际上的本体映射并不简单地是一对一的映射,还需要对继承和推理的一致性进行校验和确认,这使得本已复杂的本体映射规则构建变得更加困难①。

(2)基于主题图的语义关联方式。在 ISO 标准(ISO/IEC13250)中,主题图被定义为:通过定义一个分布许多代表主题结点的空间,利用空间中不同结点间连接需要经过中间结点的数量来衡量不同主题间的距离及描述不同主题间建立关系的路径②。主题图是以主题为核心,描述与揭示各个主题之间的语义联系,且可以利用语义联系对知识、信息进行定位导航的元数据模型。主题图的三个要素①为 Topic、Association、Occurrence,它由资源层和主题层两个层次构成③。其中,资源层是所有信息资源的电子形式的集合,主题层则基于资源层定义,不限形式。通过三个要素、两个层次构成的主题图结构模型可以清晰完整地揭示信息资源之间的语义关联。Park 等曾于 2006 年提出在主题图中加入增加层结构,希望实现从局域主题图到全局主题图的知识协同④;Cortese 则提出在主题图中加入知识元层,来实现主题图的扩展,从而能够对知识元进行导航⑤。将主题图应用于语义关联组织主要是利用主题图来清楚揭示主题之间的关系,反映各个主题间的客观联系。由于主题图具有名称约束功能⑥,因此对于近义或同义的主题词,可以直接进行语义关联;同时主题图本就是元数据模型,很容易与各种元数据方法实现融合,从而可以增强信息组织方法的

---

① Ding Y,Foo,Schubert.Ontology research and development.Part 2-a review of ontology mapping and evolving.[J].Journal of Information Science,2002,28(5):375—388.

② ISO/IEC 13250: 2003 Information technology-GML appli-cations topic maps [EB/OL].[2020—03—17].https://www.iso.org/obp/ui/#iso:std:iso-iec:13250:ed-2:v1:en.

③ 杜智涛,付宏,李辉.基于扩展主题图的网络"微信息"知识化实现路径与技术框架[J].情报理论与实践,2017,40(12):75—80.

④ PARK J,CHEYER A.Just for me:topic maps and ontologies[C].Lecture Notes in Computer Science (LNCS).Berlin Heidelberg:Springer,2006,3873:145—159.

⑤ CORTESE J.Internet learning and the building of knowledge [M].Young Stown:Cambria Press,2007.

⑥ 李清茂,邵莉,杨兴江.主题图与传统信息组织方法的比较[J].农业图书情报学刊,2011,23(08):9—14.

主题揭示和语义表达能力⑤;另外主题图克服了简单字符级匹配的缺陷,能够实现语义检索①,则在进行语义关联组织时可以利用主题图的语义检索功能提高语义关联效率。但是,利用主题图进行语义关联组织也存在着一些不足。主题图在主题类型划分时易导致主题词划分模糊,从而影响语义查询。另外,主题图主要是对显性的信息和知识进行揭示描述,无法对隐性的知识载体进行组织管理,无法对隐性信息、知识进行交流、传播、共享。此外,在主题图技术的应用过程中,主题图本体的构建、主题图文档的编辑、存储、导出、可视化等环节都需要相应的软件工具来实现②,使得主题图技术在实际操作过程中有一定难度。

(3)基于关联数据的语义关联方式。关联数据是国际互联网协会(W3C)推荐的一种规范,用来发布和连接各类数据、信息和知识。它是由语义网创始人 Tim Berners-Lee 在 2006 年提出的一个概念,是在语义网上表达各类数据、信息和知识的一种方式③。它的基本原理是利用RDF(资源描述框架)数据模型建立结构化数据发布于网络上再连接到不同数据库便于建立关联④。作为一种语义网的实现方式,关联数据所拥有的数据源动态扩展、知识元关联和知识语义化检索等特征⑤,为改变传统知识库构建过程中面临的非动态更新、可视化功能薄弱和语义匮乏等局面提供了新思路⑥。与此同时,关联数据具有很好的资源整合能力以及信息共享能力,能够很好地实现web资源的语义互联。在基于关联数据的数字资源语义互联模式中,需要结合语义网的关键技术(XML、RDF和Ontology)来实现数字资源的语义互联⑦。利用关联数据技术进行语义关

---

① 司莉,贾欢.跨语言信息检索中的语义关联研究[J].新世纪图书馆,2016(06):40—42+70.

② 马建霞.主题图技术在数字化知识组织中的应用研究[J].现代图书情报技术,2004(07):11—16.

③ Berners-Lee T.Design Issues:Linked Data[EB/OL].[2017—12—29].https://www.w3.org/DesignIssues/LinkedData.html.

④ 冯帆.关联数据技术实例解剖及其应用展望[J].科技视界,2014(13):144—145+162.

⑤ 刘炜.关联数据:概念、技术及应用展望[J].大学图书馆学报,2011,29(02):5—12.

⑥ 尚渡新,袁润,夏翠娟,等.关联数据在知识库中应用的研究综述[J].数字图书馆论坛,2022(03):22—31.

⑦ 高劲松,程娅,梁艳琪.基于关联数据的图书馆数字资源语义互联研究[J].情报科学,2017,35(01):8—13+23.

联组织,需要先将文献资源的数据进行语义化描述转换成统一的 RDF 数据①,然后从 RDF 三元存储器中发布关联数据,来实现不同单元间的资源融合、语义互联。基于关联数据的语义关联方法是语义网发展过程中提出的一种新的知识关联方法,它凭借 XML、RDF 和 Ontology 等技术将需要关联的资源发布成关联数据从而实现知识资源间的互联。在具体关联工作中,需要事先利用 RDF 三元组将待关联的各类资源进行描述,赋予唯一标识(URI),并通过唯一标识将其链接起来,为用户构建一个语义互联的知识网络。然而,关联数据网络往往处于一种变动的状态,"资源"间的关联链接需要动态监测与更新,需要耗费一定量的维护成本。

(4) 基于知识图谱的语义关联方式。知识图谱是显示知识发展进程与结构关系,用可视化技术描述知识资源及其载体,挖掘、分析、构建、绘制和显示知识及它们之间的相互联系的一种研究方法②。2012年知识图谱被 Google 正式提出,并应用于提高搜索引擎的能力和用户体验上③。目前,知识图谱主要在科研、教育、社会问题解决等领域被广泛应用④,主要涉及的学科包括图书情报、计算机、教育、体育等。目前常用的知识图谱工具有 CiteSpace、BibExcel、VOSviewer、HistCite 等⑤,其技术实现流程包括知识获取、知识融汇、知识存储、查询式的语义理解、知识检索和可视化展现⑥等。利用知识图谱进行语义关联组织时,以属性图为基本的表示形式,能够解决存储和索引问题,具有强计算性、运行效率高等特点⑦。同时,知识图谱通过实体之间的直接、间接关系,不仅能够挖掘隐性知识,而且有助于用户探索、发现更多与检索内容相关的内容,达成显性检索目

---

① 王薇.基于关联数据的图书馆数字资源语义融合研究[D].南京:南京大学,2013:46—60.

② 秦长江,侯汉清.知识图谱——信息管理与知识管理的新领域[J].大学图书馆学报,2009,27(01):30—37+96.

③ AMIT S.Introducing the knowledge graph[R].America:Official Blog of Google,2012.

④ 廖胜姣,肖仙桃.科学知识图谱应用研究概述[J].情报理论与实践,2009,32(01):122—125.

⑤ 李杰,李慧杰,陈伟炯,等.国内社会科学研究中知识图谱应用现状分析[J].图书情报研究,2019,12(01):74—81.

⑥ 曹倩,赵一鸣.知识图谱的技术实现流程及相关应用[J].情报理论与实践,2015,38(12):127—132.

⑦ 陈涛,刘炜,单蓉蓉,等.知识图谱在数字人文中的应用研究[J].中国图书馆学报,2019,45(06):34—49.

标,甚至激发用户潜在的检索目标①。由于知识图谱的关联性和可视化特征,在进行语义关联组织的过程中能够揭示图谱中各个分析对象之间的相互关联性,直观地展现出两点之间的关系的亲疏、强弱②。但是,它同时也存在一些问题。一方面,不同知识图谱之间缺乏统一标准,难以互通,在进行语义关联组织时不能解决知识表示和全网络服务问题,因此仍然可能存在数据孤岛问题③;另一方面,知识图谱是二次加工产品,是建立在已有的统计数据或文本知识信息的基础上生成的曾经的知识状态图谱,因此存在一定的知识依赖性和滞后性④。

　　(二)数字视频档案资源语义关联方式选择

　　通过上述分析不难发现,不同关联方式有其适用范围。结合数字视频档案资源及其管理实际,档案服务部门可以采用关联数据技术或知识图谱技术来解决数字视频档案资源的语义关联组织问题⑤。在目前知识图谱精准度较低的情况下,本研究建议优先采用关联数据技术来解决数字视频档案资源语义关联组织问题。这主要是因为,关联数据是目前语义网最佳实践,它在解决数字资源语义描述、组织与链接等方面具有明显的优势,并在数字图书馆、网络资源⑥组织与管理中积累了丰富的实践经验。这些经验可以借鉴到数字视频档案资源组织与具体管理工作中,有利于减少数字视频档案资源语义组织工作的"弯路"。另外,它可以将任

　　① 步一,薛睿,孟凡,等.知识图谱的关键技术及其在情报学中的应用[J].情报学进展,2022,14(00):349—384.

　　② 焦晓静,王兰成.知识图谱的概念辨析与学科定位研究[J].图书情报工作,2015,59(15):5—11.

　　③ 步一,薛睿,孟凡,等.知识图谱的关键技术及其在情报学中的应用[J].情报学进展,2022,14(00):349—384.

　　④ 焦晓静,王兰成.知识图谱的概念辨析与学科定位研究[J].图书情报工作,2015,59(15):5—11.

　　⑤ 鉴于数字视频档案资源来源复杂,且我国档案工作领域尚没有可用的档案全局本体,基于本体的关联方式在该领域实施难度较大,现阶段不推荐采用。另外,数字视频档案资源是由一份份视频文件转化而来的,它们与其他类型档案资源之间的关系不仅复杂且联系多,运用主题图方式有时也很难发掘它们之间的隐性关系,故此也不建议采用。

　　⑥ 马费成,赵红斌,万燕玲,等.基于关联数据的网络信息资源集成[J].情报杂志,2011(2):167—170.

何类型数字视频档案资源以 RDF 三元组(主语—谓语—宾语)的形式来表示,能揭示资源间的各类复杂关联关系,并通过 RDF 链接机制链接起来[1],实现不同数据集的无缝语义互联[2][3][4]。从信息组织的角度来看,关联数据是一种从面向用户转到面向机器应用、从以主题为中心转到以语义关系为中心的新型信息聚合方式[5],它采用 RDF 三元组的形式来描述各类资源,并利用 RDF 链接实现不同类型、不同系统数据间的语义关联。在 RDF 三元组中,"主语"由一个具有 URI 标识的"资源"来表示,"宾语"可以是一个数值或字符串,也可以是另一个具有 URI 标识的"资源",而链接"主语"和"宾语"的"谓语"则是来自规范词汇集或本体如 FOAF、DC 等能反映它们之间关系的 URI[6]。在 RDF 链接中,三元组的"主语""谓语""宾语"均可用唯一的 URI 标识来表示[7],并通过 HTTP 内容协商机制来实现有效访问[8]。另外,关联数据还通过赋予"资源"唯一 URI 标识的方式,在 HTTP 内容协商机制的作用下实现与外部资源的链接访问[9],可以把不同领域、不同类型的数字档案知识对象链接成有效的知识网络,将有效改变现有数字视频档案资源跨系统、跨平台聚合难题。当然,这一关联方式也存在一些不足,如需花费大量的资源加工成本和资源链接维护成本等。

① 鲜国建,赵瑞雪,孟宪学.农业科技多维语义关联数据构建研究[M].北京:中国农业科学技术出版社,2013:15.

② Bauer F,Kaltenböck M.Linked open data:the essentials--a quick start guide for decision makers[EB/OL].[2016—12—10].http://www.reeep.org/LOD-the-Essentials.pdf.

③ 梁孟华.基于开放关联数据的数字档案资源跨媒体知识链接研究[J].档案学研究,2015(4):109—114.

④ 陈德荣.基于关联数据的图书馆数据发布及数据服务[J].图书馆工作与研究,2015(2):25—27.

⑤ 曾建勋.知识链接及其服务研究[M].北京:科学技术文献出版社,2012:3.

⑥ 翟姗姗.基于关联数据的非物质文化遗产资源聚合研究[M].北京:科学出版社,2015:30.

⑦ 司徒俊峰,曹树金,谢莉.论基于关联数据的知识链接构建与应用[J].图书情报工作,2013(16):123—129.

⑧ Dimou A,Vocht L D,Grootel G V,et al.Visualizing the Information of a Linked Open Data Enabled Research Information System[J].Procedia Computer Science,2014,33(1):245—252.

⑨ 董坤,谢守美.基于关联数据的MOOC资源语义化组织与聚合研究[J].情报杂志,2016,35(06):177—182.

为了便于数字视频档案资源的将来利用,本研究采用实体关联思路来完成具体语义关联组织任务,如图5-1所示。

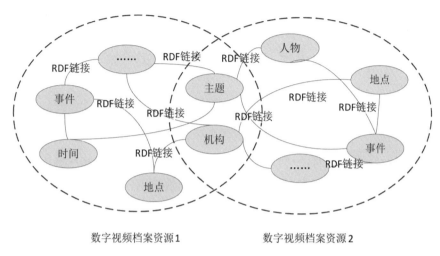

数字视频档案资源1　　　　　　数字视频档案资源2

图5-1　基于关联数据的数字视频档案资源语义关联组织模式

从图5-1可以看出,"数字视频档案资源1"和"数字视频档案资源2"通过共同的"主题""机构"等实体实现了关联链接,即利用"主题""机构"等实体确定了它们之间的关联关系和关联结构。在这一组织模式中,它突破了传统视频档案资源树状组织形式,利用相关实体和RDF链接机制在数字视频档案资源间建立各类关联链接,形成立体、多维、网状、互联的数字视频档案资源组织体系,并在HTTP内容协商机制的作用下实现与外部资源的链接访问,实现跨系统共享和利用。另外,基于关联数据的数字视频档案资源语义关联组织模式利用主题、人物、机构、时间、地点、活动等实体将数字视频档案资源进行关联组织,符合用户利用的思维和行为习惯,也为将来数字视频档案资源不同维度聚合实现奠定基础。

在具体实践工作中,档案服务部门选择哪种关联方式来完成具体的资源关联任务,是一个相当复杂的问题。它需要综合考量各类因素,以最合适为选择标准。从语义关联实现成本的角度来看,随着技术的发展和进步,知识图谱技术①也可以成为数字视频档案资源语义关联实现的另一种选择②。

5.3 基于视频单元的数字视频档案资源多维语义关联聚合实现

目前我国数字视频档案资源建设工作大多处于探索阶段,视频档案资源内容没有得到有效的揭示,资源组织与聚合工作也主要停留在文本型档案资源建设层面,与档案知识服务、精准化服务和社会化服务等需求不相适应等现状。鉴于此,本研究在具体的数字视频档案资源语义聚合实现方面,以最小独立主题意义的"视频单元"为资源聚合对象,采用多维语义关联的方式来探寻数字视频档案资源的深度聚合实现问题。

5.3.1 基于视频单元的数字档案资源多维语义关联聚合含义

(一)基于视频单元的数字视频档案资源多维语义关联聚合含义

基于视频单元的数字视频档案资源多维语义关联聚合是指在信息聚合理念③指导下,以视频单元为资源处理对象,在提取有效内容特征、产权特征、形式特征④的基础上,利用各类语义关联关系在不同维度上建立关联链接,进而实现数字视频档案资源深度整合,为数字视频档案资源集成服务、精准化服务、知识服务、社会化服务等提供支持。具体而言,它包含以下几个方面的含义:

---

① 易黎,林扬.基于深度学习的档案知识图谱构建研究[J].中国档案,2022,589(11):33—35.

② 知识图谱通过"实体-关系-实体""实体-属性-属性值"三元组的方式来标注资源间的关系,从业务操作上看,其成本相对较低。档案服务部门可以利用深度学习技术自动构建视频档案资源知识图谱,在短时间内完成数字视频档案资源语义关联组织任务。但是,由于目前技术发展的限制,再加上档案领域本体的缺失,知识图谱难以表述数字视频档案资源间的各类复杂关系,在资源语义链接的有效性方面还存在很大的改进空间。

③ 曹树金,马翠嫦.信息聚合概念的构成与聚合模式研究[J].中国图书馆学报,2016,42(03):4—19.

④ 吕元智,谷俊.面向用户需求的视频档案资源描述框架构建研究[J].档案学研究,2021(06):91—99.

其一,它是建立在细粒度层面上的数字视频档案资源聚合。它需要根据数字视频档案资源记录的内容,将原视频档案文件进行最小主题划分,形成相对独立的"视频单元",并从内容特征、产权特征、形式特征三个维度来提取相关要素,为具体的数字视频档案资源语义聚合提供基本的关联对象。其目的在于尽可能精准地揭示和描述视频档案资源内容,为用户提供更精准的视频档案内容。

其二,它是基于多维语义关联链接的数字视频档案资源聚合。多维语义关联链接是数字视频档案资源深度聚合实现的根本保障,也是数字视频档案资源转化为档案知识资源的关键前提。它要求档案服务部门深入分析数字视频档案资源记录特性,理顺数字视频档案资源间的各类语义关联关系如同一关系、隶属关系、相关关系等,结合关联链接实现的要求,选择恰当的关联技术方案,构建视频档案多维语义关联数据网络,为不同利用目的用户提供选择便利。

其三,它是面向知识利用需求的数字视频档案资源聚合。为用户提供视频档案知识服务是基于视频单元的数字视频档案资源多维语义关联聚合的根本目的之一。无论是聚合要素的选择,还是聚合的方式确立,它们均要求档案服务部门以视频档案知识利用需求实现为根本导向。它不仅要为用户提供一般意义上的数字视频档案资源集成检索服务,而且还要为用户提供建立在语义关系推理基础上的、深层次的档案知识发现服务等。

其四,它是符合开放兼容要求的数字视频档案资源聚合。即,数字视频档案资源聚合不仅要能在档案资源管理系统内完成,而且还要考虑到跨媒介类型、跨平台系统聚合实现的可能。这就要求档案服务部门在保证数字视频档案资源描述与组织的特殊要求外,还要借鉴和吸收其他信息资源组织与聚合的优势,注意数字视频档案资源与其他信息资源的语义互操作问题,以便数字视频档案资源能被更广泛利用。

从本质上来讲,基于视频单元的数字视频档案资源多维语义关联聚合是语义网时代面向知识利用需求的数字视频档案资源组织与整合,是语义网技术在数字视频档案资源建设中的具体应用。其目的主要是通过语义关联关系将细粒度的视频单元在不同维度上链接起来,构建集成化的数字视频档案资源语义利用环境①,以满足用户视频档案利用的多元化、精准化、知识化需求,并与其他信息资源融合提供接口,促进数字视频档案资源在更广泛的范围内被利用。

(二)基于视频单元的数字视频档案资源多维语义关联聚合意义

基于视频单元的数字视频档案资源多维语义关联聚合是数字视频档案资源深度开发利用体系的重要组成部分。它不仅能为我国视频档案资源知识化、精准化开发利用工作提供可参考的实现路径,而且还能为具体的视频档案服务工作营造良好的服务生态环境,具有重要的现实价值和意义。

其一,它有助于全面、精准地揭示数字视频档案资源内容,推动数字视频档案资源组织工作向科学化方向发展。基于视频单元的数字视频档案资源多维语义关联聚合需要将复杂的视频档案文件进行微观解构,形成一个个具有相对独立主题意义的视频单元。这一做法能有效克服因粗粒度描述而带来的视频内容描述模糊、识别不精准等问题,能为具体的数字视频档案资源描述与组织工作提供更多的切入口,为档案服务部门全面、细致地提取数字视频档案资源内容创造更加有利的条件。另外,在具体资源描述时,档案服务部门还需要将产权特征从传统的形式特征中独立出来并形成单独的描述维度,从内容特征、产权特征和形式特征等三个维度来提取数字视频档案资源相关特征信息,更能体现出数字视频档案资源的特性和描述要求如版权保护等,有助于推动数字视频档案资源组织工作向科学化方向发展。

其二,它有助于数字视频档案资源向档案知识资源转化,为数字视频档案资源知识集成服务和精准化服务实现奠定基础。基于视频单元的数字视频档案资源多维语义关联聚合通过语义描述和标注等方式对视频单元进行语义化处理,将数字视频档案资源转化为一个个相对独立且又关

---

① 文庭孝,龚蛟腾,张蕊,等.知识关联:内涵、特征与类型[J].图书馆,2011,30(4):32—35.

联的档案知识单元。它不仅丰富了数字视频档案资源的语义及其关系,而且还为视频档案知识服务奠定了可访问且便于计算机理解的资源基础。另外,基于视频单元的数字视频档案资源多维语义关联聚合利用视频单元间的各类关系在不同维度上建立关联,将分散的数字视频档案资源形成有机的资源体系,能为查找利用提供尽可能多的关联线索,有助于数字视频档案资源深度挖掘及知识集成服务的实现。此外,基于视频单元的数字视频档案资源多维语义关联聚合是建立在最小主题意义的视频微粒聚合,它方便用户精准地查询到自己所需要的视频内容,提高视频档案文件的检索效率,让数字视频档案资源精准化检索利用等最大限度地变为可能。

其三,它有利于档案服务部门树立以用户为中心的服务理念,进一步改善视频档案服务生态环境。一直以来,受传统档案工作思维和档案保密等要求的限制,档案服务提供与用户需求满足之间的矛盾并没有得到明显的改善。基于视频单元的数字视频档案资源多维语义关联聚合是面向用户需求的档案资源组织与整合,它将用户需求引入到具体的数字视频档案资源描述与组织工作中来,并按用户利用的要求来描述和聚合数字视频档案资源,是对传统档案服务思维的改造和颠覆,有助于档案服务部门确立真正以用户为中心的服务理念。另外,基于视频单元的数字视频档案资源多维语义关联聚合注重视频档案资源的发现和用户体验,有助于改变目前视频档案用户数量过少、利用效果反馈不佳等现状,推动视频档案服务工作向互动化方向发展,有利于营造良好的档案服务生态环境。

除上述之外,基于视频单元的数字视频档案资源多维语义关联聚合不仅要解决数字视频档案资源的语义组织与聚合问题,它还要注意数字视频档案资源同其他信息资源进行融合的趋势。这些无疑也会推动数字视频档案资源聚合工作向标准化、社会化方向发展,有助于消除档案信息资源"孤岛"现象,让数字视频档案资源更好地融入社会信息资源体系,发挥出更大的社会价值。

5.3.2 基于视频单元的数字视频档案资源多维语义关联聚合逻辑

基于视频单元的数字视频档案资源多维语义关联聚合是在视频单元划分的基础上,对各视频单元进行特征信息提取和语义标注,并依据关联关系在多个维度上进行链接,进而根据利用需求来实现数字视频档案资源有序组织和整合的过程。其聚合实现逻辑可以划分为视频单元划分、特征要素提取、语义关系标注、多维关联链接、语义聚合实现等阶段,具体如图5-2所示。

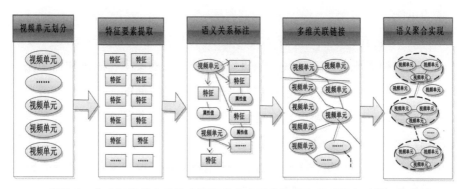

图5-2 基于视频单元的数字视频档案资源多维语义关联聚合逻辑示意图

第一阶段为视频单元划分。视频单元划分是数字视频档案资源多维语义关联聚合的准备性工作和聚合工作开展的逻辑起点。视频单元划分的质量直接关系到数字视频档案资源语义信息提取的深度和广度,也是保障数字视频档案资源精准聚合实现的关键。此阶段的主要目的是根据最小主题原则将原视频档案文件解构为一个个相对独立且关联的、微内容的视频颗粒。

第二阶段为特征要素提取。在视频单元划分的基础上,根据数字视频档案资源的利用要求和用户行为习惯等提取视频单元的各类特征信息如题名、著者、关键词、日期、存储位置、利用权限等。其目的是将数字视频档案资源在细粒度层面进行结构化描述,赋予视频单元语义信息,形成便于计算机识别和理解的信息资源。

第三阶段为语义关系标注。此阶段主要是在视频档案领域本体模型的指导下,对划分的每个视频单元进行语义描述,赋予其语义关系,并建立相关链接,将数字视频档案资源转化为具有语义关联链接意义的档案知识资源。在具体操作上,档案服务部门可以利用RDF三元组描述框架对具体视频单元进行语义关系描述,并赋予唯一的URI标识符,形成RDF数据格式文件并存储。

第四阶段为多维关联链接。在上述语义标注与描述的基础上,利用关联实现技术通过多个维度如时间、地点、主体、活动、方式、背景等对需要关联的对象进行链接处理,形成视频档案关联数据网络。在这一数据网络中,每个节点对应一个视频单元,而每个视频单元通过各类特征要素和关联关系与相关视频单元相连。用户接入数据网络后,就可以从任何一个节点出发,利用关联关系查找到相关联的数字视频档案资源。在实践中,档案服务部门可以利用关联数据(Linked Data)发布技术和规则将其发布成关联数据,实现数字视频档案资源多维语义关联链接。

第五阶段为语义聚合实现。在具体应用时,聚合实现系统就可以根据聚合主题或用户利用需求,在语义关联关系如同一性关系、隶属关系等指导下,抓取视频档案关联数据网络中的相关数据资源,并进行语义映射、整合以及推理等操作,对聚合结果进行分类、排序和可视化等处理,最终完成数字视频档案资源语义聚合任务。

从逻辑实现上来看,基于视频单元的数字视频档案资源多维语义关联聚合是根据最小主题原则对原始视频档案文件进行解构,并提取相关特征信息和关联关系,再根据领域本体和语义网技术如RDF、Linked Data等对其进行语义标注和链接,形成多维关联的数字视频档案资源数据网络,最大限度地对非结构化的数字视频档案资源进行了结构化组织,以满足社会多样化、精准化和有序化[①]的视频档案资源利用需求。

---

① 侯西龙.非物质文化遗产视频资源语义组织研究[D].武汉:华中师范大学,2018:80.

5.3.3　基于视频单元的数字视频档案资源多维语义关联聚合实现框架

基于视频单元的数字视频档案资源多维语义关联聚合是语义网时代视频档案资源建设的新领域,它的实现是一项较为复杂的工程,需要档案服务部门合理规划。根据图5-2的逻辑关系,结合实践操作执行情况,从下向上,现将具体聚合实现框架分为预处理层、语义描述层、多维链接层、聚合实现层、服务应用层等层级,如图5-3①所示。

从图5-3中可以看出,基于视频单元的数字视频档案资源语义关联聚合是一个多层级协同配合的任务系统。其中,"预处理层"对应的是"视频单元划分"逻辑阶段,它是在最小主题原则指导下将原视频档案文件划分为视频单元,并在视频单元与视频文件之间建立可靠的关联对应关系,确保利用时能精准地关联找到所需要的视频档案资源内容。"语义描述层"对应的是"特征信息提取"和"语义关系标注"两个逻辑阶段。其任务是利用"视频档案资源特征提取模板"对划分好的视频单元进行多维特征信息提取,在"视频档案领域本体"的指导下,将视频单元所蕴含的信息(标识、属性和关联关系)尽可能地表述出来,进而利用RDF框架对其进行语义关系标注,形成RD格式的"资源",并对形成的RDF语义关系进行存储。具体操作上档案服务部门可以对视频单元的内容特征、形式特征、版权特征及语义关联等信息进行概念映射,利用RDF描述框架将其描述成一个由主谓宾结构来表示的三元组,并生成命名图,赋予唯一的、可识别的资源标识符(URI)。"多维链接层"与"多维关联链接"逻辑阶段对应,其任务是利用RDF文件的逻辑结构在视频单元对象各类数据间建立多维关联关系,形成"视频档案数据关联网络",确保用户访问某一URI时可通过大量的RDF链接发现更多潜在的相关URI,发现更多的数字视频档案资源,并与其他信息资源关联。在实践操作中,RDF链接可采用

---

① 吕元智.基于语义关联的数字档案资源跨媒体知识集成服务研究[M].上海:世界图书出版公司,2021:147.

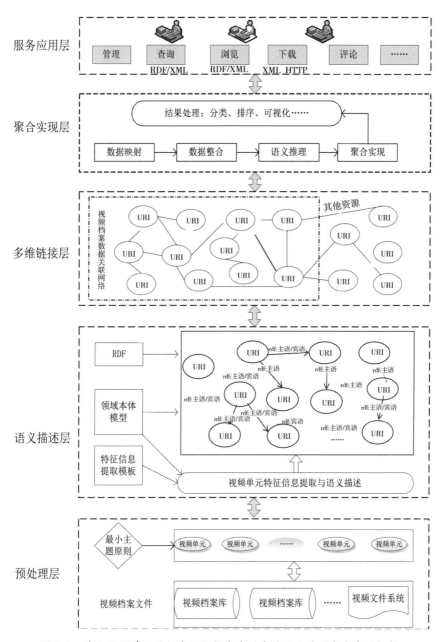

图5-3 基于视频单元的数字视频档案资源多维语义关联聚合实现框架

同一性链接、关系链接和词汇链接等方式来实现[①②]。"聚合实现层"是数字视频档案资源语义关联聚合的关键,它承担"语义聚合实现"逻辑阶段的功能,该层的任务就是根据应用请求,从"视频档案数据关联网络"中搜索和抓取相关档案资源数据,并通过数据映射机制消除它们之间的不一致与语义表述歧义等问题,进行数据整合,并在语义推理的基础上,完成视频档案知识资源聚合与结果处理等任务。本层的重点是要解决档案资源数据的映射与语义推理等问题。其中,在映射方面,它主要是解决待匹配概念、属性、实例和关系之间的关联问题[③]。目前映射方式方法较多,在具体操作中档案服务部门可以采用数据映射方式[④]来解决具体映射问题。在语义推理方面,实际上就是利用数字视频档案资源中的各类关联关系如同一性关系、隶属性关系、相关性关系等,依据相关方法如分类法、主题法、聚类等和语义推理工具如Jena推理机[⑤⑥]等来实现档案资源的深度挖掘。通过语义推理,对数字视频档案资源数据进行解析和实体识别,最终完成数字视频档案资源的聚合任务。"服务应用层"是数字视频档案资源语义关联聚合的应用接口,其任务主要集中在两个方面:一是为用户需求满足而提供数字视频档案资源聚合支持及其他服务。该层根据客户端的要求来响应和发送相对应的格式文件,如支持用户利用SPARQL语言来检索RDF数据库,或者进行具体的html浏览、关联数据浏览、下载、评论等[⑦],以满足用户多样化的需求。二是对数字视频档案资源语义关联组织

① Heath T,Bizer C.Linked Data:Evolving the Web into a Global Data Space[J].Molecular Ecology,2012,11(2):670—684.

② 黄丽丽,牟冬梅,张然.基于关联数据的数字资源语义互联模式研究[J]. 图书情报工作,2013(17):11—15.

③ 程娅. 基于关联数据的图书馆数字资源语义互联模型研究[D]. 武汉:华中师范大学,2015:22.

④ 沈艺.开放数据的元数据映射技术途径[J].计算机系统应用,2021,30(07):265—270

⑤ 汤怡洁,周子健.语义web环境下语义推理的研究与实现[J].图书馆杂志,2011(3):69—75+64.

⑥ 方喜峰,李伟伟,朱成顺,等.基于知识工程的推理机在产品配置中的研究[J].机械设计与制造,2020(03):297—300.

⑦ 吕元智.基于关联数据的电子政务信息资源语义组织研究[J]. 图书情报工作,2012(21):143—146+130.

体系进行检测与维护。通过"管理"入口,定期或不定期对数字视频档案资源数据及关联链接等进行检查和维护,为数字视频档案资源语义关联聚合提供保障。

基于视频单元的数字视频档案资源多维语义关联聚合实现框架的核心思想是在视频单元合理划分的基础上,对其进行多维语义信息提取和标注,并在它们之间建立起各类关联关系,在细粒度层面实现数字视频档案资源深度语义聚合,具有积极的现实意义。一方面,它利用现代语义网技术构建基于 Web 的视频档案知识资源共享体系,符合现代用户利用行为习惯,能有效地提升数字视频档案资源社会利用率,并促进档案服务向知识服务方向发展。另一方面,基于视频单元的数字视频档案资源多维语义关联聚合是一种动态的聚合,它可以根据用户的访问请求,动态地构建档案知识关联组织与聚合体系以满足用户多元化、个性化的利用需求。

5.3.4 基于视频单元的数字视频档案资源多维语义关联聚合实现保障

基于视频单元的数字视频档案资源多维语义关联聚合实现是一项较为复杂的信息组织与应用工程。它不仅要考虑到数字视频档案资源特性及其组织要求,而且还要考虑到如何从多维的角度为用户提供便捷、稳定的数字视频档案资源发现路径和利用切入口,以适应多元化、精准化等利用需求。在当前,档案服务部门需要做好以下保障工作:

(一)持续改进数字视频档案资源内容解析与特征提取工作

基于视频单元的数字视频档案资源多维语义关联聚合是建立在数字视频档案资源内容单元合理划分基础上的并以各类特征为聚合依据的细粒度资源聚合。它需要档案服务部门根据记录主题内容将数字视频档案资源划分为相对独立的视频单元,为具体的聚合工作提供对象资源。视频单元的划分已在前文做了解释,在此不再赘述。目前它还需要档案服务部门做好以下两个方面的基础性工作:

其一,构建合理的数字视频档案资源解析与描述框架。数字视频档案资源解析与描述是将非结构化的数字视频档案资源转化为结构化档案知识资源的关键。结合我国数字视频档案资源建设工作实际,档案服务部门在构建数字视频档案资源解析与描述框架时,既要考虑到数字视频档案资源聚合的要求和实现的可能性,又要注意数字视频档案资源与其他信息资源在描述维度与具体要素上的融合与兼容问题。具体来讲,一是要注意数字视频档案资源描述框架与其他档案资源描述结构的互理解问题,构建基于核心特征要素的通用描述框架,为跨媒体档案资源聚合奠定基础。二是要注意构建的描述框架能继承已有档案信息化成果。在三十多年的档案信息化工作中,我国档案工作领域积累了大量档案信息化成果如视频档案数据库等,现设计的数字视频档案资源解析与描述框架要能较为顺利地完成这些信息化成果的映射与结构转换等工作,避免档案资源建设浪费。三是要注意数字视频档案资源与其他社会信息资源的聚合实现问题。即,设计的数字视频档案资源解析与描述框架要与其他信息资源描述框架如DC、CDWA、VRA、EAD等有交互的接口和兼容的可行性,促进数字视频档案资源能在更广泛的范围内应用。四是要根据用户利用需求和行为习惯等来确定数字视频档案资源特征提取相关要素,避免提取的特征没有聚合价值,为后续的基于用户利用需求的数字视频档案资源聚合应用打好基础。

其二,建立科学的数字视频档案资源特征提取与增补机制。数字视频档案资源特征提取是一项工作量较大且多环节协同完成的工作,在具体操作中需要有科学的协调机制来保障。一是明确各环节的责任分工。按数字视频档案资源的形成过程与具体要求,事先明确摄录者、编辑者、归档者、档案管理者等的特征提取任务和相关提取要求,确保数字视频档案资源特征提取任务的协同完成。这一方面,档案服务部门尤其是要做好归档时的鉴定工作,注意检查数字视频档案资源特征要素提取是否规范或是否有缺失等情况。二是在数字视频档案资源利用中不断增补和完善相关特征要素。具体的数字视频档案资源特征提取工作不可能十全十美,总有这样或那样的缺憾。针对这一情况,档案服务部门可以借鉴社会化标签①的做法,允许用户在数字视频档案资源利用中根据其利用习惯和理解来增补用户标签,并定期对这些标签进行审核,将合格的用户标签纳入数字视频档案资源特征数据库保存,为后续的语义聚合工作提供更多的特征数据支持。

(二)不断优化数字视频档案资源间的各类关联关系

关联关系是数字视频档案资源聚合实现的基础和关键,其目的就是利用视频单元间的各类联系将数字视频档案资源关联在一起,形成一个相互关联、多维度、多层次、立体化的档案知识资源网络②。然而,这一切的实现都是建立在各类关联关系明晰与优化基础之上的。为此,在具体工作中,档案服务部门的一项重要任务就是要进一步理顺数字视频档案资源间的各类关联关系。

一是要理顺数字视频档案资源间的物理关联关系。资源间的物理关联关系是最底层的关联关系,它是语义关联关系得以应用、数字视频档案资源能够精准调用的基础。在具体视频档案利用工作中,用户需要根据视频单元记录的起始时间如几分几秒等提示来调用原视频档案文件,并精准地获取所需要的视频内容。这就要求档案服务部门理顺视频单元与视频文件或视频片段之间的关系,并建立对应的关联,以免关联调用无效。具体来讲,一是要理顺视频单元同视频文件、视频片段和关键帧之间物理关联关系。从视频文件划分的粒度层级上来看,视频文件、视频片断、视频单元和关键帧是一种隶属与被隶属(包含与被包含)的关系。在具体的视频单元描述和关系标注工作中,要明确标明视频单元与视频文件、视频片断、关键帧之间的物理关联关系,以体现数字视频档案资源描述层次的关联性,为后续的数字视频档案资源精准调用奠定基础。二是要理顺视频单元相互间的物理关联关系。如,它们是否隶属同一视频文件或视频片断,如隶属同一视频文件,它们在记录时间上的顺序又是什么等。通过理顺这些物理关联关系,并进行明确的标注,为数字视频档案资

---

① Thomas V W.Explaining and Showing Broad and Narrow Folksonomies[EB/OL].[2022—6—16].http://www.vanderwal.net/random/entrysel.php?blog=1635.

② 贺德方,曾建勋.基于语义的馆藏资源深度聚合研究[J].中国图书馆学报,2012(4):79—87.

源语义关联实现及聚合结果呈现提供稳定、可靠的物理支持。

二是要优化数字视频档案资源间的语义关联关系。语义关联关系是资源聚合、数据挖掘、机器学习等工作开展的重要依据和线索,具有十分重要的现实价值。数字视频档案资源间的语义关联关系是一种客观存在于数字视频档案资源之间的某种性质的联系。这种联系既有显性的也有隐性的,既可以是多维的也可以是单一的。在具体的数字视频档案资源聚合工作中,利用语义关联关系可以从多个维度揭示资源中隐含的内在规律,形成视频档案关联知识集,发掘出新的信息和知识。同时,它还可以将分散的或表面上没有关联但实际上有联系的数字视频档案资源关联在一起,形成一个彼此互联的视频档案数据关联网络,推动数字视频档案资源共享与高效利用。为了保障数字视频档案资源多维关联语义聚合的实现,档案服务部门需要进一步优化它们之间的语义关联关系。其一是及时修正不合理的语义关联关系。在实际的数字视频档案资源语义关联组织工作中,因为理解误差、误操作、语义关系映射偏差等影响,总会存在一些不太合理或错误的语义关联关系。这些不合理或错误的语义关联关系会导致数字视频档案资源语义关联组织无效,并干扰正常的语义关联聚合实现。档案服务部门除了加强语义关联关系审核外,还需要在实践中根据用户利用反馈及时对其进行修正,将不合理的语义关联关系控制在最小范围内,确保数字视频档案资源间的各类语义关联关系是真实有效的。其二是进一步补充语义关联关系。在具体的实践操作工作中,由于语义关联关系构建成本以及人们对数字视频档案资源认知的发展变化等因素影响,数字视频档案资源间的各类语义关联关系构建很难一步到位,它需要档案服务部门在后期工作中不断对其补充和完善。一方面,将存在语义关联关系而没有设置关联的内容,根据数字视频档案资源语义关联规则和要求,重新设置语义关联,进一步丰富数字视频档案资源间的语义关系。另一方面,对已有的且可进一步明确细化的语义关联关系进行优化,如将它们之间的相关关系优化为参照关系或被参照关系等,进一步明确数字视频档案资源语义关联关系,以提升数字视频档案资源语义关联组织与聚合实现的质量。

（三）建立稳定与可信的关联链接维护机制

稳定与可信的关联链接是数字视频档案资源多维语义关联聚合实现的保障。然而，随着数字视频档案资源体系建设的推进如添加新的数字视频档案资源、增补新的特征要素以及关联关系的更新与链接的误操作等，一些链接无法访问或链接不精确的问题时不时会发生，给数字视频档案资源多维语义关联聚合工作带来困难。为此，在具体工作中，数字视频档案资源语义多维聚合系统还要构建一套可靠的关联链接维护机制，不断监测和维护数字视频档案资源间的关联链接，确保数字视频档案资源语义链接的稳定与可靠。建立稳定、可信的数字视频档案资源关联链接维护机制需要做好下列工作①：

其一是链接变动监测。链接变动监测是发现数字视频档案资源关联异常的重要手段。目前一般的信息系统都会配备链接异常监测功能模块，其作用主要是监测并获取链接变动的内容如链接的对象是否发生了修改、链接是否被移除等。在具体实现层面上，链接变动监测应明确以下内容：一是明确变动监测的范围。它主要是对链接的对象（不同粒度数字视频档案资源及其特征要素）和链接自身的变动情况进行监测。二是选择合适的变动监测频率。在具体工作中，考虑到监测成本及执行的可行性，档案服务部门可以根据数字视频档案资源的利用频率来确定变动监测频率。利用频率较高或用户利用精准度要求高的数字视频档案资源可以采用高频率的监测方式如实时监测等进行变动监测，利用频率较低的数字视频档案资源可以采用定期监测的方式如三天或一周监测一次等来完成具体监测任务。

其二是链接变动描述。链接变动发生后，系统将这些变动及时反馈给管理端，则需要对其进行规范描述，以便确定链接变动的性质及其可能带来的影响。具体描述可分为链接对象变动描述和链接自身变动描述等。在链接对象变动描述方面，主要是规范表述不同粒度数字视频档案

① 董霞，姜恩波.关联链接维护的机制、技术与案例分析[J].图书馆学研究，2013(19)：52—59.

资源及其特征要素是否存在增加、删除、修改等情况;在链接自身变动描述方面,主要是反馈链接是否存在移除、错位、添加等情况。通过链接变动描述,确定链接变动的性质如链接优化、操作失误、病毒破坏等及其可能带来的影响,为后续维护工作提供决策依据。

其三是链接变动通知。链接变动通知就是给系统管理端发出链接变动情况警示,为链接维护工作提供变动描述信息。目前该项工作可以依赖变动通知协议和协议传播模式来完成。具体的数字视频档案资源聚合系统可以采用成熟的协议如Atom、OAI-PMH等和Push与Pull相结合的传播模式①②来完成数字视频档案资源链接变动的通知任务。

其四是链接审核与维护。数字视频档案资源聚合系统收到链接变动通知后,需要对变动描述信息进行审核。如果链接变动属正常或优化的范畴如添加新的视频特征要素、修正不规范的描述项等,则直接审核通过,消除警示信息;如果链接变动属异常情况如视频特征信息出现了误删除、链接丢失、链接错位等,则需要一一采取针对性的措施进行维护,对误删的信息、链接等进行恢复,对链接错位或误链接等进行更正,使链接的对象和链接关系重新有效。

(四)尽快推进数字视频档案资源语义聚合应用服务

基于视频单元的数字视频档案资源多维语义关联聚合是一项探索性的工作,它需要在实践中不断完善和修正。为此,在现阶段,加快其应用推进显得尤为重要。在具体应用推进方面,档案服务部门需要做好下列工作:

其一,搭建视频档案语义聚合应用平台。应用平台是数字视频档案资源语义聚合系统与用户交互的接口,其性能会直接关系到应用推进的效果。鉴于目前档案服务工作实际情况,档案服务部门在应用平台搭建方面需要注意两个方面的问题:一是档案信息服务网站等的优化工作。档案服务部门宜在现有档案信息服务网站或其他服务平台的基础上,优

---

① 赵龙文,潘卓齐.关联数据维护中的变更通知描述方法研究——以关联开放政府数据为例[J].图书馆学研究,2018(23):61—68.

② 姜恩波,董霞.关联数据链接维护技术介绍[J].图书馆杂志,2013,32(02):73—78.

化视频档案服务接口,从解决问题的角度或者说是知识服务的角度来重新设计视频档案服务功能及交互界面,为用户提供更专业的、高质量的数字视频档案资源聚合利用服务。二是微服务平台如微信公众号、视频号等的建设工作。移动互联的网络环境不仅改变了一般用户利用网络行为习惯,而且更为重要的是它已营造了新型的用户生态圈。当前档案服务部门除了加强档案信息服务网站的建设外,还要注意用户利用行为习惯的变化,积极融入微服务环境,将数字视频档案资源聚合应用植入微服务平台,为用户提供方便接入的、场景化的移动视频档案服务。

其二,提供特色或专门的视频档案聚合内容。档案资源的最大特色就是其唯一性、地方性或行业性等。在数字视频档案资源聚合应用推进方面,档案服务部门需要利用好数字视频档案资源这些特性,加强服务内容建设,为用户提供独一无二的视频档案服务或聚合服务,以吸引更多的用户来体验和利用数字视频档案资源及其语义聚合功能。在这一方面,档案服务部门可以从经济建设、文旅融合、地方文化品牌建设以及社会重大活动宣传等方面切入,通过专题视频档案展览、视频档案编研以及视频档案再创作等形式,将分散在不同系统或不同区域的数字视频档案资源按聚合要求集中起来,为社会提供高质量且富有特色的视频档案聚合服务,让更多的用户参与到数字视频档案资源聚合应用中来。

其三,加强与用户交流互动。基于视频单元的数字视频档案资源多维语义关联聚合是一项探索性的工作,用户满意度是衡量该工作成效的核心标准。为此,档案服务部门在应用推进工作中,要及时与用户互动,有效回应用户诉求,不断改善用户利用数字视频档案资源的体验。在该问题上,档案服务部门可以借鉴其他行业服务的做法。一方面,为用户提供多途径的交流沟通渠道如电子邮件、电话、微信等,让不同偏好的用户有自由选择的机会;另一方面,明确交流沟通回复的时限和形式,让用户反馈能得到及时有效回应,增强用户利用数字视频档案资源的"粘合度"。通过加强与用户交流互动,让用户参与到数字视频档案资源建设与利用工作中来,为数字视频档案资源聚合应用创造良好的社会生态环境。

其四,做好宣传和利用培训工作。数字视频档案资源多维语义关联聚合是一项创新性的档案资源建设与服务工作,它能为用户带来什么益处,系统又要如何使用,需要档案服务部门做好宣传和培训工作。在宣传方面,档案服务部门除了在档案工作传播渠道如档案信息网站、微信公众号、报刊等进行相关宣传外,还可以同图书馆、博物馆、美术馆等机构合作,借助它们平台用户数量大的优势,向社会各界积极传播这一服务内容,激发潜在用户视频档案利用需求。在培训方面,档案服务部门可以采用在线微课程、应用案例、利用指南或在线实时指导等形式对用户进行操作培训,减少数字视频档案资源语义聚合应用障碍,激发用户利用或再利用数字视频档案资源的积极性。

5.4 数字视频档案资源语义关联组织与聚合应用验证

5.4.1 验证过程

为了验证上述语义关联组织与聚合方案的可行性,本研究以采集到的"集成电路"领域数字视频档案文件为对象进行实验验证。本次验证过程分为资源预处理、资源特征提取、语义关系标注、语义关联链接和聚合实现等阶段。具体如下:

(一)资源预处理阶段

由于本次验证所采用的数字视频档案资源大多以mov、mp4等格式进行存储,无法直接将其转换为语义关联与聚合所需要的状态。为了提高处理效率,本次采用基于文本信息的视频自动剪辑方式来完成视频单元划分工作。即,首先采用MoviePy工具包将视频文件转化为音频文件。MoviePy是一个用于视频编辑的Python模块,它可被用于一些基本操作(如剪切、拼接、插入标题)、视频合成(即非线性编辑)、视频处理和创建高级特效等,并可对大多数常见视频格式进行读写。利用MoviePy的write_audiofile将视频文件快速转换为音频文件。

```
from moviepy.editor import AudioFileClip
#导入视频
my_audio_clip = AudioFileClip("chip.mp4")
#提取音频并保存
my_audio_clip.write_audiofile("chip.wav")
```

其次,将转换形成的音频转换为文本。目前实践领域提供了诸如科大讯飞、百度云、腾讯云、Google、Bing等大量的语音识别在线平台,支持将音频转化为文本,其中百度云平台较为成熟。为此,本次验证采用百度云的语音识别API完成音频向文本的转换任务。具体代码如下:

```
import requests
import json
import sys
import base64
import time

speech_url_list =[
"https://platform.bj.bcebos.com/sdk%2Fasr%2Fasr_doc%2Fdoc_download_files%2F16k.pcm",
    ]
for speech_url in speech_url_list:
    url = 'https://aip.baidubce.com/rpc/2.0/aasr/v1/create' #创建音频转写任务请求地址

    body = {
        "speech_url":speech_url,
        "format":"pcm",    #音频格式
        "pid":1537,     #模型pid
        "rate":16000     #音频采样率
    }
    token = {"access_token":fetch_token()}
    headers = {'content-type':"application/json"}
    response = requests.post(url,params=token,data = json.dumps(body),headers = headers)
    #返回请求结果信息,获得task_id,通过识别结果查询接口,获取识别结果
    print(response.text)
```

最后,根据音频中的停顿情况进行文本段落分割,并依据文本分割的时间段反向对视频文件进行切分,最终将数字视频档案资源切分为相对独立且关联的、微内容的视频单元,完成预处理任务。

```
t_start = (0, start_time)
t_end = (0, end_time)
#进行剪辑
clip = VideoFileClip('chip.mp4').subclip(t_start, t_end)
#new_file 是剪辑后视频的文件名
new_file = str(int(time.time())) + '_subclip.mp4'
#导出视频
clip.write_videofile(new_file)
```

(二) 资源特征提取

为了提高资源特征提取效率,本次验证采用对视频文件头部信息进行识别的方式来完成主要特征提取任务。因为本次采用的绝大部分数字视频档案文件在片头部分会展示本视频的标题、作者、时间等信息。考虑到不同视频中出现题名信息的时间不等,为了确保能够有效地识别出每个视频单元中的文字信息,本次验证首先截取视频中的前5秒的视频片段,并以每间隔10帧解析一张图片的方式对视频进行图片的截取保存。截取的图片利用百度云的图片识别接口进行文本信息识别,完成特征要素提取工作。

```
def create_image():
    video_path = 'D:/Resource/视频资源.mp4'
    images_path = 'D:/Resource/images/' #图片输出文件夹
    interval = 10 #每间隔10帧取一张图片
    num = 1
    vid = cv2.VideoCapture(video_path)
    while vid.isOpened():
        is_read, frame = vid.read() #按帧读取视频
        if is_read:
```

```
            file_name = num
            cv2.imwrite(images_path + str(file_name) + '.jpg', frame)
            cv2.waitKey(1)
            num += 1
        else:
        Break


def ocr_image(file)
    request_url = "https://aip.baidubce.com/rest/2.0/ocr/v1/accurate_basic"
    ＃打开图片文件
    f = open('file', 'rb')
    img = base64.b64encode(f.read())
    params = {"image":img}
    access_token = 'token'
    request_url = request_url + "?access_token=" + access_token
    headers = {'content—type': 'application/x—www—form—urlencoded'}
    response = requests.post(request_url, data=params, headers=headers)
    if response:
        return(response.json())
```

（三）语义关系标注

在语义关系标注阶段，为了提高标注效率，本次验证采用SAO三元组的语义标注方法（即实体—关系—实体）对视频单元进行自动语义关系标注。SAO结构（Subject—Action—Object）是表示问题解决方法的基本功能函数单元，其中主体S和客体O表示系统中的部件实体，A表示实体间的操作或关系。经小规模验证，在数字视频档案资源描述中，存在大量的SAO描述结构。故此，本次使用该方法识别出视频档案资源中的各类实体及其关系。

在文本中的实体和关系识别方面，可以采用人工＋自动标注的方式完成。本次验证先采用人工标注的方式进行。从文本集合中随机抽取了3000个文本片段进行SAO关系的人工标注。为了便于操作,本研究使用Doccano标注系统①进行在线分类标注,便于多人同时处理。Doccano标注系统是一款允许多人在线进行语料标注的开源系统,使用Python语言,基于Django框架开发,支持序列标注、分类标注等多项任务。具体标注过程结果如图5-4所示。

图5-4 人工标注过程

经过人工标注后,Doccano对所有标注文本的位置进行了标记,经进一步转化后,形成用于CRF(conditional random field,简称CRF)模型②所需要的格式。

对海量的数字视频档案资源,需要使用较为便捷的方法进行识别。本次验证采用基于预训练模型的实体标注模型框架③(见图5-5)来完成具体工作任务。具体操作为:首先使用BERT预训练向量④获得节点文本字符的语义表示,再将词向量输入BiLSTM⑤层进一步进行编码,充分

① doccano[EB/OL].[2022—10—25].https://github.com/doccano/doccano.

② Lafferty J,Mccallum A,Pereira F.Conditional Random Fields:Probabilistic Models for Segmenting and Labeling Sequence Data[C]//Proc.18th International Conf.on Machine Learning.2001.

③ 张然.基于SAO的技术脉络知识图谱构建——以光刻技术为例[D].上海:上海师范大学,2022:33—36.

④ Devlin J,Chang M W,Lee K,et al.BERT:Pre-training of Deep Bidirectional Transformers for Language Understanding[C]//Association for Computational Linguistics,2019:4171—4186.

⑤ Graves A,Mohamed AR,Hinton G.Speech recognition with deep recurrent neural networks[C]//Canada:Proceedings of 2013 IEEE International Conference on Acoustics,Speech and Signal Processing.Vancouver,2013:6645—6649.

提取特征,再利用注意力机制①②来识别每个节点文本的最主要特征,最后使用CRF完成实体的自动抽取标注任务。

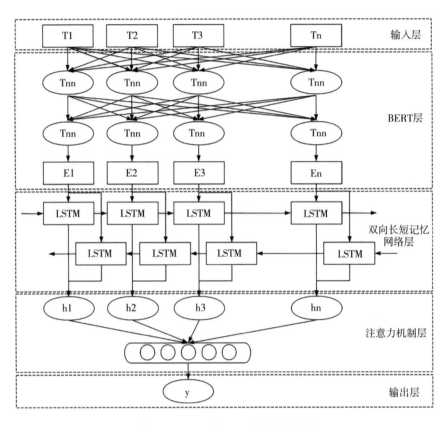

图5-5 BERT＋CRF 实体标注流程

（四）语义关联链接

在上述语义关系标注的基础上,对数字视频档案资源中识别出的文本信息赋予其语义关系,并建立相关链接,将数字视频档案资源转化为具有语义关联链接意义的档案知识资源。经过处理,视频档案资源中的

---

① Zhou P, Shi W, Tian J, et al. Attention-Based Bidirectional Long Short-Term Memory Networks for Relation Classification [C] //Proceedings of the 54th Annual Meeting of the Association for Computational Linguistics. 2016:207—212.

② Bahdanau D, Cho K, Bengio Y. Neural machine translation by jointly learning to align and translate [J/OL]. [2022—12—23]. https: //www. yiyibooks. cn/yiyibooks/Neural_Machine_Translation_by_Jointly_Learning_to_Align_and_Translate/index.html.

文本信息与视频档案资源的关联关系、文本信息中的各类主客体关系都存入数据库中,并通过 D2RQ mapping file 进行关联映射,样例代码如下:

```
map:Tech a d2rq:ClassMap; /* Tech类定义
d2rq:dataStorage map:database; /* 定义 Tech 类来源
d2rq:uriPattern "Tech/@@tech.id@@"; /* 定义 Tech 类实体关联数据的 URI
map:Tech_name a d2rq:PropertyBridge; /* 定义属性映射标识
d2rq:belongsToClassMap map:Tech; /* 定义属性映射的类
d2rq:property dc:title; /* 定义属性名称
d2rq:column "tech.name"; /* 定义属性在数据库中的表和列
map:Tech_relation a d2rq:PropertyBridge; /* 定义属性映射标识
d2rq:belongsToClassMap map:Tech; /* 定义属性归属的类
```

经过映射,可以将数据库中的关系数据导入 D2RQ 中。启动服务进行访问,即可打开图 5-6 界面。在该界面中,共显示了 5 个类,包括集成电路、光刻、光刻胶、设备、圆晶、光学系统等,点击任意类,即可进入对应的实例资源的界面。

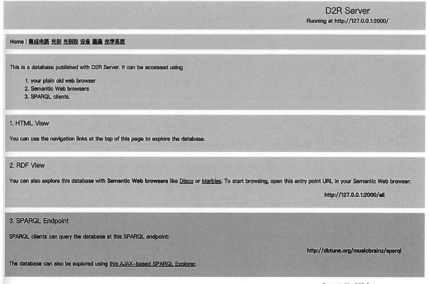

图 5-6　数据浏览界面

　　图5-7为集成电路资源的详情界面,在该界面中,显示资源的详细信息,包括标题、资源时间、资源标签、对应视频档案资源中的起止时间以及使用SAO模型识别出的对应的用途、作者、视频资源URL等信息。

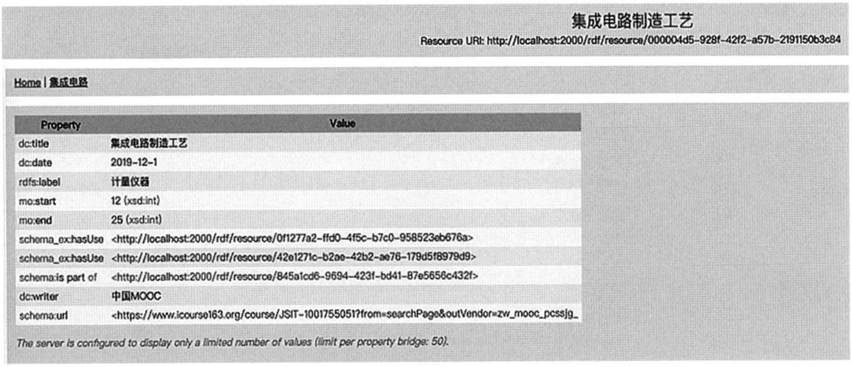

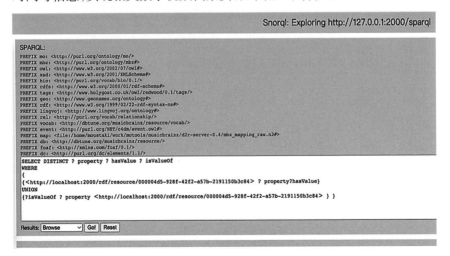

图5-7　资源详情页

（五）语义聚合实现

　　在D2RQ平台中,支持用户使用SPARQL查询语言进行语义检索,用户可以直接在D2RQ平台的客户端中进行查询。以"集成电路"为例,通过SPARQL查询返回与该主题关联的标题、时间、标签、视频资源中的起止时间等信息,实现相关数字视频档案资源的语义聚合,见图5-8、图5-9。

图5-8　SPAQL查询界面

图5-9 数字视频档案资源语义聚合实现结果界面(部分截图)

在搜索框中输入相应的主题后,系统根据主题词对应的URI构建相应的SPARQL语句进行检索,根据三元组结构返回当前主题类下的所有子类。点击子类对应的链接如"光刻工艺",即可进入资源详情页(见图5-10)。

详情页中展示了数字视频档案资源的标题、播放起止时间、资源标签、作者、URI、上级类、下级类、从视频片段中识别出的文本、关联的视频截图、视频地址以及聚合的可视化展示等,便于用户查看。

光刻工艺

标题: 光刻工艺

视频资源起止时间: 128m – 210m

标签: 集成电路 光刻

作者: 中国MOOC

URI: http://localhost:2000/resource/000004d5–928f–42f2–a57b–2191150b3c84

上级: 光刻

下级: 极紫外光刻 深紫外光刻 浸润刻蚀 光刻设备

视频文本: 光刻是一种图像复印和刻性技术相结合的精密表面加工技术。光刻是利用光刻胶的感光性和抗蚀性, 首先通过光化学反应, 将掩膜版上的电路图形暂时转移到半导体晶圆表面涂覆的光刻胶上, 然后以光刻胶为抗蚀层, 对下方薄膜材料进行选择性刻性, 最终在半导体晶圆的薄膜层上获得与掩膜版相同或相反的图形。

视频截图

SOA结构

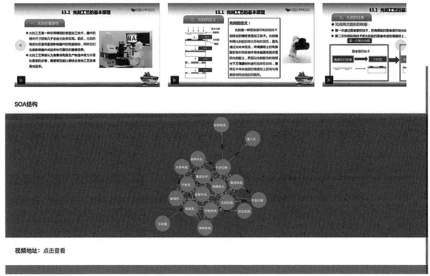

视频地址: 点击查看

图 5-10　具体数字视频档案资源详情页

5.4.2　验证结论

通过上述验证表明,本研究构建的数字视频档案资源语义关联组织与聚合实现框架在实践上具有可行性,它能将分散在不同系统中的数字视频档案资源组织起来,并在细粒度层面实现其语义关联,完成了数字视频档案资源语义聚合任务。但是,在验证过程中,也发现一些问题需要注意和处理。

其一,数字视频档案资源的分类处理问题。本次验证所用的数字视频档案资源对象为规范的视频文件,当前的信息提取技术可以有效识别出其内容,在具体工作中可采用计算机自动处理的方式来完成数字视频档案资源单元划分、特征提取等任务。但是,在数字视频档案资源体系中,也存在大量计算机系统难以自动识别的视频文件如一些没有语音或文字解释而只有操作演示的视频等,它们则需要凭借人工或人工为主的方式来完成相关特征提取等操作。这就要求档案服务部门根据数字视频档案资源内容呈现特点,在资源加工与描述阶段采用分类处理方式来完成具体数字视频档案资源加工与描述任务。也就是,对容易被计算机系统识别的海量数字视频档案资源采用计算机自动处理的方式来完成预处理任务,以节省处理成本,提高资源处理效率;对那些较为特殊的且计算机不易理解的数字视频档案资源则采用人工为主的方式来处理,以提高资源处理的精确度,保障数字视频档案资源能被有效关联。

其二,数字视频档案资源的聚合效率问题。面对日益增长的数字视频档案资源,采用人工处理的方式来完成海量数字视频档案资源的特征提取、关联标注等工作不太现实,它需要借助强大的现代信息技术和合理的聚合实现策略来实现。一方面,它需要档案服务部门在加强信息技术学习的同时,注重同信息技术机构或研究团队的合作,将语义网、人工智能等先进的信息技术引入到数字视频档案资源组织与聚合工作中来,快速实现数字视频档案资源语义化组织,避免因为技术能力不足而成为新的“信息孤岛”。另一方面,它需要档案服务部门注意资源聚合精度与实现成本的平衡问题。数字视频档案资源的聚合效果越好,相应的支出成本也会越高,但是在一定时空范围内,档案服务部门的人力、物力和财力等是有限的。如何处理这一矛盾,这就要求档案服务部门制定科学的建设规划,选择合理的实现策略。鉴于目前我国档案工作现状,档案服务部门可以结合用户利用需求,选择有重点、分步骤推进的策略来解决这一问题。

其三,数字视频档案资源的聚合权限问题。虽然本次验证所采用的数字视频档案资源均为公开可利用的视频档案资源,但是在实际工作中一些视频档案资源有保密的要求和利用权限的限制。为此,在具体数字视频档案资源聚合工作中,还要注意合理合规的问题。目前这一问题的解决主要在于相关制度的安排。在具体操作方面,一是研究资源链接、聚合所引起的新问题,明确资源链接、聚合的权利、责任和义务,并以相关制度的形式加以明确,让具体工作有规可依。二是加强相关制度执行审计工作,对不宜公开或有公开范围限制的数字视频档案资源,要合理地控制资源链接的权限和范围,加强链接审计,防止泄密和侵犯个人隐私等现象的发生。通过设置合理的资源链接权限,定期审计资源链接范围和利用权限,以保障数字视频档案资源的合理共享与利用。

5.5 本章小结

数字视频档案资源语义关联组织与聚合是一项复杂的工程,它需要深入分析数字视频档案资源间的各类语义关联关系,选择合适的语义映射方案与语义关联方式,并设计合理的聚合实现框架。本章在当前我国数字视频档案资源语义组织与聚合面临的资源粒度大、描述维度少、组织方式单一、聚合范围小等障碍分析的基础上,探讨了数字视频档案资源语义关联组织与聚合的相关概念,阐释了数字视频档案资源语义关联组织与聚合的意义,剖析了数字视频档案资源的同一性关系、隶属性关系、相关性关系等,探讨了数字视频档案资源的语义关联组织方式和映射方案的选择问题,为具体数字视频档案资源语义关联组织与聚合工作做好了基础理论准备。

另外,数字视频档案资源语义关联组织与聚合是一个档案资源知识化处理过程,它需要在资源细粒度描述的基础上展开。结合用户利用需求和上一章的描述方案,本章以最小独立主题意义的"视频单元"为资源聚合对象,采用多维语义关联的方式来探寻数字视频档案资源的深度聚合实现问题,并具体分析了数字视频档案资源语义聚合实现逻辑、实现框架和相应实现保障等内容,最后以"集成电路"领域数字视频档案文件为对象对该方案进行了实验验证和分析。

6 基于用户交互的数字视频档案
资源精准化服务实现研究

数字视频档案资源语义描述与关联组织的最终目的是为用户提供高质量的视频档案资源服务,以满足日益多样化的用户利用需求。然而,数字视频档案资源不同于一般的文献型档案资源,在当前视频检索技术、服务系统建设以及档案服务理念等因素的限制或影响下,其利用效果不太理想,与用户需求存在较为明显的差距。如何在语义网时代,构建科学的数字视频档案资源服务支持系统,为用户提供精准化、知识化、交互式的数字视频档案资源服务,已成为摆在当前档案服务部门面前的主要工作之一。本章将在我国数字视频档案资源服务现状调查的基础上,从用户交互的角度出发,结合用户需求情况和数字视频档案资源的特性,探讨基于用户交互的数字视频档案资源精准化服务体系及其运行机制,研究数字视频档案资源精准化服务实现保障策略等内容,以期为数字视频档案资源精准化服务工作开展提供借鉴和参考。

6.1 背景——我国数字视频档案资源
服务精准化程度亟待提升

6.1.1 我国数字视频档案资源服务现状调研

为了了解我国数字视频档案资源服务现实情况,本研究在国内外数字视频档案资源网站服务相关分析①②的基础上,对我国省市级综合档案馆网站的数字视频档案服务情况进行调研③,以便为数字视频档案资源精准化服务理念提出与模式构建奠定客观基础。

(一)调查情况说明

(1)调查对象及调查时间。本次调查以我国北京、天津、河北、山西、内蒙古、黑龙江、吉林、辽宁、上海、山东、江苏、浙江、江西、安徽、福建、台湾、湖北、湖南、河南、广东、广西、海南、香港、澳门、四川、贵州、云南、西藏、重庆、陕西、甘肃、宁夏、新疆、青海等34家省市级综合档案馆网站为调查对象,于2023年1月④对具体的数字视频档案在线服务情况逐一进行数据采集和核实。

(2)调查内容与调查指标。参考我国《数字档案馆建设指南》⑤、《2019年度我国副省级市以上省市级档案馆网站建设评估报告》⑥等内容,并结合当前省市级综合档案馆网站视频档案服务情况,本研究将数字视频档案资源服务调查内容确定为"数字视频档案资源提供情况""数字视频档案服务支持情况"和"数字视频档案服务效果"三个方面,具体调查内容和指标见表6-1。

(3)调查方法与调查流程。本次调查主要采用体验式浏览和人工统计的方法对省市级综合档案馆网站的视频档案服务情况进行访问和统计。

---

① 周昱琪,吕元智.澳大利亚NFSA声像档案在线服务建设及启示[J].山西档案,2021(06):46—53+82.

② 吕元智.基于用户交互的数字视频档案资源精准化服务模式构建研究[J].档案学研究,2021(01):78—86.

③ 陈欣慧,吕元智.我国视频档案在线服务现状调查分析——以省市级综合档案馆网站为调查对象[J].中国档案研究,2021(01):199—220.

④ 项目组于2021年12月做了在线访问调查,为了保障数据的准确性,2023年1月又进行了核实。

⑤ 中华人民共和国国家档案局.数字档案馆建设指南[EB/OL].[2022—4—20].https://www.saac.gov.cn/daj/gfxwj/201910/664c740247e54ca19b06abf2700243ec/files/7624e24f178143ceb99f902e840e1229.pdf.

⑥ 中华人民共和国国家档案局.2019年度我国副省级市以上省市级档案馆网站建设评估报告[EB/OL].[2022—4—20].https://www.saac.gov.cn/daj/daxxh/202007/2f9af1ad0e594dba9d4d82cc9c325028.shtml.

表6-1　数字视频档案服务调查内容与指标说明

调查内容	具体指标	说　明
数字视频档案资源提供情况	视频档案数量	能浏览或检索到的数字视频档案数量
	视频档案类型	视频档案原件、编研成品或其他
	视频档案主题	内容反映历史文化、社会建设、地方特色等
数字视频档案服务支持情况	服务导航层级	访问视频档案的层级(一级或多级)
	服务类型	列表服务、检索服务、个性化/定制服务等
	利用权限	视频档案浏览、下载保存、分享、其他许可等
数字视频档案服务效果	用户访问量	档案馆网站视频档案浏览量统计
	利用评价	视频档案正常播放、留言、咨询、投诉、交互等

具体调查流程为:首先查找34个省市级综合档案馆网站的门户地址,对其是否提供数字视频档案服务进行鉴别,筛选掉没有提供视频档案服务的网站;其次对提供视频档案服务的档案馆网站进行体验式调查,通过网页浏览或检索系统查询的方式,根据调研指标采集具体视频档案服务情况数据;最后对视频档案在线服务数据或情况进行汇总和分析。

(二)调查数据分析

(1)数字视频档案资源提供情况分析。本次调查发现,北京、天津、河北、内蒙古、黑龙江、上海、江苏、浙江、江西、安徽、福建、湖北、湖南、河南、广东、广西、海南、香港、贵州、云南、重庆、陕西、甘肃、宁夏、新疆等25家省市级综合档案馆网站发布了数字视频档案资源,并提供相应视频档案服务,占调查网站总数的73.53%。需要说明的是,吉林省档案信息网、台湾地区"中研院"近代史研究所档案馆和澳门档案馆在本次调查中未查询到相应视频档案服务,山西省档案馆、辽宁省档案局、山东档案信息网、四川档案、西藏档案和青海档案网发布的视频资源,经浏览鉴定,均不属于视频档案资源范畴,故此这9家档案馆网站未纳入统计分析范围。本次调查统计的省市级综合档案馆网站视频档案资源提供具体情况如表6-2所示。

表6-2　我国省市级综合档案馆网站视频档案资源提供情况

序号	网站名称	数量(条)		视频档案类型	视频档案主题		
		视频资源总量	视频档案数量		历史文化	社会建设	地方特色
1	北京市档案信息网	8	8	原件、编研成品	√	√	—
2	天津档案方志网	37	31	编研成品	√	√	√
3	河北省档案馆	84	77	编研成品	√	√	
4	内蒙古档案网	6	4	编研成品	√	—	
5	黑龙江省档案馆	9	5	编研成品	√		
6	上海档案信息网	66	66	编研成品	√	√	√
7	江苏档案信息网	133	50	编研成品	√	√	√
8	浙江档案网	110	24	编研成品	√	√	√
9	江西档案信息网	16	6	原件、编研成品	√	√	√
10	安徽档案信息网	11	5	编研成品	√	—	
11	福建档案信息网	25	16	编研成品	√	√	
12	湖北档案信息网	29	11	编研成品	√	√	√
13	湖南省档案局	43	9	原件、编研成品	√	√	
14	河南档案信息网	18	17	编研成品	—	√	
15	广东省档案馆	5	5	编研成品	√	√	√
16	广西档案信息网	9	8	编研成品	√	√	
17	海南省档案信息网	19	7	编研成品	√	√	√
18	香港特区政府档案处	37	31	原件、编研成品	√	√	
19	贵州档案方志信息网	2	2	编研成品	—	—	√
20	云南档案网	3	3	编研成品	√	√	—
21	重庆档案信息网	154	9	编研成品	√	√	√
22	陕西档案信息网	19	10	编研成品	√	—	√
23	甘肃档案信息网	193	49	编研成品	√	√	√
24	宁夏档案服务网	9	9	编研成品	√		
25	新疆档案信息网	2	2	编研成品	√	—	—

注:"√"表示视频档案涉及此项服务内容,"—"表示无。

　　从表6-2中可以看出,我国省市级综合档案馆网站数字视频档案资源提供情况整体较差,大多数档案馆的视频档案资源未得以有效公布与展示。

　　第一,提供的数字视频档案资源数量少,且与其他视频信息相混杂。本次调查结果显示,省市级综合档案馆网站发布视频档案数量大于50条的仅占总调查数量12%,其中数量最多的河北省档案信息网发布了77条视频档案信息;而60%的省市级综合档案馆网站发布视频档案数量在10条以下,如贵州、新疆等省区市级综合档案馆网站公布的视频档案数量仅为2条。另外,本次调查还发现,一些档案馆网站虽然发布了一定数量的视频信息,但是这些视频大多不属于视频档案范围。如,重庆档案信息网发布了154条视频信息,但真正意义上的视频档案资源只占9条,仅占发布视频信息总量的5.84%。这一现状虽然丰富了档案信息网站的内容,但是它对社会档案意识培养以及公众对档案及档案工作的认知会造成一定负面影响。

　　第二,提供的数字视频档案类型单一,且以编研成品为主。调查发现,84%的省市级综合档案馆网站公布的视频档案类型大多为编研成品。仅湖南省档案局网站、江西档案信息网、香港特区政府档案处和北京市档案信息网等公布了数字视频档案原件,其中也仅香港特区政府档案处与江西档案信息网明确标识了视频档案资源对应的参考编号与馆藏档号。另外,视频档案编研成品的呈现形式也大多局限于档案史料纪录片、口述历史档案和珍品档案新闻类报道等方面。这表明目前我国视频档案在线利用和开发基本处于起步阶段。

　　第三,提供的数字视频档案内容主题主要集中在历史文化和社会建设两大方面,地方特色视频档案也受到了关注,但覆盖面有待提升。从各网站已公布的视频档案资源内容分布情况来看,它们主要集中在历史文化、社会建设的视频编研成品方面。在25家网站中有23家发布了历史文化类视频档案资源,占比为92%。如,河北省档案馆发布"世说新语档案百年"的系列视频档案,其是以"红色河北"为主题和馆藏珍贵档案资料为依托,精选出近百年历史英雄人物和典型事件进行创作发布①。在25家网站中有19家发布了社会建设类的视频档案资源,占比76%,且视频档案内容大多集中于各省市级档案馆建设发展历程与城市建设档案纪实等方面。如江苏省档案馆联合江苏省政府扶贫工作办公室共同推出"档案见证小康路——江苏系列扶贫纪实报告"②和香港特区政府档案处发布的城市风光新界发展和各行业建设发展③等。这一情况较好地体现了各档案馆利用视频档案传承历史文化、服务社会建设的主要职能和责任。另外,本次调查还发现,有11家网站发布了地方特色的视频档案资源,占比为44%,相对具有代表性的是天津档案方志网的方言建档、贵州档案方志网的"水书"介绍等。这些体现了目前我国有相当一部分省市级综合档案馆网站开始关注到地方特色视频档案的建设与利用问题。此外,本次调查还发现,当前一些网站为推进视频档案在线服务与有效利用也提供了其他内容的视频档案资源,如浙江档案网的"方言:乡音的呼唤"方言留存与保护系列④、安徽档案信息网"我的抗战故事"口述视频档案系列⑤等。

（2）数字视频档案服务支持情况分析。视频档案服务支持情况主要是从用户利用的角度来考查该服务是否可接近、是否便捷获取等内容。本次调查从服务导航层级、提供的服务类型、支持的利用权限等三个方面展开,具体结果如表6-3所示。

---

① 河北省档案馆.视频在线[EB/OL].[2023—1—25].http://www.hebdag.org.cn/channel/list/219.html.

② 江苏档案信息网.档案见证小康路[EB/OL].[2023—1—25].http://www.dajs.gov.cn/col/col821/index.html.

③ 香港特别行政区政府档案处.视像资料精选[EB/OL].[2023—1—25].https://www.grs.gov.hk/sc/videos.html.

④ 浙江档案.乡音的呼唤[EB/OL].[2023—1—21].http://www.zjda.gov.cn/col/col1453779/index.html.

⑤ 安徽档案信息网.兰台影像[EB/OL].[2023—1—21].http://www.ahsdag.org.cn/ltyx.html.

表6-3 省市级综合档案馆网站视频档案服务支持情况

序号	网站名称	服务导航层级	服务类型	利用权限
1	北京市档案信息网	多级	列表服务	下载保存、分享
2	天津档案方志网	多级	列表服务	下载保存、分享、评论
3	河北省档案馆	一级	列表服务	下载保存
4	内蒙古档案网	多级	列表服务	下载保存、分享
5	黑龙江省档案馆	多级	列表服务	下载保存
6	上海档案信息网	一级	列表服务 检索服务	下载保存
7	江苏档案信息网	一级	列表服务	下载保存、分享
8	浙江档案网	多级	列表服务	下载保存、分享
9	江西档案信息网	一级	列表服务	—
10	安徽档案信息网	多级	列表服务	—
11	福建档案信息网	多级	列表服务	下载保存、分享、提交纠错
12	湖北档案信息网	一级	列表服务	下载保存
13	湖南省档案局	多级	列表服务	下载保存、分享
14	河南档案信息网	多级	列表服务	下载保存、分享
15	广东省档案馆	一级	列表服务	—
16	广西档案信息网	多级	列表服务	下载保存
17	海南省档案信息网	多级	列表服务	下载保存、分享
18	香港特区政府档案处	多级	列表服务	—
19	贵州档案方志信息网	多级	列表服务	—
20	云南档案网	一级	列表服务	下载保存、分享
21	重庆档案信息网	一级	列表服务	分享
22	陕西档案信息网	多级	列表服务	下载保存
23	甘肃档案信息网	一级	列表服务	—
24	宁夏档案服务网	多级	列表服务	—
25	新疆档案信息网	多级	列表服务	下载保存

注:"√"表示有此项服务,"—"表示无此项服务。

从表6-3可以看出,当前各网站提供的数字视频档案在线服务仍处于较为落后的状态,具体体现在以下几个方面:

第一,服务导航不清晰,大多数网站需要用户逐级访问才能利用数字视频档案资源。本次调查发现,网站视频档案服务访问层级以多级为主,较少网站提供直接访问。除上海、江苏、河北、江西、湖北、广东、云南、重庆、甘肃等9家网站设置了易于发现利用的直达访问外,其余网站的视频档案服务访问层级均处于2级甚至3级,栏目相对隐藏,且没有设置清晰的服务导航线索,服务接入不太方便。这表明目前我国省市级档案馆网站视频档案设计规划方面存在较大的随意性,暂未形成统一服务标准,人性化设计方面亟待提升。另外,诸多视频档案仅提供页面访问播放功能,相关辅助功能十分简陋,大部分网站提供的视频档案资源只有标题描述,让用户无法事先有效判断该视频是否是其需要的视频等。

第二,视频档案服务类型以列表服务为主,极少网站能提供视频检索服务。调查发现,这25家省市级档案馆网站均提供了视频列表点播服务(即是在相关网页上提供了视频资源列表,用户点击相关链接直接在线播放)[1],其中仅有上海档案信息网能利用页面检索栏进行档案资源的查找。较为遗憾的是,该网站提供检索服务的检全率和检准率较差,用户通过关键词检索无法快速有效找到所需视频档案资源。

第三,视频档案利用权限相对较少,各省市级档案信息网站均未提供个性化服务、交互服务。调查发现,目前各网站提供的视频档案服务以在线访问、下载保存、分享三项为主。68%省市级档案馆网站页面提供视频档案下载保存的功能,44%网站的页面能提供视频档案分享功能。然而,各省市级档案馆网站在公众参与用户交互功能上表现较为欠缺,目前仅有天津档案方志网提供留言评论功能。同时,调查结果还显示,各省市级档案馆网站暂未对用户评价给予关注,在调查的25家档案

---

① 吕元智.基于用户交互的数字视频档案精准化服务模式构建研究[J].档案学研究,2021(01):78—86.

馆网站中仅福建档案信息网设置了提交纠错的按钮,以方便用户参与服务建设。

(3)数字视频档案在线服务效果分析。数字视频档案在线服务效果主要从用户访问量、利用评价来衡量,具体结果如表6-4所示。

表6-4 视频档案服务效果情况统计表

序号	网站名称	视频档案服务效果	
		用户访问量(次)	利用评价
1	北京市档案信息网	可统计4个视频档案浏览量总计319。其余未显示浏览次数。	视频页面无法正常播放;浏览不集中,查找困难。
2	天津档案方志网	—	视频页面均可播放;跳转链接方言建档相对较为迅速便利且增加用户对档案公众号的关注利用;浏览相对集中,便于集中观看利用。
3	河北省档案馆	—	视频页面无法正常播放。
4	内蒙古档案网	可统计4个视频档案浏览量总计16994。	视频档案均可正常播放;浏览相对集中,便于集中观看利用。
5	黑龙江省档案馆	—	视频档案均可正常播放;黑龙江省档案馆展示页面为H5页面;浏览检索不集中,查找困难。
6	上海档案信息网	—	视频档案均可正常播放;视频档案资源在首页列有单独入口;浏览层级划分明显,视频档案相对集中,便于集中观看利用。
7	江苏档案信息网	可统计32个视频档案浏览量总计12052。	视频档案均可正常播放;视频档案资源在首页设置一级标题,附有相关文字图片介绍;浏览层级划分明显,视频档案相对集中,便于集中观看利用。

序号	网站名称	视频档案服务效果	
		用户访问量(次)	利用评价
8	浙江档案网	可统计20个视频档案浏览量总计3392。其余未显示浏览次数。	视频档案均可正常播放;视频档案除设有视频专区外在网上展厅和声像档案专题库中均有发布;浏览相对集中,便于集中观看利用。 注:声像档案专题库分为新闻联播(浙江专题)、浙江视频新闻和解码古今三个专题,基本保证每日更新,发布视频量十万余个,未纳入本次调查中。
9	江西档案信息网	—	视频页面均无法正常缓冲播放;发布视频档案馆藏原件附有相应的录像电子档案档号和简要说明;浏览相对集中,便于集中观看利用。
10	安徽档案信息网	—	视频页面均可正常播放。
11	福建档案信息网	—	视频档案均可正常播放;视频档案资源发布在福建省数字档案共享查询中,播放页面附有关键帧图片介绍,便于利用;视频档案入口较难发现,但浏览相对集中。
12	湖北档案信息网	—	24.14%视频页面无法正常播放;浏览相对集中,便于集中观看利用。
13	湖南省档案局	—	视频档案均可正常播放;视频档案播放访问层级位于3级,查找相对不易;浏览相对集中,便于集中观看利用。
14	河南档案信息网	—	94.11%视频档案可正常播放;视频档案发布于全省数字档案信息资源共享系统中;浏览相对集中,便于集中观看利用。

序号	网站名称	视频档案服务效果	
		用户访问量(次)	利用评价
15	广东省档案馆	—	视频档案均可正常播放;视频档案资源在相关播放页面附有相关文章的链接,便于拓展利用;浏览相对集中,便于集中观看利用。
16	广西档案信息网	—	视频页面均可正常播放。
17	海南省档案信息网	—	视频档案均可正常播放;浏览相对集中,便于集中观看利用。
18	香港特区政府档案处	—	视频页面均可正常播放;发布视频档案馆藏原件附有具体分类说明和参考编号、与其他组织机构联合开展网上展览,视听资料共享;浏览相对集中,便于集中观看利用。
19	贵州档案方志信息网	—	视频页面无法正常播放。
20	云南档案网	—	视频档案均可正常播放;浏览相对集中,便于集中观看利用。
21	重庆档案信息网	可统计9个视频档案浏览量总计573。	视频页面均无法正常缓冲播放;对之前发布视频档案缺乏维护,无法播放导致利用率较低;浏览相对集中,便于集中观看利用。
22	陕西档案信息网	—	视频档案均可正常播放;浏览相对集中,便于集中观看利用。
23	甘肃档案信息网	可统计49个视频档案浏览量总计3856。	网站在调查期间无法正常打开。
24	宁夏档案服务网	可统计9个视频档案浏览量总计1513。	视频档案均可正常播放;浏览相对集中,便于集中观看利用。
25	新疆档案信息网	可统计2个视频档案浏览量总计2492。	视频页面无法正常播放。

注:"—"表示无此项服务。

其一,用户浏览量相对较少,且与用户交互较差。本次调查发现,从对视频档案页面的用户浏览量统计来看,视频档案总浏览量相对较低,各省市级档案馆网站视频档案总浏览量为千位数。与同级别的图书馆网站如江苏图书馆文化专题片仅"不可移动文物"专题视频播放总量约达到16万次[①]、"特色博物馆"专题视频播放总量约达到1万次[②]等相比,档案网站在该方面的服务效果仍存在较大的差距。另外,本次调查发现,仅32%的省市级档案馆网站公布了其浏览量数据,大部分网站视频档案在线浏览量等无法统计。此外,本次调查还发现,目前各省市级档案信息网站未提供充足的反馈渠道,且对用户反馈也没有及时回应。这反映了目前诸多档案服务部门对用户利用的关注度不高,管理思维明显,服务意识有待提升。

其二,数字视频档案服务的稳定性、可靠性较差,服务的可及性有待提升。本次调查发现,各省市级档案信息网站视频档案出现不同程度无法播放情况,具体原因如存在浏览器观看限制和播放链接失效、虽设置分享链接但响应速度较慢的问题等。此类问题直接影响用户的利用体验,降低用户利用兴趣,进而会减弱档案机构的信息服务能力,甚至有可能会导致用户对档案文化机构的权威性怀疑,影响档案部门的公共形象和社会公信力等。另外,部分省市级档案馆网站存在视频档案查找入口困难的情况如需要多层逐一访问等,在一定程度上也会影响用户利用视频档案的积极性,从而降低视频档案资源的社会利用率。

6.1.2 我国数字视频档案服务面临的主要问题分析

本次调查发现,我国大多数省市级综合档案馆网站已开始提供视频档案在线服务,并进行了实践探索,取得了一定进展。但是,当前档案服务部门提供的在线视频档案服务与社会发展要求不相适应,服务多处于

---

① 江苏图书馆.文化专题片不可移动文物[EB/OL].[2023—1—28].http://www.jstsg.org.cn/index.php?s=/home/index/mooc_list&id=5.

② 江苏图书馆.文化专题片特色博物馆[EB/OL].[2023—1—28].http://www.jstsg.org.cn/index.php?s=/home/index/mooc_list&id=20.

粗放状态。无论是提供的视频内容,还是服务的实现形式,均不尽如人意,服务的质量与效率也较差,更谈不上精准化服务。造成这一现状的原因是多方面的,既有视频档案资源描述与组织相对困难、成本较高等客观因素,也有档案服务部门服务理念滞后、服务方式不科学等问题。显然,现阶段的数字视频档案服务工作与我国数字档案馆工程建设是不相称的,也与用户所需要或期望的精准化服务存在较大的差距①。目前这种差距具体表现在以下几个方面:

其一,提供的数字视频档案资源数量少,且多为编研成品,档案内容描述简略。调查发现,目前我国省市级档案馆馆藏视频档案资源数量较小,能在网站上提供利用的数字视频档案资源更少。如,据天津档案方志网上的介绍,其馆藏档案近1200个全宗,共170万卷,而保存的录音磁带、录像带、开盘带、光盘仅6万余件②,其网站"网上展厅"的"视频专题版"栏目里提供可利用的各类视频资源仅为31份。需要强调的是,该网站是本次调查网站中能提供数字视频资源数量较多的网站之一。另外,目前档案网站提供可利用的数字视频资源绝大多数为档案编研成品如纪录片或口述视频记录等。如,安徽档案信息网"兰台影像"栏目提供的"我的抗战故事"口述视频③等。此外,调查还发现,可利用的数字视频档案资源描述非常简略,绝大部分只是罗列了简单的视频标题,对其中所涉及的主题内容、人物、时空范围等细节只字不提,用户只能从头开始浏览,才有可能找到自己所需要的内容。

其二,数字视频档案服务以在线列表点播为主,很少网站能提供在线检索服务。调查发现,在34家省市级档案网站中,除吉林、辽宁、山东、山西、四川等9家省级档案馆网站没有查找到相关视频资源外,其他25家档案馆网站均可以查找到相关视频档案或视频资源,占比为73.53%。这说明视频档案服务已普遍开始受到档案服务部门的关注。但是,令人遗憾

---

① 具体用户需求参见本书第三章。

② 天津档案方志网.馆藏介绍[EB/OL].[2023—1—10].https://www.tjdag.gov.cn/zh_tjdag/rgzn/gcyl/gcjs/index.html.

③ 安徽档案信息网.兰台影像[EB/OL].[2023—1—15].http://www.ahsdag.org.cn/ltyx.html.

的是,在25家提供视频档案服务的档案网站中,有24家网站只是提供了视频列表点播服务(即是在相关网页上提供了视频资源列表,用户点击相关链接直接在线播放),只发现1家网站(上海档案信息网)能利用在线查档系统查找视频档案资源,但检索服务功能较差,用户仅能进行相关标题检索。

其三,数字视频档案服务大多处于单向提供状态,用户无法直接反馈,个性化服务缺失。调查发现,目前我国省市级档案馆网站在提供视频档案服务时,多以单向提供为主,用户无法有效参与互动。虽然本次调查发现各家档案网站均设置了互动通道如邮件、电话、微信等,但这些互动通道利用率较低,针对性也较差,大部分是针对整体档案服务工作或档案网站服务工作而设置的,无法体现用户利用视频档案资源的真实情况。目前只发现"天津档案方志网"在视频档案浏览页面下方设计了留言评论功能,便于用户利用时直接留言或反馈。另外,本次调查还发现,所有访问调查的档案馆网站均没有涉及视频档案资源个性化服务或定制服务等工作内容。

基于上述分析,当前我国档案服务部门需要转变服务理念,真正确立以用户需求为中心的服务模式,设计合理的数字视频档案交互服务支持系统,不断拓展数字视频档案资源服务的深度与广度,以适应多元化、个性化和知识化的视频档案服务要求。本研究在此提出构建基于用户交互的数字视频档案资源精准化服务体系以期提升我国数字视频档案资源服务的质量和效率。

6.2 基于用户交互的数字视频档案资源精准化服务理念提出

6.2.1 基于用户交互的数字视频档案资源精准化服务的含义

现代信息技术的发展和应用,使得人类能够利用计算机和各种智能终端来生产、处理、交换和传播形式多样的信息,从而导致信息数据爆炸式增长。据2018年IDC发布的《Data Age 2025》白皮书预估,2025年全球数据量总和将达到175ZB[①]。信息数量激增的同时,信息过载、信息污染等问题随之而来,给人们的信息获取和选择造成了不小困难,甚而影响到使用者的身心健康[②]。因此,人们一方面对信息的内容质量、传播质量、效用质量、表达质量产生了更高的期望[③],如要求信息完整、相关、适量和规范,另一方面也对以图书馆、档案馆等为代表的信息机构的服务能力和水平提出了更高的要求和期望。用户关注的重点已从简单地发现信息转变为以多元化方式取得满足自身需求的个性化信息资源[④],并要求信息机构的服务更具交互性[⑤]和智能化[⑥]。然而,在档案服务领域,服务工作大多是基于档案管理的思维而展开的,呈"粗线条"状态。又因为缺少必要的技术和工具以实现对大规模档案用户需求的快速抓取和智能分析,在客观上更造成了对档案用户日益多元、精细化的服务需求的忽略和漠视。早在2013年一项针对我国32个省级档案网站和15个副省级档案网站的调查就发现,档案信息服务存在方式单一、与用户交流不够等问题,影响着公共档案馆档案信息服务的顺利发展[⑦],而本研究的数字视频档案服务在线服务调查同样也验证了这一观点。庆幸的是,近年来我国档案主管部门关于档案事业发展的中长期规划、档案公共服务能力提升的政策文件等为档案服务向高质量方向发展提供了动力,推进了档案公共服务制

---

① Data Age 2025:the datasphere and data-readiness from edge to core[EB/OL].[2022—10—17].https://www.i-scoop.eu/big-data-action-value-context/data-age-2025-datasphere/.

② 刘鲁川,张冰倩,李旭.社交媒体信息过载、功能过载与用户焦虑情绪的关系:一项实验研究[J].信息资源管理学报,2019,9(2):66—76.

③ 马昕晨,冯缨.基于扎根理论的新媒体信息质量影响因素研究[J].情报理论与实践,2017,40(4):32—36.

④ 于兴尚,王迎胜.面向精准化服务的图书馆用户画像模型构建[J].图书情报工作,2019,63(22):41—48.

⑤ 梁孟华.档案虚拟社区用户交互行为研究——基于用户调研数据分析[J].档案学研究,2017(6):45—51.

⑥ 张丽娟,陈越,李丽萍.高校图书馆的智能化管理与服务——北卡罗来纳州立大学图书馆带来的启示[J].大学图书馆学报,2015(2):26—29.

⑦ 雷晓庆,崔雪.公共档案馆档案信息服务现状及对策——基于公共档案馆网站调查的视角[J].档案学研究,2013(5):36—41.

度、政策、产品的有效供给,并推动实际工作中档案服务理念、内容、方式的转变①。例如,2021年中共中央办公厅、国务院办公厅印发的《"十四五"全国档案事业发展规划》明确了"以高质量发展为主题"的指导思想,要求坚持人民立场,建设好覆盖人民群众的档案资源体系和方便人民群众的档案利用体系,提高人民群众满意度②。当然,数字技术的发展及应用也为档案服务的变革带来了机遇和条件。如,支持档案精准数据利用的数据关联规则挖掘、智能代理、兴趣图谱③等关键技术,支持用户跨地域交互所需的档案信息网站及微博、微信等社交服务平台等,都为档案精准化服务的实现准备了必要的条件和工具。为此,无论是从用户需求变化的客观环境来分析,还是从服务机构突破困境的主观需要来考量,档案服务从粗放型走向精准化都有着深刻的必要性和极大的现实意义。

档案精准化服务是"互联网+"及大数据背景下催生的新型档案信息服务模式④,是以用户数据的高效管理为前提,并以用户需求为驱动而构建的个性化创新型服务⑤。基于用户交互的数字视频档案资源精准化服务正是数字时代档案服务发展到一定阶段的产物。它顺应了时代发展要求,并直面当前数字视频档案资源服务的难点和痛点。从本质上来讲,基于用户交互的数字视频档案资源精准化服务是指档案服务部门根据用户利用数字视频档案资源时的交互情景⑥,对用户特征、服务诉求等进行分析与画像⑦,并实时构建和调整服务策略,最终以恰当的方式为用户提供高质量的视频档案资源服务,是一种动态优化的个性化服务。其实现的

---

① 杨文.我国档案公共服务的发展动力与建设路径探析[J].档案学通讯,2020(1):87—93.

② 中办国办印发《"十四五"全国档案事业发展规划》[EB/OL].[2022—10—25].https://www.saac.gov.cn/daj/toutiao/202106/ecca2de5bce44a0eb55c890762868683.shtml.

③ 李财富,余林夕.基于档案用户小数据的精准化档案信息服务探析[J].档案与建设,2018(8):4—7.

④ 金波,晏秦.数据管理与档案信息服务创新[J].档案学研究,2017(6):99—104.

⑤ 苏君华,牟胜男.用户画像视域下档案馆精准服务:内涵、机理及实现策略[J].档案学通讯,2020(2):58—66.

⑥ 梁孟华.基于用户交互的数字图书馆服务评价模型构建与实证检验[J].图书情报工作,2012,56(7):72—78.

⑦ 曾建勋.精准服务需要用户画像[J].数字图书馆论坛,2017(12):1.

前提在于用户交互,核心要义在于用恰当的方式为用户提供所需要的视频档案资源。在当前,实施基于用户交互的数字视频档案资源精准化服务不仅能够有效解决档案服务部门与用户之间交流不畅、数字视频档案服务提供与用户实际需求不匹配等问题,而且还能吸引用户参与服务建设,增强档案服务部门的服务能力,从而提升数字视频档案资源服务的质量和水平。

6.2.2 基于用户交互的数字视频档案资源精准化服务的特点

作为时代的产物,基于用户交互的数字视频档案资源精准化服务是一种基于场景①的、用户参与的新形态档案服务,体现了网络时代个性化、智能化档案服务在视频档案资源服务领域所提出的新要求和新任务。它呈现出以下特点:

(一)用户导向性

用户导向的核心思想源自20世纪90年美国学者Lauterborn提出的4C营销理论②。该理论主张以消费者为核心,要求营销者在营销传播的过程中从消费者(Customer)、成本(Cost)、便利(Convenient)和沟通(Communication)四个方面来制定营销传播的战略,选择具体的手段与方式。在互联网时代,用户导向理念吸纳了开放、互动与融合等特征,将满足消费者需求的基本逻辑与新时期的诸多观点、理论发生关联与碰撞③。它成为信息服务的基本准则和重要战略,要求信息机构以用户信息需求为目标,对各项业务工作进行改造、变革,最大限度提高用户满意率和服务效率④,并建立以提高用户感知服务质量为直接目标,以促进用户满意

---

① 曾子明,孙守强.基于情景感知的智慧图书馆场景式服务研究[J].图书与情报,2019(4):101—108.

② Lauterborn B.New marketing litany:Four Ps passé:C—words take over[J].Advertising Age,1990,61(41):26.

③ 陈璐.识别、适配、开放及体验——用户导向视角下的博物馆文创产品开发[J].传媒观察,2020(11):51—55.

④ 图书馆·情报与文献学名词审定委员会.图书馆·情报与文献学名词[M].北京:科学出版社,2019:219.

度为最终目标的相应制度①。

　　基于用户交互的数字视频档案资源精准化服务,核心特点就是强调用户导向性,即通过获取、分析现实和潜在用户的需求信息,来调整和优化资源体系和服务内容,进一步为用户创造价值。具体来看,主要体现在三方面:其一,在用户方面,强调用户是宝贵资源,是档案服务部门的生存和发展之基。要点在于将用户放在视频档案资源服务的中心位置,拓展需求收集渠道,以特征细分用户群体结构,让用户的需求引导档案部门的创新,实现二者的良性互动和双赢。其二,在档案服务部门方面,强调包括资源建设、技术支撑、服务提供在内的各部门资源整合、高效协同,在对用户需求信息进行获取、整合和共享后,快速响应、精准供给,以用户的满意度作为数字视频档案资源服务质量的衡量标准。其三,在档案部门与用户的关系上,有别于以往二者的静态接触,它强调彼此不间断地交互,在此过程中,把握用户的共性和个性需求,并根据这些需求及用户利用场景变化,动态调整和优化服务策略,最终为用户提供定制的服务。

　　(二) 服务交互性

　　理论研究表明,用户的差异性在网络信息检索与利用行为中已愈发凸显,信息机构宜从用户特征出发,开展面向用户需求的适应性系统改良,形成对检索过程的反复匹配和精炼,以提升信息系统的功能和效果②。对数字视频档案资源服务而言,同样如此。当前,我国各省市级档案馆视频档案服务质量和效果欠佳,普遍陷入一种盲目粗放的状态,其中一个关键的原因就在于档案服务部门与用户之间缺少必要的交互,用户被档案馆赋予无差别的信息接受者角色。各网站所提供的视频档案服务以在线访问、下载保存和分享为主。在本研究的调查中,68%的省市级档案馆网站提供视频档案下载保存的功能,44%的网站页面能提供视频档案分享功能,仅有天津档案方志网提供了留言评论功能。绝大多数省市级档

　　① 李桂华.用户导向服务制度对图书馆员敬业度的影响研究简[J].图书情报知识,2017(3):21—28+53.
　　② 裴雷.信息检索过程中的用户交互行为及其影响因素[J].图书情报工作,2007,51(8):42—44+143.

案馆暂未对用户评价给予关注。这导致档案服务部门无法及时地捕获用户的真实需求,也就无从针对性地组织和实施服务。

基于用户交互的数字视频档案资源精准化服务,凸显了服务交互的重要地位,并将其视为服务开展和优化的依据,是数字视频档案资源服务精准化得以实现的关键。服务交互性具有两方面的内涵:其一是提供交互服务功能。一方面,档案服务部门要深入挖掘用户心理需求,营造符合用户内心活动和行为特点的数字视频档案信息利用环境,提升现有视频档案检索利用的效果,让用户获得其所需要的数字视频档案资源。另一方面,档案服务部门提供的精准化服务系统需要具备友好的界面和完善的功能,以便适应用户的个性化需求,并支持档案服务部门及时收集服务结果的反馈评价。其二是注重服务主体间的交互性。在精准化模式工作中,用户不仅是服务对象,要接收档案服务部门提供的视频档案资源并反馈利用效果等,而且还是服务的推动者,要积极与视频资源、服务系统、服务人员以及其他用户进行交互,参与到具体的服务策略制定或优化工作中来。在基于用户交互的数字视频档案资源精准化服务体系中,档案服务部门与用户是同步交流、共同成长的关系,用户交互的主动性、频次、质量等是决定这一服务能否有效实现的基础。

(三)内容精准化

在信息爆炸、信息泛滥的时代,信息的有无及体量的大小、获取的难易仅是评价信息服务机构服务水准的一个维度,而另一个更为重要的维度则是信息的质量,它包括了信息一致规范的属性和满足消费者需求的属性[①]。也就是说,对信息用户而言,他们已将信息视作一种产品,这种产品除了自身属性外,还拥有同金融、医疗等其他产品一样的服务属性,即以使用为目的,以满足需要为价值归宿。档案服务的核心是向组织机构和社会个人提供档案及档案信息加工产品,信息内容能否准确地适配用户的心理诉求,服务方式是否符合用户的倾向偏好,便成为判断服务质量

---

① 金燕,杨康.基于用户体验的信息质量评价指标体系研究——从用户认知需求与情感需求角度分析[J].情报理论与实践,2017,40(2):97—101.

高低的核心指标。

基于用户交互的数字视频档案资源精准化服务,一改以往的单向的无差别服务供给,突出用户导向和服务交互,其根本目的便在于实现服务内容精准化,这也是这一服务的核心要义所在。具体来讲,内容精准化包含了两个层面的含义:其一,为用户提供精确的高质量的视频档案资源内容。服务建立在资源组织的基础上,无论服务如何创新发展,档案服务部门的核心任务、档案服务的本质仍然是提供档案信息资源。这一模式要求为用户供给所需要的"细粒度"视频档案资源,以满足其精细化需求。即,在服务时,要为用户提供具体所需要的视频镜头或画面等,而不是粗粒度的视频文件等。其二,为用户提供恰当的视频档案资源类型,如集成的数字视频档案编研成品或数字视频档案原件等。档案资源服务的内容和形式是随着用户需求变化的,并受到社会环境的影响。这一服务体系下,档案服务部门需要根据用户的利用目的、场景或行为偏好等,为用户提供的是定制的、个性化数字视频档案服务,而不是统一的、标准化服务。

(四)手段智能化

随着社会生产力水平、居民收入水平的不断提高,档案用户的需求层次已有明显的跃升。总体上看,他们更加需要个性化、人性化的服务来满足日益丰富的精神追求和自我发展需要。与此同时,信息技术的更新迭代,特别是大数据、自然语言处理、人工智能技术的发展,使知识挖掘、文本自动分类、信息提取、智能搜索等成为可能。智能信息服务适应了人的需要,也带来全新的应用模式,拓展了信息服务的发展空间。正如国外的一些实践那样,它让每一个人都能够在智能时代享受更精准的、个性化的信息服务[①],成为行业乃至国家实现创新发展、增强核心竞争力的关注点。

基于用户交互的数字视频档案资源精准化服务便是数智时代档案服务的新形态,它体现出极强的手段智能化特征。首先,它需要使用视频抽帧、自动标引、语音识别、视频索引等智能技术,实现对视频内容的精细化

---

① 郑燕林,王战林.超越大数据走向智能信息服务:人工智能时代的芬兰实践及启示[J].现代情报,2021,41(10):91—100.

组织和高效检索,构筑服务资源基础。其次,服务过程中需要借助智能感知设备与网络爬虫技术等抓取用户个人数据、交互行为数据,开展用户画像分析,形成主体标签,智能分析和预测用户的服务需求,进行精准推送。再次,档案服务部门需要根据细化的用户群及其具体的利用场景,构建以用户为中心的基于情境感知的智能视频档案信息服务模式,以保障数字视频档案服务的高质量实现。总之,在服务形式超越视频档案点播、下载等传统服务而走向多样化的同时,档案服务部门更需要提高数字视频档案服务工作的效率和质量,便捷智能地满足用户的多元化利用需求。

6.2.3　基于用户交互的数字视频档案资源精准化服务的意义

基于用户交互的数字视频档案资源精准化服务是适应时代发展而做出的服务理念创新、服务模式变革。它有助于改变现阶段视频档案资源利用率不高、利用效果不佳的局面,对档案服务部门和用户均具有重要的现实意义。具体而言,包括以下四方面:

(一)促进视频档案资源的开发利用,深入挖掘档案价值

在当今多媒体时代,电视、电影和网络新媒体等视听文化消费已然成为社会文化消费的主流。据第50次《中国互联网络发展状况统计报告》显示,截至2022年6月,我国短视频的用户规模增长明显,已达9.62亿,占网民整体的91.5%。[1]用户群体的增加,迫使信息服务产业适应性调整。视频档案资源能立体生动地还原历史情境和社会活动面貌,除了显著的凭证价值外,还包含丰富的历史文化意蕴,也更适应用户对多样化档案资源的需求。然而,根据本研究调查显示,当前视频档案的开发利用尚在起步发展阶段,资源大量闲置,各省市档案馆网站发布的数字视频档案资源数量少,且与其他视频信息相混杂。另外,还有一些档案馆网站虽然发布了一定数量的视频信息,但是大多不属于视频档案范畴等。当然,致使视频档案资源开发利用程度不足,无法满足用户需求的

---

[1]　中国互联网络信息中心(CNNIC).第50次《中国互联网络发展状况统计报告》[EB/OL].[2022—10—11].http://www3.cnnic.cn/n4/2022/0914/c88-10226.html.

原因是多方面的。客观上讲,视频档案相较于传统载体档案,有着非结构化、语义识别难度大等特点,也就造成资源无法有效组织、开发利用成本高,进而无法以资源为基础开展高质量的服务。基于用户交互的数字视频档案资源精准化服务要求对视频档案资源进行细粒度描述与组织,能有效地降低它们的语义识别难度,提高检索系统的检索效率。另外,根据用户的潜在需求和客观需求来组织资源专题,借助用户画像技术、数据仓库、数据挖掘、智能代理等关键技术[1]实现视频档案资源的个性化、精准化推送,有助于突破以往的工作宣传报道范畴,使数字视频档案真正成为一种具有竞争力、吸引力的信息消费品和文化产品。总之,这一服务有助于数字视频档案资源转化为可利用的社会信息资源,提升档案资源的社会应用价值。

(二) 推动档案部门工作模式的改革,不断提升服务质量

数字视频档案资源在档案资源体系中所占比重越来越高,但目前数字视频档案服务发展水平却较低。从目前视频档案在线服务的方式来看,绝大多数档案馆以列表服务为主,较少能够为用户提供检索入口和交互功能;从视频档案的发布内容上来看,则集中在"历史文化""社会建设""地方特色"等主题方面。从某种意义上,或可说这些视频档案服务是图文时代档案文化建设工作在网络环境下的低成本升级。造成这一现状的原因,除了前述的客观因素外,档案服务部门的传统档案管理思维和工作模式是需要重点反思的内容。从管理思维出发去规划和设计服务的供给格局和生产模式,服务的效果和满意度无疑将大打折扣,这也与数字社会用户对视频档案资源的利用需求是极度不匹配的。基于用户交互的数字视频档案资源精准化服务以用户为中心,强调用户交互,有助于档案服务部门改变传统工作模式。首先,它充分突出了数字视频档案资源的社会价值及其服务提升的必要性,创新档案服务内容,丰富了档案服务体系。其次,在服务战略方面,将用户置于首要位置,要求认真"倾听"和分析用

---

① 李财富,余林夕.基于档案用户小数据的精准化档案信息服务探析[J].档案与建设,2018(8):4—7.

户需求,借助营销理念、市场导向机制,让服务工作真正以用户为中心而开展起来。再次,在服务实施过程中,这一服务体系重视利用用户个人数据和交互行为数据,并根据用户反馈来不断调整服务内容和形式,从而最终为社会提供高质量、高水平的数字视频档案服务。

(三)节省用户利用档案资源的成本,持续改善服务体验

国内外的研究表明,用户在查询和利用信息资源时始终遵循着"最省力原则"[①]。他们的选择行为与信息的易用性、花费和检索结果的准确性等因素紧密相关[②]。换言之,用户一旦认为某个信息机构提供的信息获取麻烦,检索结果不理想,便可能弃而不用。问题的严重性还远不限于此,随着大数据、人工智能技术的快速发展和应用,人们更加重视体验,形成了全新的消费观,突出个性化和精准性诉求,重视身心的满足。当前,档案馆提供的视频档案资源服务仍以列表和点播服务为主,检索效果不佳,而且导航线索不明确,用户为利用视频档案需要逐层点击链接,还不免发生信息迷航现象。显而易见,这无法满足用户的基本信息需求,更无从说服务的良好体验。基于用户交互的数字视频档案资源精准化服务要实现的是服务的精准化,它要求通过对视频档案资源的语义化组织,揭示档案的深层次信息和知识关联,并建立高效的检索系统,提供智能的检索服务,帮助用户以最小的成本和最合适的方式获取其所需要的视频档案资源。同时,科学规划设计档案馆网站视频档案,开发相关系统,形成统一服务标准,在分析用户心理和利用期望的基础上,增强设计的人性化和交互性。此外,在服务实施过程中,重视用户需求的动态跟踪和用户交互行为的智能分析,根据用户体验来调整优化服务。综上,基于用户交互的数字视频档案资源精准化服务有助于改善用户利用视频档案资源的服务体验效果,调动用户利用视频档案资源的积极性,为档案服务工作营造良好的用户生态环境。

---

① Buzikashvili N.Information searching behavior:Between two principles[J].Lecture Notes in Computer Science,2005,(3507):79—95.

② Kim K S,Sin S.Selecting quality sources:Bridging the gap between the perception and use of information sources[J].Journal of Information Science,2011,37(2):178—188.

（四）树立档案服务工作开放新形象，积极推动机构转型

档案服务部门作为档案信息产品和服务的"生产者"和提供方，在用户与档案信息资源中间起到中介作用。由于我国长期的"局馆合一"体制，社会公众对档案馆等档案服务机构的心理认知仍保有严肃的官方色彩，主观上普遍认为档案服务机构难以亲近①。事实上，以档案馆为代表的现代档案服务部门，其信息服务能力与图书馆等信息机构相比，确实在信息服务的全面性、准确度、成本等指标上②存在一定的差距，并在记忆资源组织、文化服务等方面也存在明显的弱势，但是它们承担着不可替代的档案服务职能。如何根据用户需求来提供数字视频档案服务，更好地履行服务职能，树立新形象，是当前档案服务机构需要思考的核心内容之一。显然，目前档案服务部门提供的数字视频档案资源与用户的利用需求、消费期望是不一致的，向用户展现的服务形象也是需要优化的。基于用户交互的数字视频档案精准化服务是语义网时代档案资源体系和档案利用体系建设的细化、深化，它强调档案资源建设和服务向用户开放，引导用户参与。在该服务体系中，用户不仅是服务的享有者，还是具体服务资源建设与方案优化的参与者。用户的参与不仅可以进一步拓展档案服务部门的服务能力，如解决服务人力不足、专业知识缺乏等问题，而且还可以让用户了解到具体的档案服务工作内涵，改变档案服务工作"封闭"的社会刻板印象。在后机构改革时代，它有助于推动档案服务部门服务能力的提升和服务形象的转变，向用户展现新时代的档案服务内涵，促进档案服务机构由传统的档案资源保管单位向信息和知识服务机构转型，树立新形象。

6.3　基于用户交互的数字视频档案资源精准化服务体系构建

档案服务是档案服务部门根据用户需求，利用多种手段、方法对档案

---

① 李秋丽.公众视角下的档案利用服务探析——基于普通公众的档案馆认知调查[J].档案管理，2022(4)：99—103.

② 黄夏基，韦雪迪.我国档案馆、图书馆公共服务结果均等比较研究[J].档案学通讯，2020(4)：20—27.

资源进行搜集、加工和处理,提供档案产品或服务的有组织的活动。基于用户交互的数字视频档案资源精准化服务则是借助智能化技术在实现视频档案资源语义化组织的基础上,立足用户交互,为用户提供个性化、智能化、动态化的服务。这一服务区别于以往粗放式的档案服务,它需要在一定目标和原则的指引下构建新的服务体系,为数字视频档案资源精准化服务工作发展提供新的发展思路。

6.3.1 精准化服务体系构建目标与原则

(一) 构建目标

确立目标是为服务主体开展工作提供明确的方向指引,实际上也是分析服务体系所应具备性能标准的过程。档案服务部门可以对照目标查找现有工作中的不足与薄弱环节,进行针对性建设,而更主动积极的是,能够明晰任务要求,据此来制定服务工作的战略规划。根据数字视频档案资源精准化服务的内涵和特点,该服务体系的构建应包括三个基本目标:

第一,构建面向用户需求的数字视频档案资源体系。信息资源是开展各种信息服务的物质基础,是满足用户需要的根本保障。从很大程度上讲,档案资源体系的建设水平直接决定了后续服务质量和用户的满意度。本研究的前期调查也表明,如果视频档案资源主题陈旧、开发产品呈现形式单一,将很难激发用户的关注和兴趣;又或者收集或采集的视频档案主题丰富,却仅仅停留在简单的著录标引阶段,未深入到知识单元,也无从提供高效优质的服务,其结果则势必降低用户黏性[①]。因此,基于用户交互的数字视频档案资源精准化服务体系的首要构建目标便是解决资源建设问题,为用户提供丰富的、可利用的且便于利用的数字视频档案资源体系。一方面,档案服务部门根据职能定位和所面向的用户群体,加强视频档案资源体系建设的规划,通过多种形式收集视频档案资源,拓展其

---

① Lin J C.Online Stickiness:Its Antecedents and Effect on Purchasing Intention[J].Behaviour & Information Technology,2007,26(6):507—516.

主题范围。另一方面,以用户的利用需求和行为习惯为依据,借助多模态信息处理技术,加强数字视频档案资源的组织与加工处理工作(具体参见本书的第四、五章),向社会公众提供更高质量的数字视频档案产品或服务,从而优化档案服务供给。

第二,实现用户需求的智能分析与精准匹配。用户需求在信息服务领域具有决定性的意义。它不仅影响用户的行为模式,即用户是在特定需求驱动下有意识地查找、捕捉和利用信息,而且还决定了信息服务机构的发展方向。数字技术的发展与应用深刻变革了人类的需求与行为。人们对档案的认知已溢出凭证、记录的范畴,拓展至其文化、历史、记忆层面的意义,并因归属需求、尊重需求、自我实现需求等[①]参与到档案记忆建构中,寻求档案服务对自身的满足。这一变化正为档案服务部门提供了新的发展空间。但与此同时,越来越多元的用户,越来越复杂的需求,势必给数字视频档案服务带来挑战,对视频档案资源的质量和服务内容提出更高的要求。正因为如此,构建基于用户交互的数字视频档案资源精准化服务的目标之一就是要解决服务供给与服务需求之间的矛盾。其基本要求是全面调查用户需求,通过对用户各类数据的实时抓取与智能分析,总结出需求特点和行为规律,并以此为依据进行适时调整,最终完成资源和服务建设同用户需求的高度匹配。

第三,提供符合用户预期的高质量数字视频档案资源服务。档案服务的最终目标是满足用户的需求,无论是服务的内容还是服务的形式,都应以其面向的对象为参照。当前,我国社会的主要矛盾已经转化为人民日益增长的美好生活需要和不平衡不充分的发展之间的矛盾。2020年全国档案局馆长会议上,指出2021年全国档案工作要以推动档案事业转型发展、高质量发展为主题,补短板、强弱项、破难题、提质量。高质量发展将是未来一段时期我国档案事业发展的主基调与总导向[②],这自然要求重视服务的产出和质量。为此,基于用户交互的视频档案资源精准化服

①　赵宇.公众参与档案记忆构建及其动因探究[J].浙江档案,2018(1):30—31.

②　黄霄羽,裴佳勇.高质量发展导向下特色档案服务的先进典型及实现路径[J].档案与建设,2021(4):6—11.

务的第三个关键目标就是解决服务的有效供给问题。基于用户交互的视频档案资源精准化服务需要坚持创新、协调、共享等新发展理念,突出用户交互的现实情境和精准个性的标准,优化服务的要素和流程,推出与现代信息环境相匹配的数字视频档案产品和服务,更大程度上满足用户对视频档案资源的利用需求。

总而言之,以上三个目标彼此联系,协调统一。其中,构建面向用户需求的数字视频档案资源体系是服务开展的基础,用户需求的智能分析与精准匹配贯穿服务全过程,而提供符合用户预期的高质量数字视频档案资源服务则规定了服务的发展方向。这三个目标系统全面地涵盖了基于用户交互的数字视频档案资源精准化服务体系建设任务,同时将服务的基本要素囊括其中,有助于构建档案服务部门与用户共同成长的新型档案服务生态。

(二)构建原则

基于用户交互的数字视频档案资源精准化服务体系构建是一项系统和长期建设工程,它需要坚持以下原则:

其一,科学性原则。科学性原则具体体现在以下四个方面:一是在数字视频档案资源的收集、加工处理等环节中要秉持科学客观的态度,保证视频档案资源内容的真实可靠。二是科学组织数字视频档案资源,深度揭示视频档案资源的语义信息和内容关联,构建精准化服务系统,最大化释放档案资源的知识力量。三是确保所获取的用户信息及用户交互行为数据的客观性,以便全面准确地分析用户需求和行为模式,从中提炼客观存在的特征和规律,并作为精准化服务推进的依据。四是将用户交互、精准化服务等理念与特质贯彻到服务体系构建与组织实施过程中,并根据服务实践情况不断修正和完善。

其二,动态性原则。用户、数字档案资源建设、档案服务三者间的关系是多向动态而非单向静态的,是以用户为中心,实现资源建设与服务协同联动①。坚持动态性原则,包括三方面的要求。第一,不同的用户群体

---

① 周耀林,赵跃.面向公众需求的数字档案资源建设与服务研究[J].中国档案,2017(9):68—69.

拥有不同的特点,并且他们的信息需求动态变化,视频档案的利用场景也各异,需要结合用户的实际情况对数字视频档案资源的建设与服务做出适应性调整。第二,在现代信息服务环境下,数字视频档案资源尤其是网络数字视频档案资源变动频繁、发布更新速度快,必须建立完善的档案资源采集与管理制度,定期发布新资源,并测试检索工具和检索路径,确保其可用和易用,构筑坚实的服务保障体系。第三,及时更新和分析动态变化的数据,调整数字视频档案资源服务策略与流程,确保服务的针对性和内容的精准化,避免服务滞后现象的发生。

其三,系统性原则。数字视频档案服务涉及不同主体的利益、不同资源的整合和不同社会关系的调和,是一个复杂的动态过程①,需要系统思维指导。一方面,注意数字视频档案资源体系的建设,促进资源的整合与共享,改变零散封闭的状态,为最大化发挥档案部门服务职能奠定基础。另一方面,开展顶层设计和系统规划,平衡数字视频档案资源精准化服务中的诸多关系,如档案服务部门与用户的关系、用户个性需求与共性需求的关系、视频档案资源建设与服务的关系等,构建利益协调机制、服务保障机制,充分调动服务生态系统中的各类要素,确保服务理念的落地和服务流程的完善。

6.3.2 精准化服务体系构成分析

档案服务从粗放走向精准,是数字时代用户需求内容日趋立体、多样和个性化的必然要求。不少研究者在关注精准化档案服务概念、理念的同时,还探究了基于特定技术和方法的服务模型构建问题。如,聂云霞从档案小数据的采集、处理、存储、服务以及模式优化出发,设计了涵盖档案用户层、档案用户小数据采集处理层、档案小数据存储层、档案信息精准服务层、服务模式优化层五个层级的档案信息精准化服务模式②;于帅基于用户画像的方法,构建了由用户数据层、释义层、应用层等组成的综合档案馆精

---

① 苏君华,宋帆帆.档案馆服务价值共创模型探析——基于服务生态系统视角[J].档案学通讯,2022(3):56—64.

② 聂云霞,何金梅,肖坤.基于小数据的档案信息服务精准化研究[J].山西档案,2021(2):5—13+24.

准化服务框架模型①,这些研究均强调了用户数据的基础地位,目前构建数字视频档案资源精准化服务体系亦应如此。遵循构建原则,结合服务体系的目标功能和要素构成,基于用户交互的数字视频档案资源精准化服务体系框架如图6-1所示。它由用户画像系统、视频档案资源组织与检索系统、服务精准推荐系统、交互服务实现平台四个部分构成。

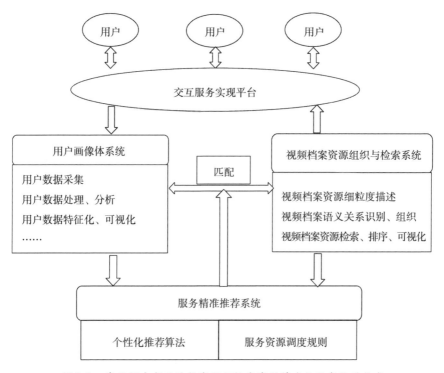

图6-1 基于用户交互的数字视频档案资源精准化服务体系构成

（一）用户画像系统

用户画像(Personas),也称用户脸谱绘制、用户角色定位等②。相关概念最早由艾兰·库珀在1998年提出,它指"真实用户的假想原型",被视为良好交互设计的基础③。随后,Amato将用户画像界定为"一个从海量

---

① 于帅.用户画像视角下综合档案馆精准化服务研究[D].哈尔滨:黑龙江大学,2022:35.

② 文庭孝.大数据时代图书馆创新发展思考[J].图书馆,2019(5):15—22.

③ 艾兰·库珀.交互设计之路:让高科技产品回归人性[M].丁全钢,译.北京:电子工业出版社,2006:115.

数据中获取的、由用户信息构成的形象集合"[1],可用以描述用户的需求、个性化偏好以及用户兴趣等。在大数据时代,用户画像已成为开展精准营销及服务的重要工具、技术手段和应用方法,为图书馆等众多的信息机构实时动态跟踪用户需求、洞察用户偏好提供有力支撑,也为它们提高资源利用率、增强用户忠诚度及粘性[2]、实现信息服务向知识服务转型升级[3]等提供了新举措和新动能。同样地,它也可以用于优化档案服务部门的检索系统以实现档案资源精准推荐与个性化检索,从而一定程度上解决档案部门粗放型档案信息服务与用户精确个性需求之间的矛盾。不同用户群体对数字视频档案资源的服务需求各有差异,要想提高服务的针对性和精准度,必须借助用户画像的技术和方法。特别是基于行为的用户画像方法,它有助于剖析用户决策行为不同阶段表现出来的特征行为、变化过程、动因要素等,并进一步发现该用户属于哪一群体分布,该群体与其他用户群体有什么差异,进而基于此来构建较为完善的用户画像模型,为不同群体用户提供独具特色的个性化精准服务。[4]在基于用户交互的数字视频档案资源精准化服务体系中,用户画像系统主要是对档案用户的需求、相关特征以及交互情景等数据进行动态跟踪和实时采集,精准描述和分析用户需求,实现用户需求标签化与可视化,为数字视频档案资源精准化服务工作的有效开展提供直接的决策依据。

(二)视频档案资源组织与检索系统

无论档案服务内容和服务方式怎样推陈出新,档案服务部门联通档案资源与用户的这一中介性质是不变的,或者说用户对档案服务部门的核心要求依然是提供合适的档案信息及相关产品。数字视频档案资源的

---

① Amato, Straccia. User profile modeling and applications to digital libraries [C]. Proceedings of the Third European Conference on Research and Advanced Technology for Digital Libraries (ECDL 1999),1999:184—197.

② 梁荣贤.基于用户画像的图书馆精准信息服务研究[J].图书馆工作与研究,2019(4):65— 69.

③ 许鹏程,毕强,张晗,等.数据驱动下数字图书馆用户画像模型构建[J].图书情报工作,2019,63(3):30—37.

④ 刘海鸥,孙晶晶,苏妍嫄,等.国内外用户画像研究综述[J].情报理论与实践,2018,41(11):155—160.

建设情况直接决定了能否开展高质量的检索以及更多样的服务。如果避开信息组织这个前置环节来谈信息服务,则后者无异于建立在空中楼阁之上。然而,当前我国大部分省市级综合档案馆的视频档案服务质量不尽如人意,其根本问题就源于沿袭传统资源建设思路来开展工作,一是网站公布的视频档案类型主要为编研成品,主题和形式单一,二是它们内容描述过于简略、关联关系设计较少、兼容性问题突出①。所以,正如前文所论述的,数字视频档案资源精准化服务体系构建的首要目标是解决资源问题,也就是建设档案信息资源系统。视频档案资源结构复杂、语义丰富,要达到良好的利用效果,有待于明确资源逻辑单元间的各类语义关系,并实现用户需求与视频档案资源语义解析以及语义关联组织的有机融合。数字视频档案资源组织与检索系统正是要根据交互环境下用户需求及其行为特点,对数字视频档案资源进行细粒度描述与语义组织,并对用户所需的视频档案资源提供精确检索,支持通过"人物""时间""事件"等查找,并提供排序、可视化展示等。该系统主要解决数字视频档案信息产品生产和服务供给的基本问题,为数字视频档案资源精准化服务的实现奠定可靠的资源基础。

(三)服务精准推荐系统

数字视频档案资源服务的精准化集中体现在用户个性需求的满足以及档案信息资源的针对性营销,这也是评判档案部门服务能力的一个重要指标。目前,档案用户的需求内容呈现立体化的趋势②。有的用户对档案信息的利用停留在其原始的凭证价值,有的却倾向于借助档案咨询得到知识集成的意见或建议,或者希望通过档案服务满足其对精神情感价值和自我发展的诉求。数字视频档案所记录的信息丰富,并且视听表现力出色。不同于直观的文字记录,视频档案的诸多知识信息是隐性的,而通常这些才是用户最为关注的内容,也就是视频中所包含的人物、事件、

① 吕元智,谷俊.面向用户需求的视频档案资源描述框架构建研究[J].档案学研究,2021(6):92—99.

② 王晨.基于社会调查的档案用户需求研究[J].档案与建设,2016(10):30—35.

时间、地点等基本信息以及活动的历史背景信息。所以,信息提供仅仅是最基础的,还需要个性化、智能化程度更高的信息服务、知识服务。在基于用户交互的数字视频档案资源精准化服务体系中,服务精准推荐系统主要任务是根据用户画像系统提供的用户需求,对视频档案资源组织与检索系统中的视频档案资源和服务资源进行精准匹配,在"个性化推荐算法"和"服务资源调度规则"的共同作用下,向用户推荐合适的服务内容与服务实现方式等。其中,"个性化推荐算法"是视频档案资源精准化服务实现的关键,它直接关系到精准化服务实现质量的高低。在精准化视频档案服务体系构建工作中,选择适合的推荐算法至关重要。"服务资源调度规则"主要是明确用户调用视频档案资源的权限和规则,确保视频档案资源在合法合理范围内利用,避免安全风险、产权纠纷等问题的发生。

(四)交互服务实现平台

交互性是大数据时代在线信息服务的基本特征之一。依据用户利用网络进行交互的行为来分析其交互过程,用户交互主要有发布信息行为、获取信息行为、交流信息行为和共享信息行为等几种形式[1]。从交互的主体出发,它则可以分为用户与信息内容的交互、用户与服务平台的交互、用户与用户之间的交互等,以"交互"为链接的互动圈子构成了信息服务"用户交互情景圈"[2]。对用户而言,他们所面对的档案信息系统用户界面直接关系到信息的检索和选择行为,所以档案服务部门应当根据用户交互形式,决定信息交互服务的模式,提供符合用户需求的、个性化的、良好的人机界面,帮助用户有效地使用系统。当前绝大多数档案部门的官方网站提供视频档案服务以在线访问、下载保存、分享三项为主,在公众参与用户交互功能上表现较为欠缺,在本研究的调查发现中,仅有天津档案方志网提供留言评论功能,并且用户的评价反馈也未得到足够的重视。在数字视频档案资源精准化服务体系中,交互服务实现平台便是针对现有问题所做出

① 陈朝晖,孙茜.基于用户交互的网络服务及其在图书馆的应用研究[J].图书情报工作,2006,50(10):11—18.

② 刘巧英.用户交互情境下的图书馆微服务评价研究[J].图书馆理论与实践,2019(4):88—92.

的改进,它是用户与视频档案资源服务系统、服务人员以及用户之间进行交互的界面,主要负责向用户画像系统提供用户各类数据,如用户的基本信息、需求表达、场景信息、利用反馈等,并接受视频档案资源组织与检索系统反馈的数字视频档案资源,并以合适的方式展示给用户。

6.3.3　精准化服务体系运行机制

在基于用户交互的数字视频档案资源精准化服务体系中,用户画像系统、视频档案资源组织与检索系统、服务精准推荐系统、交互服务实现平台共同构成高效协作的系统。用户在"交互服务实现平台"提出视频档案资源利用需求,"交互服务实现平台"将用户的基本特征、需求等提交给"用户画像系统"。"用户画像系统"对用户的特征、需求等进行分析、鉴定,完成用户需求标签化处理,并将这些标签提交给"服务精准推荐系统"。"服务精准推荐系统"将其与"视频档案资源组织与检索系统"中的数字视频档案资源和服务资源进行匹配计算,并发出具体指令,"视频档案资源组织与检索系统"收到指令后,完成视频档案资源的检索、排序等操作后,结合用户利用情景,将检索结果以用户需求的方式反馈给"交互服务实现平台"。用户在"交互服务实现平台"上对数字视频档案检索结果进行浏览、反馈等,并与服务系统、服务人员等实时交互。服务系统再根据用户的反馈、交互信息等,不断修正用户需求标签,优化服务提供策略,最终为用户提供精确的、满意的数字视频档案资源服务(见图6-1)。这一系统遵循需求数据采集、利用需求分析、档案服务响应、结果反馈优化的基本路径运行。

(一)需求数据采集

需求数据采集是数字视频档案资源精准化服务开展的起点。该阶段主要是档案服务部门通过多种途径和方法如交互服务平台等获取用户各类数据,包括用户的基本属性、需求偏好、行为特征、心理状态及交互情景等内容。数据是否真实客观、广泛全面,直接决定了后续分析结果是否可信可靠,也决定服务工作能否真正完成从"供给决定需求"向"需求引导供给"[1]的转变。显然,其中的关键点在于让用户"发声讲话"和"雁过留声"。对应到具体的数字视频档案服务实践中,最直接的活动则是用户在交互服务实现平台提出视频档案资源利用需求,同时交互服务实现平台实时采集用户的检索习惯、浏览偏好数据、档案资源利用情况等,并将它们提交给"用户画像系统",以便开展进一步的处理分析工作。

(二)利用需求分析

利用需求分析是数字视频档案资源精准化服务的关键。用户导向理念在档案信息服务中的贯彻落实,有赖于档案服务部门对用户特征及其真实需求的捕获和描述,特别是要在数智环境下加强对用户不确定性需求表达的理解,如摆脱模板化、制式化的知识结构,提升服务的推理能力等[2]。用户的信息素养、心理状态、职业因素及所处社会环境不同,受此影响,在数据采集阶段,系统所捕获的需求信息差异化显著[3],而且往往是杂乱、模糊、不确定的,有待处理和挖掘。因而用户画像系统的主要任务就是对它们进行清洗和鉴定,通过用户数据挖掘算法,使之转化为有序的、清晰的、可以显性化的标签,然而后将这些标签提交给"服务精准推荐系统"。

(三)档案服务响应

档案服务响应是数字视频档案资源精准化服务的核心。究其本质,精准化服务是一种个性化和定制式服务,也就是要依据不同用户的不同需求内容与特征,提供针对性强、用户满意的信息产品与服务。这一服务主要由"服务精准推荐系统"和"视频档案资源组织与检索系统"共同配合完成。前者将用户的准确需求同视频档案资源组织与检索系统中的视频档案资源和服务资源进行匹配计算,并发出具体指令,视频档案资源组织检索系统收到指令,完成数字视频档案资源的检索、排序等操作后,结合用户画像特征和利用情景,将检索结果以用户需要的方式反馈给交互服

① 武亚楠,唐长乐.面向数字政府的数字档案精准化服务研究[J].山西档案,2022(2):85—91.
② 田钧锐.基于多轮对话的用户需求捕获方法[D].哈尔滨:哈尔滨工业大学,2021:1.
③ 王晨.基于社会调查的档案用户需求研究[J].档案与建设,2016(10):30—35.

务实现平台,确保服务的快速响应和"千人千面"。

（四）结果反馈优化

结果反馈优化是数字视频档案资源精准化服务的保障。档案服务的最终目的是要满足用户的需求,而反馈机制作为档案服务系统的终端环节之一,能够帮助档案服务部门掌握用户的需求动向,加强与用户的良性沟通,指导服务质量的优化[①]。反馈优化在精准化服务体系运行中不仅重要,而且必不可少。用户在交互服务实现平台上对数字视频档案检索结果以及个性化推荐内容进行浏览、利用、评价等,并与服务系统、服务人员等实时交互。服务系统再根据用户的反馈、交互信息等,不断修正用户需求标签,并调整服务提供策略,提升视频档案资源服务的精确度和满意度。

以上四个阶段或环节并非彼此割裂,而是在前后衔接中持续不间断地运作。在这一过程中,"用户画像系统""视频档案资源组织与检索系统""服务精准推荐系统""交互服务实现平台"在各阶段分别发挥着主导作用,但又相互配合。例如在服务响应阶段,虽然数字视频档案资源和服务资源的调度提供是以数据采集阶段用户的需求表达为直接依据的,但是通过多轮的结果反馈优化,服务系统已形成了需求初步理解、用户评价反馈、需求再次认识的联运机制,各环节共同来完成服务响应任务。总之,基于用户交互的数字视频档案资源精准化服务需要规范运行、实时调整和不断优化,才能最大程度满足用户的需求与偏好,以适应用户的行为特征和利用场景。

6.4 基于用户交互的数字视频档案资源
精准化服务实施策略

基于用户交互的数字视频档案资源精准化服务是以优质视频档案资源为依托,从用户利用资源时的真实需求和交互情景出发,智能化、针对

---

① 周林兴,龙家庆.信息治理视域下档案服务质量优化反馈机制探析[J].兰台世界,2019(3):13—17.

性地提供用户所需信息和服务的过程。它需要档案服务部门从数字视频档案资源、服务平台、画像系统和推荐系统等方面开展具体建设工作,确保服务系统能高效地运转起来。

6.4.1 建立高质量的数字视频档案资源保障体系

常言道,"巧妇难为无米之炊"。大量的、可利用的数字视频档案资源正是"巧妇之米",是其精准化服务实施的物质基础。建立高质量的数字视频档案资源保障体系自然成为当前档案服务部门实施精准化服务的首要任务。所谓"高质量",简单而言便是指信息资源成规模聚集并且经过科学组织,在内容上能够符合一定用户的使用需求和利用习惯。在该项工作中,档案服务部门除了要解决数字视频档案资源的细粒度描述与语义化组织问题(具体参见本书第四、五章)外,还需要重点处理好以下两个方面的问题。

其一,数字视频档案资源的有效收集问题。随着数字声像信息记录技术的发展,数字视频档案资源越来越丰富,且收集和管理成本也相对降低,为该领域精准化服务实现提供了潜在的档案资源基础。如何使这种潜在的数字视频资源转化为现实的数字视频档案资源,并构建起高质量的数字视频档案资源体系,是摆在档案部门面前的首要问题。然而,在一定时间范围内,任何档案服务部门的人力、物力和财力总是有限的,其收集工作要做到科学有效,需注意以下几个关键点。一是收集范围问题。鉴于目前数字视频档案资源总量相对较少这一现实情况,档案服务部门可以在现代记录环境下重新审视归档制度,适当拓展数字视频档案收集或接收范围,在条件允许的情况下,尽量做到"应收尽收",以解决当前数字视频档案资源总量不足的问题。二是收集质量问题。在这方面,注意电子视频文件的"四性"是基础要求,更重要的是要注意数字视频档案资源同文本型等类型档案资源的关联性和一致性问题。例如,将工程项目视频档案资源收集与项目其他类型档案资源管理同步进行,并在范围上保持一致等。三是收集效率问题,即是要尽量减少数字视频档案资源收集的困难和不利因素。当前档案实践部门已探索出了一些较为有效的方法,如主动去重大工程、重大活动现场摄录视频以解决基层文档管理单位的困难①、建立高效的在线视频档案接收系统②等。档案服务部门可以借鉴这些做法,因为它们不仅可以减少基层单位数字视频文档收集的困难,提升数字视频档案资源收集效率,而且还能有效地有效保障数字视频档案资源采集质量。

　　其二,数字视频档案资源的深度开发问题。现阶段虽然档案原始信息仍旧是多数用户实际利用过程中的首要选择,但以原始信息为基础制作的加工产品也受到越来越多用户的关注③。数字视频档案资源的开发是挖掘、放大档案价值的必要途径,也是档案服务部门扩展自身公共服务职能、参与社会文化建设的重要内容④;数字视频档案资源开发的产品则是数字视频档案资源保障体系的组成部分,形成对原始视频档案的补充,能够较快增长数字视频档案资源总量。然而,当前数字视频档案开发产品类型单一,与新媒体时代的信息消费趋势不符,也与国家文化战略要求不匹配。所以,建立高质量的数字视频档案资源体系除了收集视频档案原件外,还需要加强数字视频档案资源的开发工作,形成多元文化产品。一方面,档案部门应面向市场,转变传统的观念,采取市场化的营销方式积极参与到视频档案文化产品的开发中去。另一方面,在开发时注重用户的需求,加强与用户互动,集思广益,开发档案文化精品。例如,澳大利亚国家电影和声音档案馆(National Film and Sound Archive,简称NFSA)在线商店在开发声像档案产品时注重选择贴近用户实际生活的主题,并且利用Facebook、Twitter、YouTube、Instagram等社交媒体赋能用户参与和表达,及时调整开发策略。⑤

---

① 李永新.浅议重大活动声像档案的收集——以甘肃省档案馆为例[J].档案,2014(4):61—63.

② 王为邦.城建声像档案在线移交管理探索[J].通讯世界,2014(5):122—123.

③ 王晨.基于社会调查的档案用户需求研究[J].档案与建设,2016(10):30—35.

④ 郭辉,谭必勇.美国国家档案馆网上商店档案文化产品研究[J].浙江档案,2016(12):20—23.

⑤ 周昱琪,吕元智.澳大利亚NFSA声像档案在线服务建设及启示[J].山西档案,2021(6):46—53+82.

6.4.2 构建高效能的数字视频档案交互服务平台

进入互联网时代后,通过数字档案馆(室)建设,档案部门的服务早已从实体空间拓展至虚拟空间。而受社会数字化转型和新冠疫情等大环境的影响,用户线上服务的需求在现阶段得到了极大释放。这就要求档案服务部门重视在线服务平台的搭建。基于用户交互的数字视频档案资源精准化服务体系特别强调用户参与和交互,建设高效能的交互服务实现平台便成为实施该服务体系的基本内容之一。在当前,构建高效的交互服务实现平台需要加强服务平台的功能、易用性以及个性化等方面的建设工作。

第一,交互服务实现平台功能建设。交互服务实现平台是用户与数字视频档案资源服务系统进行交互的接口,它既要提供交互功能,又要保证服务交互机制的实现,是前文所讲"用户交互性"特征的直观体现。在服务运行过程中,平台不仅承担数字视频档案资源检索工作的一般任务如向系统提交用户需求、接收视频检索系统反馈的检索结果,并根据要求对检索结果进行有效展现等,而且还要及时对用户各类数据如用户需求表达、利用行为如浏览时间、习惯等进行有效采集并向"用户画像系统"提交。为此,在具体平台功能建设时,档案服务部门首先要充分考虑到数字视频档案资源的特性及其检索要求,如视频资源播放对服务器、客户端等软硬件的性能规定等,确保平台能顺利完成数字视频档案资源的检索、呈现等任务。同时,档案服务部门还要考虑平台能否保障用户交互操作如提问、利用反馈等的实现及各类用户数据的及时采集等问题。建设功能强大的交互服务实现平台是保障数字视频档案精准化服务实施的基础性工作。

第二,交互服务实现平台易用性建设。交互服务实现平台的易用性问题关系用户的信息选择意愿和行为,进而影响数字视频档案精准化服务的实施效果。这就要求档案服务部门在平台建设时,坚持用户导向理念,充分考虑到用户的需求和利用行为习惯,并将这些因素纳入平台性能设计工作之中。在这方面,档案服务部门可以采取下列措施:一是事先对数字视频档案资源用户的需求进行调研和分析,总结用户的利用特点,并根据这些特点来设计具体服务提供形式,如常用服务接口的安排、视频检索结果呈现样式等,力争界面显示简洁清晰,结果反馈合理易用。二是借鉴其他类型服务平台建设经验如电子商务平台等,尽量以模块化、可视化的思路来设计,减少用户利用数字视频档案资源的障碍因素,降低非专业用户利用视频档案的难度和成本,避免其产生"压力"和"挫败感"。通过建立易用性的交互服务实现平台,激发用户利用数字视频档案资源的积极性,主动参与交互,能为数字视频档案资源精准化服务的实施营造良好的生态环境。

第三,交互服务实现平台个性化建设。基于用户交互的数字视频档案资源精准化服务在本质上是个性化服务,也就是服务满足一般需求的同时,更贴合个体的独特需求。交互服务实现平台的个性化建设核心内容主要是为用户在利用这一平台时提供尽可能多的选择,如选择所喜欢的界面、所需要的功能模块、视频档案检索结果呈现形式、交互的媒介等。值得注意的是,在交互服务实现平台个性化建设方面,档案服务部门需要做的工作主要是为用户提供尽可能多的自由选择,而不是具体的个性化服务定制方案。另外,当前交互服务实现平台的个性化建设还需要注意到用户利用档案资源的习惯的变化如微环境下的利用[①]等,在确保系统互通的基础上,建立基于电脑、手机等不同操作系统版本的服务平台等,以适应不同利用偏好用户的需求。通过交互服务实现平台的个性化建设,为用户提供尽可能大的选择自由度,充分尊重用户的利用习惯,改善用户利用数字视频档案资源的体验效果,激发用户参与交互的积极性。

6.4.3 配置高精度的数字视频档案用户画像系统

实施精准化服务的关键在于准确把握用户真实需求,并根据用户需求来提供服务。高精度的视频用户画像系统是该模式运行的重要保障。

---

① 王文燕.微时代的档案信息微服务[J].档案,2015(8):47—49.

用户画像的核心理念是根据用户的属性、偏好、行为、目标等差异对其进行分类,然后抽取其典型特征(标签),进而利用这些特征(标签)勾画出用户原型,即给不同的用户按照特征来"贴标签"①。用户画像的目的在于将用户原本模糊的、不确定的需求清晰化,使之成为可以显性化的标签,方便服务人员直观理解以及计算机处理等。当前,在配置高精度的视频用户画像系统方面,需要做好以下三个方面的工作。

其一,全面采集用户大数据和小数据。用户大数据是指众多用户在利用数字视频档案资源时所提供和产生的各类静态数据和动态数据②。前者包括用户的性别、年龄、受教育程度、职业、工作机构等属性与状态信息,后者包括视频浏览、下载、停留时间、反复频次、评论等行为数据。对用户大数据进行收集和处理的目的在于探寻用户利用数字视频档案资源的一般特点和要求,它们是档案服务部门构建数字视频档案服务实现平台、提供服务的一般基础。用户小数据是指单个用户在利用数字视频档案资源时所提供和产生的各类数据,它们是用户具体信息和需求行为的多维体现,是开展个性化服务的前提,也是数字视频档案资源精准化服务开展的"坐标"。档案服务部门可以在用户注册服务平台时加强对用户静态数据的收集和管理,而在视频档案服务活动中,可以通过加装传感器网络、服务器监测设备、个人移动终端等数据监测记录设备,采用网络爬虫和网页日志挖掘等手段对用户的数字视频档案利用范围、利用习惯、评价反馈等信息进行采集和处理。

其二,精准识别用户共性和个性特征。各类数据是现实世界及其运行规律在数字时空中的一种映射,用户数据是用户需求和特征的反映。然而,这种特征并非直观的,并且这些数据难免存在着一定的"噪声"和冗余。一方面,档案服务部门要在各类用户数据全面收集和管理的基础上,对数据实施清洗、融合集成、变换及规约等预处理操作,确保用户标识的

① 戴莹.图书馆用户画像服务系统的构建研究[J].四川图书馆学报,2020(2):44—48.
② 于兴尚,王迎胜.面向精准化服务的图书馆用户画像模型构建[J].图书情报工作,2019,63(22):41—48.

唯一性,筛除冗余无效数据,补充完善缺失数据,为用户的特征识别提供可靠的数据集①。另一方面,档案服务部门需要利用大数据技术归纳总结出用户利用视频档案资源的一般特性和发展要求,构建用户需求认知的一般框架,为基础性服务开展提供依据。同时,利用以单个用户为对象建立的相对独立的用户小数据系统②,从利用行为偏好、职业身份、近期关注热点等不同维度对用户需求进行分解,识别出用户个性化需求特征,为高精度的用户标签形成做好准备。总之,在用户共性特征的基础上识别出个性化需求特征,全面反映用户群和用户个体的特点和需要。

其三,优化数据挖掘算法,持续提炼高精度的用户标签。用户标签是高度精练的用户特征标识,是对用户数据进行分析和高度概括的结果,它必须要能准确地描述和表达出用户属性、行为偏好及其具体目标等③,它是用户画像形成的基本要素。然而,生成高度精练的用户标签是一个较为复杂的过程,它需要不断优化用户数据挖掘算法④。这主要是因为,用户标签虽然有些如静态标签如教育程度、职业等是可以直接从用户数据中提取,但是大多数如动态标签——浏览习惯、活跃度等的提取还是要建立在用户数据清洗与必要的人工干预和建模分析基础之上的⑤。鉴于数据处理能力的限制,当前档案服务部门可以借助信息技术服务公司等技术力量来解决数字视频档案资源用户标签精炼提取问题。另外,在具体标签提炼方面,还需要注意两个问题:一是用户标签数量控制问题。从理论上来讲,用户标签越多,画像就越精准,然而标签提取是要耗费成本的。这就需要档案服务部门制定科学的标签提取规则,在成本既定的前提下,提取的用户标签能够有效地勾画出用户的需求,也即是提炼出的有限数

① 苏君华,牟胜男.用户画像视域下档案馆精准服务:内涵、机理及实现策略[J].档案学通讯,2020(2):58—66.

② 吕元智.基于小数据的数字档案资源知识集成服务研究[J].档案学通讯,2016(6):47—51.

③ 戴莹.图书馆用户画像服务系统的构建研究[J].四川图书馆学报,2020(2):44—48.

④ 裘惠麟,邵波.基于用户画像的高校图书馆精准服务构建[J].高校图书馆工作,2018,38(2):70—74.

⑤ 张晗,毕强,李洁,等.基于用户画像的数字图书馆精准推荐服务体系构建研究[J].情报理论与实践,2019,42(11):69—74+51.

量用户标签是具有代表性的,并能体现其个性化特征的。二是用户标签尤其是动态标签不是一成不变的,要注意用户属性或利用场景的变化。对此,档案服务部门可采用周期更新、增量学习或动态跟踪等机制,根据用户交互情况及时优化用户标签,以便服务系统实时地为用户提供恰当的服务。

6.4.4 设计高效率的数字视频档案服务推荐系统

基于用户交互的数字视频档案资源精准化服务其目的就是将数字视频档案资源同用户的多元需求真正精确地匹配起来,通过被动服务与主动服务相结合,达到供需的平衡。然而,这一切的实现均不开高效率的服务推荐系统。在当前,设计高效率的推荐系统需要解决两个核心问题。

其一,个性化推荐算法的选择。高质量的服务推荐是建立在科学的推荐算法基础之上的。选择适合的数字视频档案资源服务个性化推荐算法,是保障数字视频档案资源精准化服务实现的前提。目前常用的个性化推荐算法主要有基于内容的推荐、协同过滤推荐、分类算法、混合推荐等[①]。其中,基于内容的推荐主是根据用户消费过的内容如浏览历史中的文献主题等进行相似性主题文献推荐等,这种推荐算法的立足点是物品特征信息[②],操作较为简便;协同过滤推荐主要是根据用户历史行为(如用户的点击、浏览、收藏、购买、评价、打分等)进行用户兴趣建模来展开推荐,它不需要预先获得用户和物品特征,是推荐系统中最基础、最常用的一种推荐算法[③];分类算法即利用数据挖掘及机器学习的算法,它主要是根据用户及物品的数据特征和历史行为记录,对用户是否购买某一物品进行分类预测,然后将预测购买的物品进行推荐等[④];混合推荐算法是一

---

① 申辉繁.协同过滤算法中冷启动问题的研究[D].重庆:重庆大学,2015:10—18.

② 张廉月.基于Flink的电影推荐系统的研究与实现[D].成都:电子科技大学,2020:11—12.

③ 张淼,刘东旭.基于协同过滤算法的音乐推荐系统的研究与实现[J].电子世界,2020(10):63—64.

④ 张颖.基于用户画像特征数据集的个性化推荐算法研究[D].西安:西安电子科技大学,2018:47.

些研究者为了克服上述算法的局限性,试图将各个算法的优点综合在一起使用的一种综合性推荐算法,相应地,该法成本高,操作复杂,实现难度较大。综上,各类算法均有其优劣,有其适应范围。鉴于视频档案服务的特点以及我国档案服务系统的服务能力,大多数档案服务部门可以选择基于内容的推荐或协同过滤推荐算法来展开数字视频档案资源服务推荐工作。当然,在档案管理系统软硬件基础好的单位,可以尝试采用分类推荐算法或混合推荐算法来构建服务推荐系统,为用户提供高精度的数字视频档案服务。

其二,服务资源调度规则的确立。这里的服务资源调度主要包括数字视频档案资源调度和资源服务提供形式调度等内容。如何高效地、合规地调度服务资源也是服务推荐系统设计要考虑的基本问题。众所周知,档案资源不同于一般的信息资源,它们存在保密或有限范围利用的问题,数字视频档案资源服务也不例外。为此,在提供服务时,档案服务部门要考虑用户利用数字视频档案的权限和利用场景等问题,确立科学合理的服务资源调度规则。具体而言,它要求档案服务部门做好下列工作:第一,严格用户认证工作,为用户推荐符合利用权限要求的数字视频档案资源。针对不同类型用户如匿名用户、普通用户、高级用户等制定不同调度规则,确保不同类型用户在合理的权限范围内利用数字视频档案资源。第二,区分用户利用目的,为用户推荐恰当的利用形式。根据不同利用目的如凭证、学习、研究、休闲等对用户利用数字视频档案资源的要求进行分类,进而根据这些分类来提供不同的服务形式如预览、下载、分享和视频分辨率选择等。第三,关注用户的利用情景,为用户推荐符合情景要求的数字视频档案服务。在这方面,档案服务部门可以根据用户特征、利用情景,凝练出情景敏感算法[①],并结合用户对资源的访问权限、质量要求以及数字视频档案资源的特征属性和具体服务规则,为用户提供连续的、沉浸式[②]的数字视频档案服务。

---

① 曾建勋.基于发现系统的资源调度知识库研究[J].图书情报知识,2019(6):12—18.

② 张爱研,王彦.浅析基于沉浸理论的博物馆展示设计[J].艺术科技,2018,31(12):217.

6.5　基于用户交互的数字视频档案资源
精准化服务运行保障

　　数字视频档案服务是一项系统工程。早在上世纪末,国内就有研究者借鉴生态系统的相关理论,提出以实现档案信息生产、积累、传递、开发和利用等为目的,由人、信息、设备和理论等要素构成的具有一定秩序和结构的关系总和可视为一个信息生态系统[①]。这个系统的核心是由技术支持的人的活动,而非技术本身[②]。所以,基于用户交互的数字视频档案资源精准化服务诞生于数智时代,尽管智能设备和技术在其间发挥着关键的作用,各种系统平台在服务的实施中占据重要的地位,但是服务的实现还有赖于系统的规划,特别是消除当前档案服务生态系统中存在的制约因素,使诸服务要素被充分调动、利益主体关系得到协调,从而达到信息生态系统的平衡[③],即系统结构优化、功能良好的相对稳定状态。

6.5.1　转变工作理念,建设专业服务团队

　　基于用户交互的数字视频档案资源精准化服务生态系统是人造的动态系统,人对系统的运行与稳定有着决定性作用。档案服务部门作为档案信息产品和服务的主要供给方,不仅是各个平台系统的开发者和使用者,也是其他服务要素的组织者和协调人。数字视频档案资源服务从粗放型向精准化迈进离不开服务主体的积极作为,尤其是要转变工作理念,适应时代发展和用户需求,建成一支专业服务队伍。今后,应当重点从以下三方面突破。

---

① 薛春刚.档案信息生态系统的平衡与档案事业的可持续发展[J].档案与建设,1998(4): 12—14.

② Nardi B A, O'Day V L.Information ecologies:using technology with heart[M].Cambridge: MIT Pr,1999.

③ 娄策群.信息生态系统理论及其应用研究[M].北京:中国社会科学出版社,2014:145.

其一,工作理念转变。理念是行动的先导,宏观上决定了服务工作的战略方向,微观层面则影响到服务内容和方式的设计。20世纪90年代以来,我国构建起档案馆与档案局合一的工作模式,档案部门一定程度上偏重行政管理职能,也就不可避免地压缩了公共服务职能发挥的空间,导致对档案信息资源公共服务的潜力挖掘不够①。在数字视频档案服务方面,便表现为资源建设仍以传统档案管理思路开展,资源服务未能引起足够重视,整体发展相对缓慢。尽管当前已完成"局馆分离"的改革,还需进一步转变档案工作的思维方式和核心理念。一方面,将档案服务放在更加突出的战略位置予以总体规划,同时将数字视频档案服务作为档案服务体系的关键组成部分加以重视和支持。另一方面,树立符合时代特征的新型档案服务理念。经验表明,国外档案馆之所以受到社会普遍认可,就在于它们适应档案社会文化变化而逐步形成以"大众化、透明化、开放化、市场导向、媒体文化和信息中心化"②为核心的价值体系。我国档案服务部门在数字时代,应从被动服务转向主动服务,落实多元化、精细化、专业化、智慧化、特色化等理念③,特别是倡导以人民为中心、以用户为导向,基于用户需求偏好开展工作,为社会公众提供他们喜爱的数字视频档案资源和服务产品。

其二,服务队伍建设。有调查表明,当前我国档案部门档案专业人才队伍中"高学历人才偏少、非专业人员偏多"④,许多单位在岗位设置上存在一人多岗,或有岗无专业人才等问题。显然,这不利于档案服务的开展,更不足以支持专业化、精准化的数字视频档案服务的实现。因此,单纯地转变工作思维模式和理念还远远不够,或者说这只是服务供给格局改观的起点,档案服务部门还需要在内部打造视频档案资源建设与服务

① 姚向阳.国内外档案信息资源公共服务对比研究[J].档案学研究,2017(4):109—113.

② Koermendy L.Changes in Archives' Philosophy and Functions at the Turn of the 20th/21st Centuries[J].Archival Science,2007,7(2):167—177.

③ 何振,蒋纯纯.数字时代档案公共服务的理念革新与实现路径[J].山西档案,2022(2):5—12.

④ 程亚萍.我国档案行政管理部门和综合档案馆档案专业人才队伍建设情况统计分析[J].档案学研究,2018(5):96—101.

的专业队伍。具体而言,可以从这些方面推进:第一,坚持因事设岗、因岗觅人。通过招聘、引进、交换等方式优化部门人才队伍结构,构建一支在理念、素养、技能等方面能够保障视频档案精准化服务落地的工作团队。也就是说,需要他们兼通视频档案管理、信息开发、系统运维、公共服务,甚至是市场营销等业务领域,并能够相互配合、通力合作。第二,加强业务培训和继续教育。通过培训和继续教育,优化数字视频档案服务人员的知识结构,提升其业务素养,使他们始终与社会环境发展和用户需求变化相适应,真正成为精准化视频档案服务的推动者、主导者。第三,建立完善的人才激励制度和考核评价制度。基于用户交互的数字视频档案资源精准化服务是一项创新性活动,需要尝试探索,需要大胆开拓,为此应建立科学可行的激励机制,以激发服务团队创新的创造活力;同时,定期开展服务团队的自我评价、部门评价和用户评价,根据结果作出相应的改进调整,以提升服务质量。

其三,多元主体协同。随着信息技术的迅速发展和社会分工的逐步细化,档案服务的有效供给愈发依赖多元主体的合作,甚至是公共领域和私人领域跨界整合、相互作用①。数字视频档案资源精准化服务尤其是如此。正如前文所分析的,精准化服务体系中的资源构建、系统设计、用户画像分析等,对档案服务部门而言,均是一种挑战,甚至可以说仅凭本部门是无法完全胜任的。鉴于此,应该在资质审核、理念认同、利益协调基础上,鼓励多元主体参与到数字视频档案服务的供给中来。在这项工作中,协同主体有以下选择:第一,在数字视频资源建设与服务方面有突出优势和成功经验的同性质部门。如中国电影资料馆、上海音像资料馆等均收藏了丰富多元的视频资料,前者开通了专门的服务网站,提供目录查询②,后者则通过网站提供声像档案资源在线利用服务,用户可以在线观看上海历史影像、上海老字号、上海音像地图、党史人物影像等共28个类

---

① 王运彬,王晓妍,陈淑华,等.公共服务集成视域下档案部门的协同合作与服务转型[J].档案学研究,2020(4):56—63.

② 中国电影资料馆.中国电影资料馆首页[EB/OL].[2021—8—7].https://www.cfa.org.cn/cfa/index/index.html.

别的珍贵音像资料①。档案服务部门可与这类机构寻求资源整合、技术共享。第二,拥有信息处理和分析技术实力的商业机构。数字视频档案资源组织和开发难度大,用户画像分析技术要求高,档案服务部门可以秉持"专业的人做专业的事"的理念,主动向外寻找企业合作,借助他们的技术优势、资金优势推进工作。第三,广泛的用户群体。数字视频档案资源精准化服务是基于用户交互而开展的服务,因而档案服务部门要鼓励吸纳用户参与到服务过程中来,积极为用户提供数字视频档案服务,及时评测服务效果,并将其作为资源建设和服务提供的主体贡献群体,鼓励用户协助档案部门完善部分数字视频档案资源描述与标引等工作,实现供给侧与需求侧的互利双赢。

6.5.2　创新技术应用,强化精准服务支撑

档案服务生态系统是以信息技术为手段建立起来的。基于用户交互的数字视频档案资源精准化服务具有手段智能化的特征,这一服务体系的构成要素如交互服务实现平台、用户画像系统、服务精准推荐系统等无一不是现代信息技术的产物。可以讲,如果没有新技术的支撑,就无法实现服务精准化、个性化的要求,甚至无法构建高质量的视频档案资源体系。因此,档案服务部门应当更加重视技术的研究与应用,具体可以从这三方面着力。

其一,完善数字视频档案资源的技术标准。资源是服务的基础,基于用户交互的数字视频档案资源精准化服务应重点解决资源建设中的两个关键技术标准问题。一是资源组织的标准规范。目前国家出台了《录音录像档案管理规范》《视频资源元数据规范》《录音录像类电子档案元数据方案》等标准,为视频档案资源的组织提供了基本规则。然而,这些标准不免存在一定的局限,以《录音录像档案管理规范》为例,它为录音录像档案设置了题名、责任者、摄录者、摄录日期、时间长度、年度、工作活动名称、工作活动描述等基本著录项,其中仅"工作活动名称""工作活动描述"

---

① 上海音像资料馆.上海音像资料馆首页[EB/OL].[2021—8—7].http://www.sava.sh.cn/.

能直接反映视频档案的内容,这样的著录项目设置势必会限制视频档案内容的有效提取。所以,档案服务部门在业务实践中需重视对标准规范的研究,根据实际需要进行调整优化,如考虑以文件、片段、场景和镜头等为单元进行著录,推动标准更新,推进信息组织的科学化、资源描述的规范化和标准化。二是数字视频档案资源的长期保存技术。与传统载体的档案信息相比,数字视频档案更易受到外部环境的干扰影响,需要进行全生命周期的管护。档案服务部门需要关注各种存储技术的发展和应用,加强数字资源长期保存方面的技术研发和交流,在选择可靠存储载体的同时,采用多重备份和实时迁移、模拟环境与环境封装,或整体性解决方案等技术策略[①],保证数字视频档案资源的长期存储和可持续利用。

其二,加强精准化服务技术的研究和应用。近些年来,大数据、物联网、人工智能等新一代信息技术掀起第四次工业革命,也推动了信息服务行业的转型升级。在这个技术嵌入越来越明显的时代,档案学研究技术取向不断被强化[②],数字视频档案精准化服务的实现也必然建基在新技术之上。为此,档案服务部门一是要树立技术创新理念,充分认识到技术工具在信息服务行业的变革性作用,持续关注数据仓储、数据挖掘、用户画像、推荐算法、智能代理等精准服务支撑技术的新发展,不能故步自封。例如,当前数字人文运动蓬勃发展,改变了信息资源建设与服务的范式。档案服务部门可借用相关技术和理念,在数字视频档案内容分析与关联揭示基础上,集声、像、图、文等为一体,实现信息表达和感知的直观化,信息处理的形象化、可触摸等。[③]二是要加强技术的协同攻关和应用借鉴。目前数字视频档案资源语义化组织和精准化服务中仍存在技术优化的空间,如以用户社会关系网络中存在的大量隐性信息为依据的用户画像模型构建,多源异构数据的融合集成等,档案服务部门可以开展针对性的研

---

① 张智雄.数字资源长期保存技术的研究与实践[M].北京:国家图书馆出版社,2015:115—118.

② 丁华东,张燕.论档案学的三大研究取向及其当代发展[J].档案学通讯,2019(6):4—10.

③ 张美芳.面向数字人文的声像档案信息资源组织利用的研究[J].档案学研究,2019(4):72—76.

究,或借鉴其他机构的经验和做法来解决档案服务中的实际问题。三是不断更新技术手段。目前信息技术更新换代周期加快,档案服务部门既需要保持工作的连贯性、稳定性,又应当追踪前沿技术,推动业务发展。如在人工智能技术迅速发展的背景下,积极利用图像处理、模式识别或机器学习等领域的算法分析视频序列中的信息,以理解视频内容,辅助著录[①],还可以在视频内容优化、音频内容提取、文本内容整理等方面赋能视频档案修复[②]。

其三,重视服务平台的开发和运用。实现视频档案资源服务平台多元化,有助于满足不同用户的差异性需求,促进档案资源的广泛利用和服务部门的影响力提升。档案服务部门可以采取下列措施:一是优化现有的档案馆网站。网站作为传统但极具官方权威性的在线服务平台,最为用户所熟知,且易于使用[③]。档案部门应注意网页美工设计和功能模块布置,增加可供利用的视频档案资源数量,使其发挥促进供需交流沟通、及时获取用户需求及反馈等作用。新西兰声像档案馆(Ngā Taonga Sound & Vision)网站在这方面就取得了突出成绩,它拥有庞大的音视频档案库,可查询到的在线目录文件已有近80万份,其中可以直接在网站上观看或收听的文件有7745份,方便用户获取[④]。二是利用新媒体平台,搭建传播矩阵。档案服务部门可以积极利用微信、微博、短视频等社交媒体平台开展视频档案资源推送和用户交互。尤其是在视觉文化占据主导地位的今天,短视频因内容碎片化、制作发布简单、分享便捷等优势,吸引众多用户,档案服务部门恰可以发挥自己的视频档案资源优势,开辟新的宣传和服务渠道。三是开发专门APP提供移动服务。如爱尔兰电影档案馆于2016年9月推出了一款名为"IFI Player"的覆盖所有主要移动和流媒

---

① 满江月."深度学习"开启智能视频分析技术的新篇章[J].中国公共安全,2015(14):86—89.

② 李姗姗,王敏敏,李鑫.数智赋能音视频档案修复:实然之需、应然之举、必然之策[J].档案学通讯,2022(5):93—100.

③ 崔旭,李佩蓉,解解,等.我国省级档案网站互动式信息服务"期望−满意指数"测评体系建构、验证及优化策略[J].档案学研究,2021(5):73—78.

④ Ngā Taonga Sound & Vision.Ngā Taonga Sound & Vision[EB/OL].[2021—8—4].https://ngataonga.org.nz/.

体平台的 APP,用户可以在全球各地免费利用其馆藏数字档案。目前 IFI Player 上的视频档案资源超过 1200 小时,主要包括电影、新闻短片、旅行纪录片、动画片、故事片、广告片和纪录片等,记录了爱尔兰从 1897 年至今的社会、政治和文化发展①等。当然,这些平台并非越多越好,需要档案服务部门根据自身的服务基础和运营能力有所拣择,并且实现平台的互联和资源的共融互通。

6.5.3　完善政策制度,构筑安全服务环境

开展数字视频档案资源精准化服务的基本前提是保证档案信息安全。处理好档案利用与档案保护、个体利益与公共利益的协调平衡,关乎精准化服务的可持续发展。档案政策制度从一定程度上约束了档案服务生态主体的档案信息行为,保障了档案信息资源的安全保存、合法利用和有效流通等②,是数字视频档案服务生态系统稳定规范运行的关键。档案服务部门需要从以下几方面完善政策制度,构筑安全服务环境,维护服务生态秩序。

其一,健全数字视频档案安全管理制度。数字环境给数字视频档案的管理和服务活动带来的风险难以捉摸,资源的受保护程度影响着档案工作当下和未来的发展空间。只有保证数字视频档案资源的长期可读和可用,避免档案信息和隐私的泄露,防范系统崩溃、网络入侵和非法窃取等行为的发生,才能确保档案服务工作的稳定性和高质量③。针对这些问题,档案服务部门可以从两个角度去审视视频档案资源的安全问题。一方面,正如前文所言,数字视频档案资源的生存能力极其微弱,必须开展有效的维护和管理。其中,除了应建设安全可信的数据存储平台,研发元数据、软件、操作系统和生命周期管理技术,还需构建资源长期保存的政策制度。档案部门需要确定数字资源长期保存的主体责任,对所涉及的

---

① Irish Film Institute.Irish Film Institute —IFI Player[EB/OL].[2021—8—7].https://ifi.ie/archive/ifi-player.

② 沙洲."互联网＋"背景下档案信息服务生态系统研究[D].合肥:安徽大学,2019:17.

③ 杨千,王英玮.治理视角下我国档案事业的发展与安全[J].档案学研究,2022(1):14—21.

资金、人力、技术问题予以详细说明,并制定安全管理机制和应急处置计划。另一方面,注意视频档案的信息安全,建立档案开放审核制度,确保信息不泄密。借鉴国外的经验和做法,档案服务部门需要明确视频档案开放的责任分配,从整体上思考开放审核流程的科学设置,兼顾存量和增量档案,形成连贯持续的开放审核方案①。

其二,完善数字视频档案版权保护制度。版权问题是数字视频档案利用不可回避的现实问题。完善的版权保护制度能够促进数字视频档案资源的传播和利用②。目前我国大部分档案馆网站只提供版权声明,缺少具体的针对数字视频档案利用的版权政策,可操作性较差。面对这种现状,当务之急是要建立完善具体的数字视频档案版权保护制度,处理好版权保护与档案资源利用的关系。在制定版权保护制度时,档案服务部门可以借鉴澳大利亚NFSA经验,采用多层级的制度安排方式③,针对不同版权保护状态的档案设计不同的版权保护措施,区分受版权保护的档案和无须授权许可的公共档案,规定用户利用受版权保护的档案资源时需要获得档案所有者的许可。这种方式一方面可以避免"一刀切"导致的侵权问题,另一方面可以将超过版权保护期限的档案资源及时提供给用户。另外,平衡好数字视频档案资源的利用与版权保护之间的关系也是值得关注的一个方面。版权保护与档案资源的利用并不是对立的关系,档案部门在制定数字视频档案版权保护制度的过程中,要以用户的利用行为为基础,把握好档案版权保护的力度,既要考虑所有者的利益,也要顾及使用者的权利④。数字视频档案版权保护制度建立后,制度的贯彻执行也至关重要。档案部门可以通过在用户交互实现平台设置专门板块的方式将数字视频档案版权保护制度广而告之,约束用户的利用行为。一旦发现侵权行为,根据版权保护制度追究侵权者的责任,对其行为进行处罚,

---

① 杨千,谢鑫.英国档案开放审核法规内容及启示[J].北京档案,2021(10):41—45.

② 袁也.英美澳三国国家档案馆网站版权保护及启示[J].北京档案,2016(7):38—41.

③ National Film and Sound Archive of Australia.Collection Ownership and Copyright[EB/OL].[2021—2—5].https://www.nfsa.gov.au/collection/using-collection/copyright.

④ 王改娇.欧美大学档案利用版权制度及启示[J].山西档案,2011(5):27—29+1.

以保障数字视频档案资源的正常利用。

　　其三,完善档案服务用户隐私保护政策。数字视频档案精准化服务是以用户大数据、小数据采集与分析为基础。这些数据与用户的个人隐私、切身利益紧密相关,一旦泄露或遭到非法使用,便可能造成用户的利益受损和服务机构的信任危机。正因如此,安全服务环境的构建不仅要考虑档案信息资源,还要考虑用户隐私的保护问题。首先,档案服务部门需要根据国家个人隐私安全方面的法律法规,如《民法典》《个人信息保护法》《数据安全法》《互联网信息服务算法推荐管理规定》等,制定用户隐私保护的政策,通过网络监管体系建设来加强对数字视频档案服务活动的约束,净化生态系统环境。其次,档案服务部门在使用交互服务实现平台和用户画像系统等采集利用用户数据时,要严格履行告知义务、遵守"够用原则",加强数据安全法规政策的宣传和工作人员的教育培训,提升其隐私保护意识。再次,建立用户数据分类和用户身份安全认证制度。根据用户所处的不同情景将用户数据分为可恢复类与不可恢复类,建立隐藏式的用户标签体系,控制用户行为数据使用、共享的自主权,并通过隐藏视频档案用户标签[①],防止用户行为数据泄露。同时,为不同类型、权限等级的档案用户设置相应的用户数据访问与利用权限,防止用户数据的不当利用或被窃取。当然,用户隐私保护一方面依赖政策制度手段,一方面还需要一定技术方法的支撑,如借助用户信息加密、数据脱敏等方法对用户行为数据进行分析处理。

6.5.4　注重服务评价,构建服务优化机制

　　评价即为"评定价值高低"[②],是主体对客体运动的效果和影响进行检测和判断的活动。换言之,评价就是指为了达到一定的目的,采取特定的方法,运用特定的指标,比照特定的标准,对事物做出价值判断的一种认

　　① 孙振兴.基于用户画像的移动图书馆精准化服务研究[D].长春:吉林大学,2022:44.

　　② 中国社会科学院语言研究所词典编辑室.现代汉语词典(第7版)[M].北京:商务印书馆,2016:1009.

识活动①。这里的服务评价主要是指基于用户交互的数字视频档案精准化服务评价,它是为实现数字视频档案精准化服务的目标,依照一定的评价准则、方法和指标体系对数字视频档案资源精准化服务的过程和结果等进行综合评判和衡量,并发掘服务建设中存在的问题,分析问题产生的根源,提出相应改进建议②的一项评价活动。科学的服务评价是保障数字视频档案资源精准化服务持续改进和优化的重要措施。在当前,档案服务部门需要采取措施,建立科学的服务评价机制,开展相关评价活动,并注重服务评价结果的应用,为该领域工作的持续改进提供决策依据和发展动力。

其一,建立科学的服务评价框架体系。科学的服务评价框架体系是基于用户交互的数字视频档案精准化服务评价活动有效开展的理论基础和行动指南。因为它不仅规定了服务评价的目的、内容、方法与流程等基本内容,而且还关系到服务评价结果是否科学、能否被应用的客观现实。在当前,建立科学的服务评价框架体系至关重要。具体而言,其建立需要注意以下内容:一是明确数字视频档案精准化服务评价目标,注重从用户需求的角度来审视数字视频档案资源精准化服务实现问题;二是确立科学的服务评价指标体系,注重评价指标体系的合理性与可操作性;三是科学合理地选择评价主体,注重主要利益相关者(数字视频档案形成者、管理者、利用者等)参与服务评价,以确保服务评价结果的公正。

其二,做好合理的服务评价制度安排。数字视频档案资源精准化服务评价不是一次性的,是一个长期反复的过程,它需要有一套科学的制度安排为其"保驾护航"。一是要制订服务评价制度,为具体服务评价活动提供明确规范。如,何时开展服务评价、开展评价的周期、服务评价主体如何选择、服务评价的内容是什么、评价结果如何应用等,均需要在制度层面上作出明确的规定,以保障评价活动的规范性和科学性。二是要建立制度执行机制,确保评价制度能有序执行。再好的制度如果不执行或

---

① 孙钢.企业业绩评价模式辨析[J].科技与企业,2010,182(09):83—84.
② 吕元智.政府信息资源管理绩效评估研究[M].上海:世界图书出版公司,2012:36.

执行不到位,还不如没有制度。在制度安排方面,档案服务部门要明晰制度执行主体的权力和责任,建立制度执行的检查与监督机制,将制度执行情况纳入工作绩效考核范畴,以防制度执行流于形式。

其三,监督服务评价结果的应用与落实。基于用户交互的数字视频档案精准化服务评价的最终目的是帮助档案服务部门发现视频档案服务中的问题,提出改进建议,进而提升精准化服务能力,改进服务质量,为用户创造更多的价值。从评价流程上来看,服务评价结果的应用与落实是数字视频档案资源服务评价活动最后一个环节,它对服务评价活动价值的实现具有决定性的意义,因为它直接影响到数字视频档案资源服务能否持续改进和优化。在服务评价结果的应用与落实方面,档案服务部门需要做好两个方面的工作:一是将服务评价结果在一定范围内公开,接受数字视频档案服务主要利益相关者的检查和监督,为服务评价结果应用和落实创造条件;二是定期对服务评价结果应用情况尤其是服务整改等情况进行检查,并对应用和落实情况做出合理评判等,以保障评价结果应用和落实到位。

6.5.5 培育用户群体,营造良好服务生态

用户在档案服务生态系统中占据着重要的生态位,用户及其需求是数字视频档案资源精准化服务发展的立足点。如果档案服务部门仅从自我塑造出发而忽略用户的培育,则很可能使服务陷入"剃头挑子一头热"的困境。为此,档案服务部门还需要加强数字视频档案资源用户引导工作,培育高粘度的用户群体,为服务发展营造良好的生态环境。在当前,档案服务部门可以从以下三个方面展开相关工作。

其一,拓展数字视频档案资源受众范围。档案资源因其本身固有的特性,服务受众范围较小,用户数量相对较少,数字视频档案资源用户数量更是如此。受众范围小,用户量过少,不利于该服务体系的实现和可持续发展。在当前,档案服务部门需要采取措施,提升数字视频档案资源的社会利用率,拓展数字视频档案资源受众范围,为该模式运行积累相当规

模的用户或潜在用户群体。具体而言,可以采取下列措施:一是在合法合规的情况下,尽可能地开放数字视频档案资源及其编研成品,并对其进行针对性的宣传如通过大众媒介发布专门的视频档案目录等,提升数字视频档案资源的社会知晓率和曝光度。二是在做好相关凭证服务的基础上,将视频档案服务引入到学习、参考、研究、文化休闲等活动领域中,实现档案服务与其他信息服务的融合,不断扩大数字视频档案资源服务受众面,让不同利用目的用户能够有意识地关注和利用数字视频档案资源。三是在当前数字化传播环境下,档案服务部门除了做好档案室、馆现场服务,还需尽量采用档案网站或微平台等方式在线开展数字视频档案服务工作,将数字视频档案资源推送到更大范围的网络用户面前。

其二,提升用户视频档案资源利用能力。数字视频档案资源不同于一般文本型的档案资源,它的利用需要用户掌握一定的利用技巧,如视频检索时视频特征的描述、视频播放的分辨率选择、场景截屏以及后期利用中的视频剪辑等。在提升用户数字视频档案利用能力方面,除了要注意一般信息素养培养外,档案服务部门重点要做的是让用户尽可能地掌握数字视频档案资源的检索、浏览以及下载、剪辑处理等技能。在这方面,根据现代用户的特点,档案服务部门除了采用现场指导、公告宣传、在线答疑等形式外,还可以制作在线课程的形式如开发视频档案利用慕课(MOOC)等,将视频档案资源利用技能以微课程的方式教给用户,让其能在线自主学习、反复学习等。另外,根据交互服务的要求,档案服务部门还可以在交互实现平台上设置用户虚拟社区,引导用户参与热点话题讨论,通过用户与用户之间的交互,相互分享利用经验,不断提升数字视频档案资源利用能力。

其三,激发用户利用数字视频档案资源的新需求。在满足用户数字视频档案资源利用需求的基础上,档案服务部门要充分利用"用户画像系统"的功能,注意用户数据的采集和分析等工作,做好用户需求分析长期规划,依据服务市场发展情况如社会关注热点或用户职业特征变化等,积极主动地开展数字视频档案资源推送服务。通过开展数字视频档案主动推送服务,激发用户潜在的需求,引导用户利用数字视频档案资源,提高用户的"粘合度"[1]。另外,档案服务部门还可以在前期档案宣传工作的基础上,将公众价值与个体需求有机融合,拓展服务的广度和深度。在提供其他类型档案服务时,根据用户利用需求情况,向其推荐相关数字视频档案资源,或者是建立跨媒体的档案检索系统,将用户引到数字视频档案资源及其服务面前,破除"信息茧房"桎梏,增强用户的新鲜感和获得感,激发其对数字视频档案利用的新需求,并开拓数字视频档案服务新"市场"。

6.6 本章小结

目前我国数字视频档案服务总体上处于起步发展阶段,大多为粗放模式,服务的质量和效率不尽如人意。这既与社会文化的发展趋势不相符,也与声屏阅读时代公众对视频档案资源的利用需求不匹配,严重制约了视频档案资源价值的发挥和档案服务部门职能的实现。鉴于此,本章提出了基于用户交互的数字视频档案资源精准化服务的命题。从理论研究的系统性来看,这是从资源建设问题到资源服务问题的应然之思;从工作实践来看,它则是回应档案工作现实困境的必然之举。数字视频档案资源精准化服务要求档案服务部门在资源语义化组织的基础上,根据用户利用数字视频档案时的交互情景,对用户特征、服务诉求等进行分析与画像,并实时构建和调整服务策略,最终以恰当的方式为用户提供细粒度视频档案资源。这一服务体系体现了网络时代个性化、智能化档案服务在视频档案资源服务工作领域的新要求和新任务,无论是对档案服务部门,还是对视频档案用户而言,均具有重要的意义。

遵循客观性、动态性、系统性等构建原则,基于用户交互的数字视频档案资源精准化服务体系由用户画像系统、视频档案资源组织与检索系统、服务精准推荐系统、交互服务实现平台等四部分构成,并按照数据采

---

① 严贝妮,鞠昕蓉.我国公共图书馆数字阅读推广模式与创新研究[J].图书馆,2017(10):62—65.

集、需求分析、服务响应和反馈优化的基本路径运行,具有用户导向性、服务交互性、内容精准化和手段智能化等特征。为达成以恰当方式为用户提供真正所需视频档案服务的核心目标,保证服务体系的实现,档案服务部门应当建成高质量的数字视频档案资源保障体系、高效能的数字视频档案交互服务实现平台、高精度的数字视频档案用户画像系统和高效率的数字视频档案服务推荐系统。除此之外,基于用户交互的数字视频档案资源精准化服务还需要从人才队伍建设、信息技术应用、政策制度完善、服务评价优化、用户群体培育等层面采取措施来保障其正常运行和健康发展。

7 数字视频档案资源精准化服务原型系统开发与应用推进

为了验证本研究提出的数字视频档案资源语义组织、精准化服务等理论内容的合理性,本章采用 Python 开发语言,结合 xadmin 开发框架和 D2RQ 资源管理框架来设计和开发数字视频档案资源精准化服务原型系统,并进行实验验证,进而在此基础上提出具体应用推进策略,以期推动数字视频档案资源语义组织、精准化服务等工作的可持续发展。

7.1 数字视频档案资源精准化服务原型系统设计

7.1.1 系统目标与总体架构设计

(一)系统目标设计

为了便于原型系统设计与开发工作的顺利开展,结合本研究构建的理论内容,现将数字视频档案资源精准化服务系统的目标划分为总目标与分目标。其中,总体目标为:实现数字视频档案资源的细粒度描述与多维语义关联整合,从用户利用需求的角度为其提供精准的、可交互的视频档案服务。具体分目标为:

其一,提供友好的系统操作界面。一般授权用户在经过简单培训后,就可以通过网络远程访问系统,登录后就可以操作基本业务,保证数字视频档案语义组织、精准服务模块的可用性与易用性。系统为授权用户提供"档案资源描述""语义检索""语义聚合"和"资源可视化""利用交互"等服务。

其二,建立科学的后台管理系统。后台管理系统既要能完成数字视频档案资源审核、修改等管理操作,也要能对授权用户进行管理。具体而言,一是系统管理员要能对数字视频档案资源的各项描述元数据进行审查、修改,确保资源描述的准确性与一致性。二是管理人员要能对数字视频档案资源是否提供利用进行审批。三是要能对用户信息、权限进行管理与控制,确保系统的安全。

其三,实现视频档案精准化检索。服务系统能够帮助用户以时间、地点、人物、事件等为检索标识,精准地查找到对应的视频档案资源(视频单元)。

其四,提供资源导航服务。以可视化的方式展现数字视频档案资源间的关联关系,为用户提供相关档案知识发现线索。

其五,提供交互服务渠道。允许用户与系统进行交互,优化检索策略,同时提供在线反馈渠道,方便用户及时反馈数字视频档案利用体验情况。

(二)总体架构设计

原型系统总体架构包括后台管理端和前台服务端两个部分。后台管理端主要包括用户管理、全宗管理、视频档案管理、视频单元管理等几个模块。前台服务端主要包括视频档案浏览、视频语义检索、关联可视化、利用交互等模块,见图7-1。其中,后台管理端的用户管理模块主要承担不同权限用户(管理员、授权用户等)的注册、认证、权限赋予等功能,全宗管理模块承担视频档案全宗描述功能,视频档案管理模块和视频单元管理模块分别承担视频档案文件和具体视频单元的要素描述与审核等功能。前台服务端的视频档案资源浏览模块承担视频档案资源的列表浏览及具体视频点播功能,视频档案语义检索模块提供语义检索窗口,完成语义关联检索任务,关联可视化模块利用关联标识展示数字视频资源之间的关联关系,档案利用交互模块承担用户利用视频档案后的交流与反馈任务。

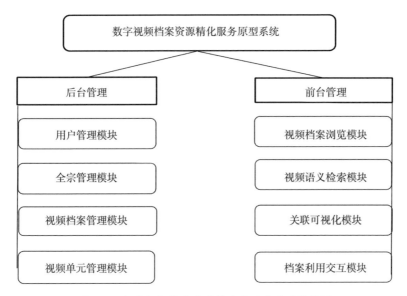

图7-1　数字视频档案资源精准化服务系统结构图

7.1.2　系统具体设计

本原型系统具体设计主要包括数据库表设计、模型设计、数据库结构设计、前后台设计等内容。

(一)数据库表设计

数据库表设计包括用户及权限表、全宗表、视频档案资源表、视频单元表等。

(1)用户及权限表

用户及权限表用于对用户进行管理,其字段由用户名、密码、真实姓名、邮箱、是否可用等构成,具体见表7-1、表7-2。

表7-1 用户字段表

字段名称	数据类型（长度）	主键	非空
id	bigint	Y	Y
password	varchar(128)	N	Y
last_login	datetime(6)	N	N
is_superuser	tinyint(1)	N	Y
username	varchar(150)	N	Y
first_name	varchar(150)	N	Y
last_name	varchar(150)	N	Y
is_staff	tinyint(1)	N	Y
is_active	tinyint(1)	N	Y
date_joined	datetime(6)	N	Y
email	varchar(64)	N	Y
confirmed	tinyint(1)	N	Y
name	varchar(64)	N	N
location	varchar(64)	N	N
about_me	longtext	N	N
member_since	datetime(6)	N	Y
last_seen	datetime(6)	N	N

表7-2 用户权限字段表

字段名称	数据类型（长度）	主键	非空
id	int	Y	Y
name	varchar(255)	N	Y
content_type_id	int	N	Y
codename	varchar(100)	N	Y

（2）全宗表

全宗表由全宗号、全宗名称、说明等要素构成，见表7-3。

表7-3 全宗表

字段名称	数据类型（长度）	主键	非空
id	bigint	Y	Y
dossier_name	varchar(50)	N	Y
dossier_bak	longtext	N	Y

（3）视频档案资源表

视频档案资源表是数据表的核心，它由数字视频档案资源的内容特征、产权特征、形式特征等描述要素构成，见表7-4。

表7-4 视频档案资源表

字段名称	数据类型（长度）	主键	非空	字段名称	数据类型（长度）	主键	非空
id	bigint	Y	Y	save_org_code	varchar(50)	N	N
title_proper	varchar(128)	N	Y	online_save_url	varchar(128)	N	N
title_parallel	varchar(128)	N	Y	offline_save_url	varchar(128)	N	N
title_sub	varchar(128)	N	Y	vedio_date	date	N	Y
archive_num	varchar(128)	N	Y	edit_date	date	N	N
space_area	varchar(128)	N	Y	record_date	date	N	N
time_area	varchar(128)	N	Y	digital_date	date	N	N
appendix	varchar(100)	N	N	classificiation_level	varchar(20)	N	Y
source_format	varchar(50)	N	N	retention_period	varchar(30)	N	Y
other_format	varchar(50)	N	N	vedio_source	varchar(50)	N	N
reference	varchar(50)	N	N	file_name	varchar(128)	N	Y
referenced	varchar(50)	N	N	vedio_length	varchar(128)	N	N
creator	varchar(128)	N	Y	file_size	varchar(30)	N	Y

字段名称	数据类型（长度）	主键	非空	字段名称	数据类型（长度）	主键	非空
vedioer	varchar(128)	N	Y	original_carrier	varchar(50)	N	N
editor	varchar(128)	N	N	create_methods	varchar(10)	N	Y
provider	varchar(128)	N	Y	capture_device	varchar(20)	N	N
contributor	varchar(128)	N	N	format_info	varchar(20)	N	N
recorder	varchar(128)	N	Y	vedio_param	varchar(20)	N	N
use_authority	varchar(10)	N	Y	audio_param	varchar(20)	N	N
guid	varchar(128)	N	N	digital_sign	varchar(128)	N	N
identifier	varchar(50)	N	Y	dossier_id_id	bigint	N	Y
save_org_name	varchar(50)	N	Y				

（4）视频单元表

视频单元表是数字视频档案资源细粒度描述的关键，它由视频单元号、活动名称、关键词、起止时间、语种、资源关联号等要素构成，见表7-5。

表7-5　视频单元表

字段名称	数据类型（长度）	主键	非空
id	bigint	Y	Y
activities_name	varchar(50)	N	Y
keywords	varchar(255)	N	Y
begin_time	varchar(20)	N	Y
end_time	varchar(20)	N	Y
language_id	varchar(10)	N	Y
resource_id	bigint	N	Y

（二）模型设计

为了保障开发工作的顺利进行，本次开发工作还设计了用户模型、全宗模型、视频档案资源模型、视频单元模型和语种模型。

（1）用户模型

在用户模型中，系统结合了 Django 的 xadmin 管理框架，在 Django 自带的用户管理框架基础上进行扩展和调整。xadmin 框架是一款基于 Django 的 admin 框架扩展的第三方框架，支持 Django 中 model 的自适应构建。由于本系统需要在 xadmin 的用户信息基础上进行扩展，因此，在构造 UserModel 时继承了 xadmin 中的 AbstractUser 类，补充了是否可用、真实姓名、地址、用户简介、注册时间、上次登录时间等字段，代码如下：

```
class UserModel(AbstractUser):
    email = models.CharField(max_length=64, verbose_name='email')
    confirmed = models.BooleanField(verbose_name='是否可用', default=1)
    name = models.CharField(max_length=64, verbose_name='真实姓名', null=True)
    location = models.CharField(max_length=64, verbose_name='地址', null=True)
    about_me = models.TextField(verbose_name='用户简介', null=True)
    member_since = models.DateTimeField(verbose_name='注册时间', auto_now_add=True)
    last_seen = models.DateTimeField(verbose_name='上次登录时间', null=True, auto_now_add=True)

    class Meta:
        db_table = 'user_table'
        verbose_name = '用户信息'
        verbose_name_plural = verbose_name

    def __str__(self):
        return self.username
```

（2）全宗模型

全宗管理属于视频档案资源表的外键表，用于用户选择对应的全宗信息，包括全宗名称和备注等字段。模型代码如下：

```
class Dossier(models.Model):
    '''
    全宗表
    '''
    dossier_name = models.CharField(max_length=50, verbose_name='全宗号',
unique=True)
    dossier_bak = models.TextField(verbose_name='备注')

    class Meta:
        verbose_name = '全宗管理'
        verbose_name_plural = verbose_name

    def __str__(self):
        return self.dossier_name
```

（3）视频档案资源模型

根据本研究的视频档案资源定义,形成视频档案资源表,用于存储视频档案资源的著录信息。模型代码如下:

```
class VedioResource(models.Model):
    '''
    视频档案资源表
    '''
    title_proper = models.CharField(verbose_name='正题名', max_length=128,
unique=True)
    title_parallel = models.CharField(verbose_name='并列题名', max_length=
128, blank=True)
    title_sub = models.CharField(verbose_name='副题名及题名说明',
max_length=128, blank=True)
    archive_num = models.CharField(verbose_name='分类号', max_length=
128, blank=True)
    space_area = models.CharField(verbose_name='空间范围', max_length
=128)
    time_area = models.CharField(verbose_name='时间范围', max_length=128)
    dossier_id = models.ForeignKey(to=Dossier, to_field='id', on_delete=mod-
els.CASCADE, verbose_name='全宗或类', blank=True)
```

```
    appendix = models.FileField(verbose_name='附件', null=True, blank=
True, upload_to='uploads/%Y/%m/%d/')
    source_format = models.CharField(verbose_name='原格式', blank=True,
null=True, max_length=50)
    other_format = models.CharField(verbose_name='其他格式', blank=True,
null=True, max_length=50)
    reference = models.CharField(verbose_name='参照', blank=True, null=
True, max_length=50)
    referenced = models.CharField(verbose_name='被参照', blank=True, null=
True, max_length=50)
    creator = models.CharField(max_length=128, verbose_name='责任者')
    vedioer = models.CharField(max_length=128, verbose_name='摄录者')
    editor = models.CharField(max_length=128, verbose_name='编辑者', blank
=True, null=True)
    provider = models.CharField(max_length=128, verbose_name='提供者')
    contributor = models.CharField(max_length=128, verbose_name='其他责任
者', blank=True, null=True)
    recorder = models.CharField(max_length=128, verbose_name='著录者')
    authority_choice = {
        ('公开利用', '公开利用'),
        ('许可利用', '许可利用'),
        ('其他', '其他')
    }

    use_authority = models.CharField(choices=authority_choice, verbose_name=
'利用权限', max_length=10)
    guid = models.CharField(max_length=128, verbose_name='唯一标识符',
blank=True, null=True)
    identifier = models.CharField(max_length=50, verbose_name='档号')
    save_org_name = models.CharField(max_length=50, verbose_name='存储
机构名称')
    save_org_code = models.CharField(max_length=50, verbose_name='存储机
构代码', blank=True, null=True)
    online_save_url = models.CharField(max_length=128, verbose_name='在线
存储地址', blank=True, null=True)
    offline_save_url = models.CharField(max_length=128, verbose_name='离线
存储地址', blank=True, null=True)
```

```
    vedio_date = models.DateField(verbose_name='摄录日期')
    edit_date = models.DateField(verbose_name='编辑日期', blank=True, null
=True)
    record_date = models.DateField(verbose_name='著录日期', blank=True,
null=True)
    digital_date = models.DateField(verbose_name='数字化日期', blank=True,
null=True)
    classificiation_level = models.CharField(max_length=20, verbose_name='密
级')
    retention_period = models.CharField(max_length=30, verbose_name='保管
期限')
    vedio_source = models.CharField(max_length=50, verbose_name='视频来
源', blank=True, null=True)
    file_name = models.CharField(max_length=128, verbose_name='计算机文
件名')
    vedio_length=models.CharField(max_length=128, verbose_name='视频时长',
blank=True, null=True)
    file_size = models.CharField(max_length=30, verbose_name='计算机文件
大小')
    original_carrier = models.CharField(max_length=50, verbose_name='原始
载体', blank=True, null=True)
    create_methods_choice = {
        ('原始', '原始'),
        ('编辑', '编辑'),
        ('数字化', '数字化')
    }
    create_methods = models.CharField(choices=create_methods_choice, max_
length=10, verbose_name='生成方式')
    capture_device = models.CharField(max_length=20, verbose_name='捕获设
备', blank=True, null=True)
    format_info = models.CharField(max_length=20, verbose_name='格式信
息', blank=True, null=True)
    vedio_param = models.CharField(max_length=20, verbose_name='视频参
数', blank=True, null=True)
    audio_param = models.CharField(max_length=20, verbose_name='音频参
数', blank=True, null=True)
```

```
    digital_sign = models.CharField(max_length=128, verbose_name='数字签名
', blank=True, null=True)

    class Meta:
        verbose_name = '视频档案资源管理'
        verbose_name_plural = verbose_name

    def __str__(self):
        return self.title_proper
```

（4）视频单元模型

该模型为关联到视频档案资源模型中的子模型，便于用户在对视频档案切分后，对视频单元进行标注。

```
class VedioActivities(models.Model):
    '''
    视频档案资源中对应的子活动
    '''
    activities_name = models.CharField(max_length=50, verbose_name='活动单元名称')
    keywords = models.CharField(max_length=255, verbose_name='主题或关键字')
    language = models.ForeignKey(to=BaseLanguage, to_field='language', on_delete=models.CASCADE, verbose_name='语种')
    begin_time = models.CharField(verbose_name='起始时间', max_length=20)
    end_time = models.CharField(verbose_name='结束时间', max_length=20)
    resource = models.ForeignKey(to=VedioResource, to_field='id', on_delete=models.CASCADE, verbose_name='关联资源')

    class Meta:
        verbose_name = '视频单元管理'
        verbose_name_plural = verbose_name
```

（5）语种模型

在进行视频档案资源标注时，需要选择相应的语种，该模型为视频档案资源的外键模型。

```
class BaseLanguage(models.Model):
    language = models.CharField(max_length=10, verbose_name='语种', null=
True, unique=True)

    class Meta:
        verbose_name = '语种'
        verbose_name_plural = verbose_name

    def__str__(self):
        return self.language
```

（三）数据库结构设计

模型设计完成后,本次开发工作运行Django的数据库同步语句Python manage.py makemigrations 和Python manage.py migrate,自动创建了相应的数据表,并根据模型中的关联关系形成相应的表实体之间的关系,见图7-2。

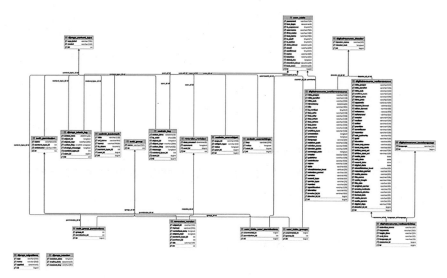

图7-2　数据库结构

（四）前后台设计

（1）后台设计。系统后台基于xadmin框架进行扩展,需要重新定义

xadmin的相关配置,以便可以自动生成符合需求的后台页面。

① 定义全局变量。通过定义全局变量,可以自动生成后台系统中 title、footer、logo、主题等相关显示参数。

```
class BaseSetting(object):
    enable_themes = True
    use_bootswatch = True


class GlobalSetting(object):
    site_title = '视频档案资源管理系统'
    site_footer = '视频档案资源管理系统'
    menu_style = 'accordion'
```

② 配置模型展示。xadmin支持通过定义模型的展示方式来自动生成管理页面,大大降低了代码编写的成本。其中model_icon用于配置该模型在菜单中的图表,list_display用于配置模型在列表页展示的字段,search_fields用于配置列表页中搜索框对应的查询字段,form_layout用于对录入页面进行控件分组。

通过自定义配置,系统会自动创建相应的管理页面,提升代码的可维护性,配置好后,可使用register方法将该模型注册至后台系统中。

```
class VedioResourceProfile(object):
    model_icon = 'fa fa-camera-retro'
    list_display = ['title_proper', 'creator', 'use_authority', 'save_org_name', 've-
dio_date', 'classificiation_level','retention_period']
    search_fields = ['title_proper', 'title_parallel', 'title_sub']
    show_bookmarks = False
    form_layout = (
        Fieldset('题名',
                Row("title_proper"),
                Row('title_parallel'),
                Row('title_sub')
                ),
```

```
Fieldset('覆盖时空范围',
        Row('space_area'),
        Row('time_area')
        ),
Fieldset('关联',
        Row('dossier_id'),
        Row('appendix'),
        Row('source_format'),
        Row('other_format'),
        Row('reference'),
        Row('referenced')
        ),
Fieldset('产权特征',
        Row('creator'),
        Row('vedioer'),
        Row('editor'),
        Row('provider'),
        Row('contributor'),
        Row('recorder'),
        Row('use_authority'),
        ),
Fieldset('存储信息',
        Row('save_org_name'),
        Row('save_org_code'),
        Row('online_save_url'),
        Row('offline_save_url'),
        ),
Fieldset('日期',
        Row('vedio_date'),
        Row('edit_date'),
        Row('record_date'),
        Row('digital_date'),
        ),
Fieldset('形式特征',
        Row('archive_num'),
        Row('guid'),
```

```
                    Row('identifier'),
                    Row('classificiation_level'),
                    Row('retention_period'),
                    Row('vedio_source'),
                    Row('file_name'),
                    Row('vedio_length'),
                    Row('file_size'),
                    Row('original_carrier'),
                    Row('create_methods'),
                    Row('capture_device'),
                    Row('format_info'),
                    Row('vedio_param'),
                    Row('audio_param'),
                    Row('digital_sign'),
                    )
        )

xadmin.site.register(VedioResource, VedioResourceProfile)
```

(2) 前台设计。为了提升用户体验,系统前台采用Django＋Vue＋
Axios进行Ajax方式的服务器交互方式。部分页面采用服务器直接渲染
的方式进行输出,对于数据交互量较大的页面,采用Vue＋Axios的方式,
使用js渲染输出。

① URL路由。在传统web系统开发过程中,一般会将服务器上的程
序文件直接暴露在浏览器地址栏中,不利于web系统的安全防护。因此,
本系统采用了URL路由的形式对用户在浏览器中输入的地址进行转发,
使用View类接受转发信息并对页面进行渲染,从而有利于保护服务器文
件的隐私性,同时也有利于web系统URL的管理。

```
urlpatterns =[
    path('',views.index),
    path('detail',views.detail),
    path('video/',views.video_resource_list),
```

```
path('sparql_search',views.sparql_search_page),
path('video/detail/<int:id>',views.video_resource_detail),
path('api/map',views.map),
path('api/get_activities/',views.api_activities_list),
path('api/get_video/<int:id>',views.api_get_vedio),
path('api/sparql_query/',views.api_sparql_query),
path('api/video_map/<int:id>',views.api_video_resource_map)
]
```

在URL路由系统中,通过配置自定义路由并转发给相应的View,提升系统的安全性。

② 服务器直接渲染。本系统在部分不需要大量数据交互的页面中采用了服务器直接渲染的方式生成客户端页面,降低客户端的资源消耗量,提升页面的展示速度。服务器渲染采用了"数据+模板"的方式予以处理,服务器端指定相应的输出模板,并构造好返回数据后,对模板进行绑定。

```
def detail(request):
    resource = ArchieveResource.objects.get(id=request.GET.get('id'))
    returnJson = {}
    returnJson['model'] = model_to_dict(resource)
    returnJson['id'] = request.GET.get('id')
    return render(request,'detail.html',returnJson)
```

③ Vue+Axios渲染。在部分需要有大量数据交互的模块中,采用Vue+Axios的方式,让客户端的浏览器与服务器进行数据的异步传输,从而降低数据传输带来的网络资源的损耗。该方式除了需要在服务器端进行数据的查询处理外,在客户端也需要进行相应的处理。

```
#服务器端:
def api_activities_list(request):
    resultList = VedioActivities.objects.all().values('id','activities_name','keywords','language_id','begin_time','end_time','resource__title_proper')
```

```python
        jsonData = {}
        jsonData['data'] = list(resultList)
        return JsonResponse(jsonData, safe=False)
```

```javascript
# 客户端：
new Vue({
    el: '#app',
    data: {
        dataTable: [],
        dialogVisible: false,
        J_prismPlayer: 'J_prismPlayer',
    },
    mounted: function () {
        this.initGrid();
    },
    methods: {
        initGrid: function () {
            a = this;
            url = '/api/get_activities';
            axios.get(url)
                .then(function (response) {
                    a.dataTable = response.data['data'];
                })
        },
        handleClick: function (row) {
            // console.log(row.id);
            this.dialogVisible = true;
            url = '/api/get_video/' + row.id;
            axios.get(url)
                .then(function (response) {
                    file_url='/media/'+response.data.video_file.resource__appendix;
                    var player = new Aliplayer({
                        id: 'J_prismPlayer',
                        source: file_url, // 播放地址
                        autoplay: false,    // 是否自动播放
                        width: "100%",    // 播放器宽度
```

```
                    height: "450px",    // 播放器高度
            }, function (player) {
                    console.log('播放器启动');
            });
        })
    }
}
});
```

（五）D2RQ映射设计

此阶段主要根据语义标注结果,对数字视频档案资源中识别出的文本信息赋予其语义关系,并建立相关链接,将数字视频档案资源转化为具有语义关联链接意义的档案知识资源。D2RQ 是常见的关联数据发布工具,通过类与属性之间的映射实现数据库与 RDF 三元组的转换,并支持 SPARQL 查询语言的语义检索。可以支持使用定制化的 D2RQ mapping file 从数据库中将数据映射为所需要的关系,并提供 RDF 数据浏览和查询接口,支持二次开发。具体映射实现参见本研究"5.4 数字视频档案资源语义关联组织与聚合应用验证"中的"语义关联链接",在此不再赘述。

7.2 数字视频档案资源精准化服务原型系统实现与验证

7.2.1 原型系统开发环境说明

（一）硬件环境

硬件环境主要是本原型系统开发工作所需要的服务器、客户端等基本物理条件。其中服务器端的要求为:cpu 为 Intel Core i7 2.6 GHz *2、内存 16GB、硬盘 500GB、网卡 10M/100M 等。客户端由网页访问,无硬性要求。

（二）软件环境

在本次开发工作中，网站开发系统为Linux的CentOs系统，开发主要语言是Python，应用了Django框架，前端则借助Bootstrap＋Vue可视化开发框架。为了保障能为用户提供简单友好的操作界面，方便一般用户操作使用，本次开发选用Bootstrap＋Elementui开发工具。一般档案管理人员或文档工作者只要掌握基本的计算机操作能力，通过简单的系统操作培训就能方便操作系统的各项功能。

7.2.2 系统开发结果呈现与验证

（一）登录界面

登录界面是授权用户进行认证的界面，用户的密码在加密后存放在数据库中，管理员也无法进行查看或修改。如果用户忘记了密码，还可选择"忘记密码"选项，此时，会由系统绑定邮箱向用户注册邮箱发送认证邮件，引导用户重新设置密码。登录成功后，用户可以使用系统相应的管理功能。

图7-3 系统登录

（二）用户管理

用户的权限由管理员在后台进行管理，对违规用户，管理员可封禁其账户。管理员可对用户信息进行管理，但无法看到密码的明文，只能看到密码的hash值，以此保护用户的隐私。用户在通过审核后，也可对个人信息进行编辑。除了注册时的用户名、密码、邮箱外,还可添加真实姓名、地址与个人说明,便于管理员与用户取得联系。

图7-4　用户列表

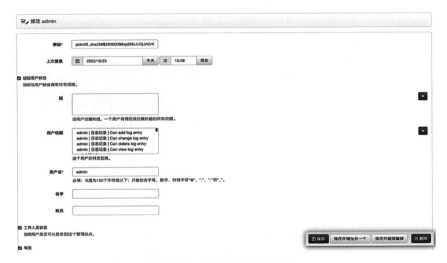

图7-5　用户个人资料编辑

（三）视频档案资源管理

　　用户在进行视频档案资源管理时,需要对档案资源进行描述。描述项有"题名"（"正题名""并列题名""副题名及说明题名文字"）、"分类号""说明""出处""语言""范围""密级""保管期限""责任者""其他责任者""权限""时间""类型""格式""档号""文件编号"等,通过表单提交的方式,将数据存储在数据库之中。在导入时,系统会记录下文件存储的位置与归档时间,一并记录在数据库中。用户点击完成后,提交管理员审核,管理员审核通过后,用户可以通过系统查找到该视频档案资源。

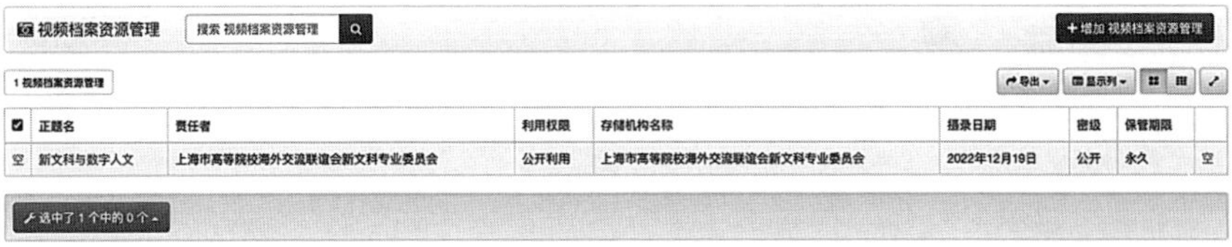

图7-6 视频档案资源管理列表

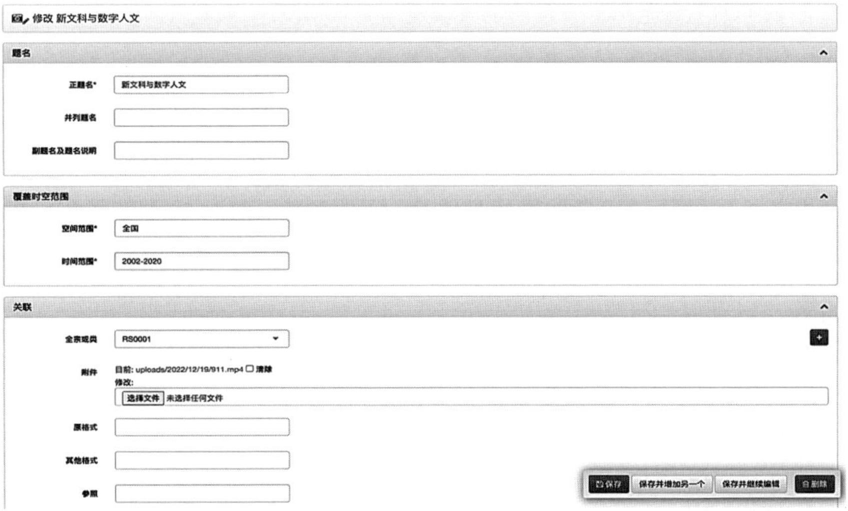

图7-7 视频档案资源详情录入

（四）视频单元管理

视频单元管理属视频档案资源管理的一部分，用户可以在描述阶段依次录入活动名称、关键词、语种、起始时间、结束时间、关联资源等，见图7-8。录入完成后，用户就可查看具体描述结果（图7-9），并决定是否需要修改或添加等。

图7-8 视频单元管理详情

活动管理	搜索 活动管理	🔍					+ 增加 活动管理

3 活动管理

☑ 活动名称	主题或关键字	语种	起始时间	结束时间	关联资源	
□ 报告：新文科是"复数"的吗？	陈静；新文科；发展路径；历史渊源；数字人文；学术生态	中文	01:27:18	01:52:31	新文科与数字人文	ⓘ
□ 报告：新文科与古代文学研究	方笑一；新文科；古代文学；学科创新；文学问题	中文	00:55:53	01:25:29	新文科与数字人文	ⓘ
□ 报告：数字人文能为新文科提供什么	刘炜；数字人文；新文科；关系；学科体系	中文	00:35:13	0:54:28	新文科与数字人文	ⓘ

⚟ 选中了3个中的0个 ⚞

图7-9　视频单元管理列表

（五）视频档案资源浏览

用户在获得相应的浏览权限后，可在前台页面中对视频档案资源进行浏览。用户也可在检索框中使用关键词进行检索，在检索结果界面上，用户若想了解每条检索结果的具体情况，就可点击图7-10中每条记录的链接，全面了解该视频片段的具体情况，也可点击"查看"按钮打开视频，如图7-11所示。

输入检索词						检索
活动名称	主题或关键字	语种	起始时间	结束时间	关联资源	视频
报告：数字人文能为新文科提供什么	刘炜；数字人文；新文科；关系；学科体系	中文	00:35:13	0:54:28	新文科与数字人文	查看
报告：新文科与古代文学研究	方笑一；新文科；古代文学；学科创新；文学问题	中文	00:55:53	01:25:29	新文科与数字人文	查看
报告：新文科是"复数"的吗？	陈静；新文科；发展路径；历史渊源；数字人文；学术生态	中文	01:27:18	01:52:31	新文科与数字人文	查看

上一页　1　2　3　下一页

图7-10　视频档案资源检索列表

图7-11　视频浏览页面

当用户打开资源详情页后,系统呈现该资源的详细情况(图7-12),关联到的档案资源详情(图7-13),以及相关的关联图谱(图7-14)。

活动信息

资源名称	报告:新文科是"复数"的吗?
关键词	陈静;新文科;发展路径;历史渊源;数字人文;学术生态
语种	中文
开始时间	01:27:18
结束时间	01:52:31

图7-12 资源详情

关联档案资源

正题名	新文科与数字人文	著录者	新文科专委会
并列题名		利用权限	公开利用
副题名及说明题名		唯一标识符	
分类号		档号	2021.LX.002
空间范围	全国	存储机构名称	上海市高等院校海外交流联谊会新文科专业委员会
时间范围	2002-2020	存储机构代码	
附件	下载	在线存储地址	
原格式		离线存储地址	
其他格式		摄录日期	2022年12月19日
参照		编辑日期	
被参照		著录日期	
责任者	上海市高等院校海外交流联谊会新文科专业委员会	数字化日期	
摄录者	田野	密级	
编辑者		保管期限	永久
提供者	新文科专委会	视频来源	
其他责任者		计算机文件名	新文科与大数据专题研讨会视频

图7-13 关联档案资源详情

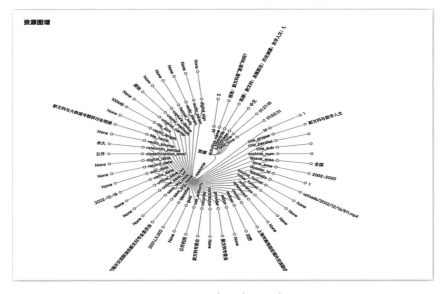

图7-14 资源关联图谱

（六）视频档案资源语义检索与交互服务

本系统在对D2RQ相关服务进行封装后，提供语义检索工具。用户可自行构建SPARQL检索策略，对任意关联资源进行语义检索，见图7–15。

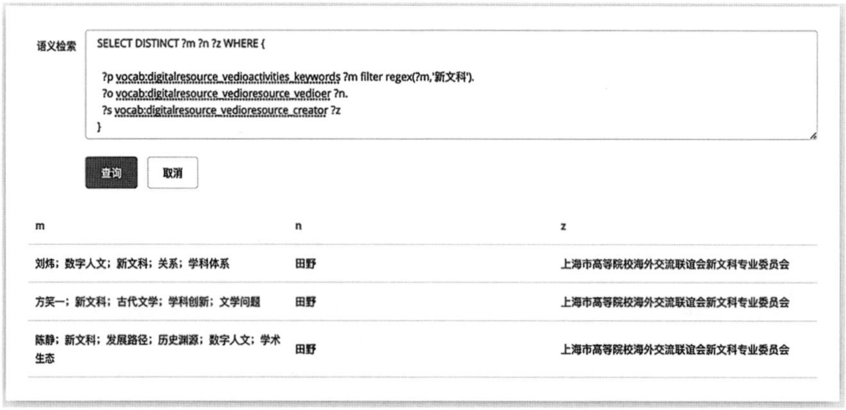

图7-15　语义检索

如7-15所示，该语句用于检索与"新文科"相关的所有摄录者和责任者。用户在具体浏览相关视频资源后，可以在资源页的下方评论区发表评论，反馈利用信息等见图7-16。

图7-16　用户利用反馈情况

通过上述验证，本次开发的数字视频档案资源精准化服务系统实现了既定目标，能完成数字视频档案资源描述、组织与语义检索等工作，并能为用户提供在线利用反馈渠道，及时实现在线交互，验证了基于用户交互的数字视频档案资源语义组织与精准化服务的可行性。当然，本次开发的系统仅为原型系统,实践意义上的数字视频档案资源精准化服务系统构建还有诸多问题需要深入探索,并要通过具体的服务实践来不断修正和完善。

7.3 数字视频档案资源精准化服务应用推进

数字视频档案资源精准化服务是建立在资源语义描述与组织基础之上的服务,它呈现交互性、知识化等特点,是用户期待的数字视频档案资源服务发展方向。然而,数字视频档案资源不同于一般的文本型档案资源,其精准化服务实现并非易事。在具体服务应用推进方面,它需要档案服务部门设计合理的应用推进方案,并采取科学的措施加以推进,以实现该领域服务的可持续性发展。

7.3.1 制定精准化服务规划

科学合理的应用规划是数字视频档案资源精准化服务工作有序推进的关键和前提。在具体应用规划制定方面,档案服务部门需要做好下列工作:

其一,制订服务发展目标。数字视频档案资源是信息记录最为丰富的档案资源,是人类社会记忆和文化传承的重要载体,现将其转化为社会可利用的知识资源并为用户提供精准化服务,具有十分重要的现实价值和意义。为了保障该服务工作的可持续性发展,档案服务部门首先要明确数字视频档案资源精准化服务的发展总体目标和分目标。在总体目标制定方面,档案服务部门要将数字视频档案资源精准化服务工作同国家信息化规划①、全国档案事业发展规划②等结合起来,并成为其中一部分,为社会发展提供服务支持。也就是,以国家社会信息化和档案事业信息

---

① 网信办网站.中央网络安全和信息化委员会印发《"十四五"国家信息化规划》[EB/OL].[2022−12−8].http://www.gov.cn/xinwen/2021-12/28/content_5664872.htm.

② 国家档案局网站.中办国办印发《"十四五"全国档案事业发展规划》[EB/OL].[2022−12−8].https://www.saac.gov.cn/daj/toutiao/202106/ecca2de5bce44a0eb55c890762886683.shtm.

化发展规划为指导,结合数字视频档案资源的特点和利用需求,进行资源加工处理和精准化服务提供,将数字视频档案资源转为可利用的、方便利用的档案知识资源,为社会建设服务。在具体目标制定方面,鉴于数字视频档案资源服务仍处于探索阶段,档案服务部门可以在总体目标控制下,结合工作实际制定分阶段目标如年度目标、五年规划目标等,明确每个阶段应用推进的任务。通过制定服务总目标和分目标,为数字视频档案资源精准化服务应用推进提供明确的方向指引,也为后续的分阶段逐步推进提供具体的参考标准。

其二,加强用户需求研究。用户需求是数字视频档案资源精准化服务工作开展的前提,也是服务应用推进的驱动力,更是服务应用规划制定的立足点,因为脱离需求的服务是没有价值和意义的。为此,档案服务部门要掌握用户需求信息,探寻用户利用规律,并根据这些要求和规律来制定应用推进规划。在用户需求研究方面,档案服务部门需要做好两个方面的工作:一是要"定位"数字视频档案资源用户。这项工作可以借鉴市场营销的市场细分思路来完成。一方面将数字视频档案资源用户同其他资源用户区分开来,另一方面根据不同利用目的(如学习、研究、休闲、凭证等)将数字视频资源用户再进行细分,为用户需求研究提供明确的对象。二是要注重从利用行为的角度来研究用户需求及行为偏好。用户利用行为数据是最为真实的数据,它们是用户需求最真实的反映。档案服务部门在数字视频档案资源服务系统设计时,可以加入利用数据采集模块,在合法合规的前提下采用用户利用数据,并建立用户小数据系统[①],为精准化服务提供最直接的支持。通过用户需求研究,把握用户需求和利用行为特点及发展方向,为数字视频档案资源精准化服务应用规划制定提供科学的事实和数据支持。当然,在用户需求研究方面,与用户直接交流如访谈、问卷调查等也是不可或缺的基本工作内容。

其三,明确应用推进重点。数字视频档案资源精准化服务实现是建

---

① 吕元智.基于小数据的数字档案资源知识集成服务研究[J].档案学通讯,2016,232(06):47—51.

立在细粒度的视频档案资源语义组织体系、精准化服务推荐系统以及相关标准等基础之上的。为此,在具体应用推进方面,档案服务部门也应以此为重点,以免推进工作后期"乏力"。首先,档案服务部门要做好视频档案资源体系建设工作,在细粒度层面实现数字视频档案资源语义化组织,为精准化服务奠定资源基础。资源建设是基础,语义化的数字视频档案资源建设工作是应用推进工作的重中之重,同时它是档案服务部门核心竞争力[1][2]所在。其次,档案服务部门要加强精准化服务系统建设工作,为具体服务提供基本实现平台。例如,根据用户需求和视频档案资源利用特点来设计和构建服务接入系统,构建用户画像系统[3]以明确用户利用需求特征,利用人工智能等技术来强化服务推荐功能等。最后,档案服务部门要加强相关业务标准建设,为具体服务推进提供可持续保障。标准是保障数字视频档案资源精准化服务系统业务互操作实现的基础。当前,档案服务部门要加强数字视频档案资源描述、组织、聚合、服务提供等方面的标准建设,以保障业务工作的延续性和推进工作的连贯性。

其四,选择应用推进方式。合理的推进方式是数字视频档案资源精准化服务有效推进的重要保障。选择什么样的应用推进方式是档案服务部门制定规划进度需要考虑的重要内容。结合当前我国档案服务工作实际,在数字视频档案资源精准化服务应用推进方式方面,档案服务部门可以选择自主推进和联合推进的方式来开展具体服务工作。自主推进就是档案服务部门以自身资源和影响等来推进数字视频档案资源精准化服务工作,如开发精准化的视频档案在线利用系统,并通过档案网站、微平台等来推进。自主推进具有专业性强、目标明确等优势,但有时也受财力、人力和技术等条件影响,服务推进效果难免打折扣。联合推进是档案服务部门联合其他信息服务机构在通用的平台上推进数字视频档案资源精

---

① 朱丽波.数字档案馆核心竞争力分析[J].现代情报,2014,34(11):169—172.

② 姜楠.信息服务市场下探讨数字档案馆核心竞争力研究[J].山东档案,2021,240(01):33—35.

③ 苏君华,牟胜男.用户画像视域下档案馆精准服务:内涵、机理及实现策略[J].档案学通讯,2020,252(02):58—66.

准化服务,如同数字图书馆、数字博物馆、文化网站等一起来推进。联合推进面向的用户群体数量大,易于激发潜在用户利用需求,但是会在一定程度削弱数字视频档案资源精准化服务的影响。为此,在实践中,档案服务部门可以在选择自主推进以保障视频档案服务专业化的同时,也积极融入其他信息服务平台,以联合推进的方式来扩大服务范围。

7.3.2 开展精准化服务试点

数字视频档案资源精准化服务是一项新的档案服务内容,其服务设计方案不可能十全十美,均需要在实践探索中不断完善。为了有效地推进该领域工作,降低应用推进风险,档案服务部门需要先开展相关服务试点工作。通过服务试点,积累数字视频档案资源精准化服务的经验和教训,然后有计划地全面推进。从本质上来看,试点本身就是一次尝试,没有过往的经验和教训供参考,是希望以最小成本的方式来总结经验、查找问题并形成可复制的服务应用方案。在当前,为了降低风险,试点往往需要控制在一定范围内进行。档案服务部门要结合自身实际,积极开展服务应用试点工作,为大规模应用推进奠定基础。在试点工作方面,最为关键的是选择试点突破口。针对我国数字视频档案资源服务现状,档案服务部门开展具体试点工作需要注意下列问题。

其一,试点思路的选择问题。从当前档案服务提供情况来看,档案服务部门首先需要确定好试点思路。具体试点思路选择可以从两个角度切入。一是从档案用户的角度来确定试点思路。即是选择好目标用户群体,再根据目标用户群体的需求组织数字视频档案资源,安排具体的服务。如,档案服务部门以学习型用户的思想政治学习需求满足为试点,选择和组织红色视频档案资源并为其提供服务。二是从视频档案资源的角度来确定试点思路。即是以现有的且具有典型意义的视频档案资源为对象,根据精准化服务要求对其进行加处理,再主动为相关用户提供服务。如,根据馆藏视频档案资源,形成专题视频库,为具体专业人士开展视频档案推送服务等。以上这两种思路均有其特点,档案服务部门可以根据自己的实际情况来选择和安排。

其二,试点效率的控制问题。数字视频档案资源精准化服务项目是档案信息化项目,在具体试点工作中要注意效率问题,以降低风险①。在具体操作上,档案服务部门要采用"短、平、快"②思路来完成具体试点任务。一是具体项目周期不能太长,将周期较长的项目按阶段分解为相对独立的子项目,并确保每个子项目能在短期内完成。二是将具体完成的项目或子项目及时上线运行,让用户能快速地体验到项目建设所带来的益处,短期内能积累一定数量的用户,并根据用户的反馈及时做出调整或改进。另外,档案服务部门还要加强试点项目全过程管理和全面质量管理,对项目的进展情况和施工质量进行全面检查和监管,并做好记录留存。通过上述措施,提高试点工作效率,并将试点风险降低到可控的范围内,以减少试点工作可能碰到的障碍。

其三,试点宣传的安排问题。数字视频档案资源精准化服务是一项新内容,其试点必然会受到理论界和实践界的关注。做好相关宣传工作,发布相关信息,保持与外界互动,是确保试点工作成功的重要因素。这主要是因为,通过宣传可以让社会知晓数字视频档案资源及其服务发展情况,激发用户利用数字视频档案资源的积极性,为具体服务试点工作积累有效的用户群体,并为该领域工作推进创造良好的外部环境。同时,通过宣传还可以让更多的社会力量了解数字视频档案资源精准化服务试点工作,引导研究机构、档案信息化公司等参与探索,聚众人智慧,不断夯实试点攻坚力量,有助于共同解决精准化服务中的难题。在具体试点宣传安排方面,目前档案服务部门可以在传统宣传工作的基础上,以网络如档案网站、微平台等为渠道,定期或不定期向不同类型群体开展针对性的宣传工作。尤其是要加强已建成项目的对外在线试用工作,通过在线试用来宣传数字视频档案资源精准化服务,其效果会更好。

---

① 陈竞亚.从美国政府问责办公室的报告看档案信息化建设项目的风险控制[J].中国档案,2013(03):40—41.

② 王向前.ERP实施重在管理——长虹集团信息化经验谈[J].每周电脑报,2000(30):81.

其四,试点经验的提炼问题。试点工作的目的就是要形成一套可复用的方案。为此,在试点工作阶段,对数字视频档案资源精准化服务试点情况进行总结和提炼是相当有必要的。具体而言,试点经验提炼要把握好下列内容:一是提炼和规范数字视频档案资源语义组织与精准化服务工作流程,即科学地提炼和安排数字视频档案资源语义组织与精准化服务业务工作环节,并明确各环节的工作任务和质量控制要求等。二是形成相关业务操作规范,如数字视频档案资源的单元划分标准、描述要素安排、语义关联标注要求、服务提供标准等,为后续应用推进提供相关参考。三是明确需要规避的问题与注意事项。数字视频档案资源精准化服务试点工作不可能一帆风顺,总会存在一些试错的内容。这些试错内容或失败教训也是探索实践的宝贵财富,将其确定为规避的问题或注意事项,可以让后来者避免"重蹈覆辙",节省建设成本,提升服务效率。

7.3.3 深化精准化服务研究

数字视频档案资源精准化服务是一个新的系统工程,其应用推进必然会面临诸多困难和问题。它需要档案服务部门集思广益,注意与其他部门的合作,深化服务应用研究,为数字视频档案资源语义组织、精准化服务等工作推进扫清障碍。

其一是明确应用研究逻辑。数字视频档案资源精准化服务应用推进能否进展顺利,实际上主要是看它能否为用户带来明显的益处。用户的需求和满意度是影响数字视频档案资源精准化服务发展的关键因素。为此,档案服务部门要围绕用户需求与期望来展开具体应用研究工作。具体而言,首先,要分析服务提供与用户需求之间的差距以及造成这种差距的原因是什么,树立明确的问题意识。通过分析、梳理数字视频档案资源精准化服务存在的主要问题,为具体应用研究工作提供明确的方向。其次,要将梳理的主要问题进行科学分类,按照先易后难、逐步推进的策略展开,并明确具体研究阶段的工作任务。也就是,将数字视频档案资源精准化服务面临的问题转化为一个个明确的研究课题,如数字视频档案资源用户利用行为特点、AI在视频档案资源描述中的应用、智能服务推荐、精准化服务效果评价以及用户生态系统构建等。最后,将用户需求能否实现作为衡量研究成效的基本标准。通过树立问题意识,明确研究任务,为数字视频档案资源精准化服务具体应用研究工作的深化做好准备。

其二是组织联合科研攻关。从目前档案服务实践情况来看,数字视频档案资源精准化服务还处于探索阶段,有诸多问题尤其是技术应用方面的问题仅靠档案服务部门的力量是无法解决的。它需要档案服务部门向社会"借力",联合科研攻关。在具体操作上,当前档案服务部门需要做好下列工作:一是要明确研究课题,列入具体研究计划并对外招标。通过课题招标的形式来选择优秀的科研团队并与之合作,是目前档案服务部门解决这一问题的有效途径。因为它不仅能解决档案服务部门研究能力不足的短板,而且还能让自身研究队伍在合作中不断学习和成长。二是要加强科研研究的保障支持,为数字视频档案资源精准化服务研究提供资金、实验材料、实验场景等服务。档案服务部门可以利用自身的优势如档案用户分析、档案服务提供等方面经验,参与到具体研究工作中,加强与合作机构的沟通,促进研究工作顺利展开。三是要加强科研研究的管理工作,建立合作激励机制。针对数字视频档案资源精准化服务问题的复杂性,档案服务部门要积极引导合作机构,对发包的在研课题进行定期检查,并建立相应的激励措施如提供追加资助、优秀项目推荐等,激励合作机构高质量地完成课题研究任务。

其三是推广相关研究成果。研究成果推广和应用是将知识转化为现实生产力的重要措施。除了上述联合科研攻关外,档案服务部门还要积极推广具体研究成果,为数字视频档案资源精准化服务推进及时提供知识支持。在具体研究成果推广应用方面,档案服务部门可以结合当前档案信息化建设的要求,将相关成果转化为具体可操作的服务标准、服务实现方案、专利等,并通过技术服务市场或档案行政主管机构等来推广。另外,档案服务部门在研究成果推广应用方面还要注意研究成果转化的效率问题。针对目前档案服务领域科研成果转化率较低的现状,档案服务部门可以利用各类信息传播渠道如报刊、网站、微平台等向外界宣传和推介不涉密的研究成果,注意研究成果应用的时效性,主动服务市场,缩短研究成果的转化周期,从而提升研究成果的转化效率。通过推广和应用相关研究成果,将知识转化为现实生产要素,不仅保障了应用研究价值的实现,而且也能为该领域后续研究获得相应的资源支持,确保其可持续性发展。

7.3.4 培育精准化服务文化

服务文化就是服务机构在服务过程中形成的价值观念、群体意识、思维方式和行为准则的总和①,是推动服务工作长久发展的"文化场"②,具有导向、约束、凝聚、激励等功能③。为了保障数字视频档案资源精准化服务的顺利推进,档案服务部门也需要培育与之发展相适应的服务文化。通过培育服务文化,为数字视频档案资源精准化服务工作推进提供核心价值引领,并获得持续的内在发展动力。目前,档案服务部门需要培育相应的精准化服务文化为数字视频档案资源精准化服务发展"保驾护航"。

其一,重塑数字视频档案服务价值观。价值观是服务文化的内核,它直接决定着服务文化的特质。数字视频档案资源精准化服务的本质在于档案服务部门用恰当的方式为用户提供优质的视频档案服务。为此,在具体服务应用推进方面,档案服务部门要重新思考视频档案资源服务价值观问题。一是要思考视频档案资源的价值定位问题。结合现代信息记录技术发展与应用情况,重新审视档案资源体系构成及其发展势态,提升数字视频档案资源的社会地位,将数字视频档案资源放在与其他类型档案资源同等位置来看待,而非传统意义上的"补充"。二是要思考视频档案资源服务的定位问题。针对目前视频档案服务的"粗放"状态,宜引进精细化管理、知识服务、用户至上等理念,对传统视频档案服务进行升级

---

① 肖希明.构建和谐的图书馆服务文化[J].图书馆建设,2006(01):1—3.
② 张晟崛.儒家文化对建设现代企业文化场的启示[J].智库时代,2018,144(28):191+193.
③ 周博,梅昊.高校图书馆服务文化构建研究[J].宿州学院学报,2019,34(10):24—26+39.

改造,将数字视频档案服务定位于知识化、精准化等层面,为用户提供高效率的、高价值的视频档案服务。通过对数字视频档案资源及其服务价值的重新思考,确立适应时代发展要求的服务价值观,为数字视频档案资源精准化服务工作提供科学的价值引领。

其二,加强精准化服务制度建设。制度是文化建设的重要保证。根据《现代汉语词典》(第7版)解释,制度是"要求大家共同遵守的办事规程或行动准则"①。制度是保障数字视频档案资源精准化服务有序发展的关键。它以规范或要求的形式来协调各类服务资源,确保数字视频档案资源服务价值理念的稳固,进而促进数字视频档案资源精准化服务文化的健康成长。具体而言,一是制定清晰的可执行的精准化服务制度。就是将数字视频档案资源精准化服务理念、使命等内容以明确制度的形式固定下来,形成成文的制度文本等。二是设计合理的制度执行机制。数字视频档案资源精准化服务工作是一个由多业务环节、多支持系统协同配合的业务工作,每个环节或支持系统的工作质量均会影响到精准化服务效果。为此,档案服务部门还要考虑到制度的执行问题,抓住制度执行的关键内容,注意制度执行的效率和覆盖面,确保制度执行到位,将精准化服务文化落实到具体的服务工作中。三是加强制度运行监督。在具体操作层面,档案服务部门可以采用全过程管理与全面质量管理等方式,根据制度规范对数字视频档案资源组织、服务等环节进行全面评估和监督,将数字视频档案资源精准化服务文化以制度执行和监督的形式融入到具体服务工作中。

其三,创造精准化服务环境。数字视频档案资源精准化服务是一种以用户为中心的服务,为用户创造性地提供高质量、高效率的视频档案服务是其追求的根本目标。为此,档案服务部门需要转变服务理念,加强学习,营造精准化服务环境。一是建立学习型服务组织②。数

---

① 中国社会科学院语言研究所词典编辑室.现代汉语词典(第7版)[M].北京:商务印书馆,2016:1689.

② 刘永杰.如何创建学习型组织[J].人力资源,2020,477(24):50—51.

字视频档案资源精准化服务需要档案服务人员掌握一定的专业知识和服务技能如数字视频档案资源的切割、描述、语义组织、可视化服务等。建立学习型服务组织,为档案服务人员提供主动学习和交流的机会和环境,为员工知识和技能更新创造良好的文化氛围。二是鼓励服务创新。数字视频档案资源精准化服务是一项新的探索工程,它需要突破传统的档案服务思维和服务模式。当前,档案服务部门可以采用一些激励措施如评选创新服务明星、授予荣誉馆员[①]等,鼓励自身员工、用户以及社会力量参与到数字视频档案资源精准化服务探索中来,树立开放包容的服务参与环境。三是提供必要的服务物质条件[②]。物质条件既是服务文化的重要呈现载体,也是服务文化形成和发展的必要条件。目前,针对精准化服务应用推进的实际情况,档案服务部门可以加强精准化服务实验活动场所、员工知识分享网络平台等建设工作,为数字视频档案资源精准化服务活动开展及经验交流提供基本条件。

7.4 本章小结

数字视频档案资源精准化服务实现是一个系统工程,它是建立在资源语义化组织、服务科学安排等基础工作之上的,它需要档案服务部门在加强数字视频档案资源建设的同时,利用好现代信息技术和设备,加强服务系统的设计与开发,并做好相关服务应用推进工作。本章以项目研究所设计的数字视频档案资源语义化描述框架、关联组织方案、精准化服务模式等内容为理论指导,设计和开发了数字视频档案资源精准化服务原型系统,并进行了实验验证,进而提出具体服务应用推进策略。

在原型系统设计与开发方面,本章确立了系统总目标、分目标以及系统总体结构,进行了相关数据库表、模型、数据库结构以及前后台等设计

---

① 昌宁县档案馆.昌宁县档案馆选聘首批荣誉馆员[J].云南档案,2022,359(05):26.
② 刘水养.图书馆服务文化体系构成初析——概念、要素与结构[J].农业图书情报学刊,2010, 22(01):200—203.

工作,采用Python开发语言并结合xadmin开发框架和D2RQ资源管理框架着手数字视频档案资源精准化服务原型系统开发工作,并在用户管理、视频档案资源描述、浏览、语义检索、视频资源可视化关联等方面进行了实验验证。经过验证表明,本次开发的数字视频档案资源精准化服务系统实现了既定目标,能完成数字视频档案资源描述、组织与语义检索等工作,并能为用户提供在线交互通道,验证了基于用户交互的数字视频档案资源语义组织与精准化服务的可行性。当然,本次开发的系统仅为原型系统,实践意义上的数字视频档案资源精准化服务系统构建还有诸多问题需要深入探索,并要通过具体的服务实践来不断修正和完善。

在服务应用推进方面,本章从数字视频档案资源精准化服务规划制定、服务试点、应用研究与服务文化培育等层面提出具体应用推进策略。

8 结　　语

　　数字视频档案资源语义组织与精准化服务是一项复杂的社会工程，它是语义网时代用户对档案服务工作提出的新要求，是一个亟待深化的研究领域。本项目以用户需求为切入点，从用户交互的视角来探究数字视频档案资源语义标注、关联聚合与精准服务实现等问题，力图构建数字视频档案资源语义组织与精准化服务理论框架，以期为具体实践工作推进提供理论与方法支持。在本项目结题之际，现对已完成的探究工作进行总结。根据研究计划，本项目团队历经三年多的探索，着重开展了以下研究工作：

　　（1）数字视频档案资源语义组织与精准化服务研究进展分析。本研究对国内外数字视频档案资源语义组织、精准化服务等领域的研究成果进行了梳理和归纳分析，并对国内外研究现状进行了对比，进而在此基础上提出了该领域研究的发展策略，为本项目研究工作的有效开展奠定了相关理论和知识基础。

　　（2）交互环境下数字视频档案资源用户需求调查分析。本研究在明确调查目的、意义、内容与方法的基础上，通过设计和发放调查问卷的形式来收集交互环境下数字视频档案资源用户需求与期望信息，分析总结出了用户数字视频档案资源的需求特点、利用行为模式、面临的障碍以及利用期望等，为数字视频档案资源语义组织与精准化服务研究提供现实依据。

（3）数字视频档案资源多维内容揭示与语义关联描述框架构建。数字视频档案资源是语义最为丰富的档案资源，对其进行多层级、多维度语义揭示和描述是数字视频档案资源能被深度利用的基础和前提。本研究在数字视频档案资源类型和结构特征分析的基础上，构建了面向用户需求的数字视频档案资源语义描述框架，从内容特征、产权特征和形式特征三个维度来描述数字视频档案资源，并规定了描述的具体要求和标准等，进而设计了多层级视频档案资源语义描述框架，为解决数字视频档案资源细粒度语义描述问题提供了理论指导框架。

（4）数字视频档案资源语义关联组织与多维聚合实现框架构建。本研究在我国数字视频档案资源语义组织与聚合障碍分析的基础上，阐释了数字视频档案资源语义关联组织与聚合的内涵、语义关联关系、语义关联方式以及语义映射方案等，并以最小独立主题意义的"视频单元"为资源聚合对象，设计了基于视频单元的视频档案资源多维语义关联聚合实现框架，并进行了实验验证。

（5）基于用户交互的数字视频档案资源精准化服务实现模式设计。本研究在我国省市级档案馆网站视频档案服务调查的基础上，结合用户需求，构建了基于用户交互的数字视频档案资源精准化服务体系，并在理论层面探讨了数字视频档案资源精准化服务体系的构成、运行机制以及服务运行的保障策略等内容。

（6）数字视频档案资源精准化服务原型系统开发与验证。为了验证研究成果的可行性，本项目组采用Python开发语言并结合xadmin开发框架和D2RQ资源管理框架开发出了数字视频档案资源精准化服务原型系统，验证了项目设计内容的合理性和可行性。

除了上述研究工作外，本研究最后还探讨了数字视频档案资源精准化服务应用推进策略问题，从应用规划制定、应用服务试点、应用服务研究以及服务文化培育等层面给出了相应的建议，以期推动该领域活动的可持续性发展。

数字视频档案资源语义组织与精准化服务是当前档案服务部门面临

的新课题,是一项需要深入、持久探索的信息服务工程,有诸多难题亟待
社会多方共同努力去攻克。囿于项目小组的能力和研究资源的局限,本
研究不可避免存在这样或那样的缺憾。如,在国外研究进展分析方面,本
研究以英语信息源成果为主要对象来分析和归纳国外研究概况和特点,
非英语信息源成果没有纳入梳理和分析范围,有可能遗漏了有价值的研
究成果;在数字视频档案资源语义描述、标注、关联组织验证等方面,为了
保障验证工作的顺利进行,本研究采用人工干预为主的方式来完成相关
工作,计算机视频自动识别、标注等技术没有充分应用到项目验证中来;
在精准化服务原型系统开发方面,本研究开发的原型系统也只是一个实
验系统,其功能还需要在具体实践中不断丰富和完善。当然,数字视频档
案资源语义组织与精准化服务是一个需要长期探索与完善的工程,仅凭
本项目所做的研究和探索是远远不够的,它需要社会多方力量加入到具
体探索工作中来,共同推进该领域工作的发展和升级。

　　数字视频档案资源语义组织与精准化服务是一个不断发展和进化的
工程,它需要档案服务部门积极应对,紧跟社会信息化潮流,树立创新意
识,将丰富多彩的数字视频档案资源按用户的要求组织起来并提供个性
化的、精准化的、知识化的视频档案服务。然而,这一目标的实现是没有
尽头和终点的。随着现代信息技术尤其是视频信息处理技术、人工智能
技术等的发展,数字视频档案资源的语义识别、特征提取、语义组织与检
索等问题或许会有更优的解决方案。但是,如何围绕用户的需求和偏好
来组织数字视频档案资源并提供精准化服务仍不是一件容易的事情,因
为它不仅要有科学的技术解决方案,而且还要有合理的规则体系、文化环
境与之相匹配。近年来的新理念、新技术如 Web3.0、元宇宙、chatGPT 等
横空出世,也许它们会给数字视频档案资源语义组织与精准化服务带来
新的发展和变化。本项目组将在已有的研究基础上关注这些发展和变
化,继续深入探索,以期为推动我国数字视频档案服务工作的发展尽绵薄
之力。

参考文献

一、中文参考文献

1.艾兰·库珀.交互设计之路:让高科技产品回归人性[M].丁全钢,译.北京:电子工业出版,2006.

2.陈冬林,聂规划,徐尚英.商品目录语义集成与智能服务理论研究[M].北京:电子工业出版社,2014.

3.陈兆祦,和宝荣.档案管理学基础[M].北京:中国人民大学出版社,1986.

4.邓小昭.网络用户信息行为研究[M].北京:科学出版社,2010.

5.蒂姆·伯纳斯-李,菲谢蒂.编织万维网[M].张宇宏,萧风,译.上海:上海译文出版社,1999.

6.丁海斌,卞昭玲.电子文件管理基础教程[M].沈阳:辽宁大学出版社,2011.

7.董金祥.基于语义面向服务的知识管理与处理[M].杭州:浙江大学出版社,2009.

8.杜慧平,仲云云.自然语言叙词表自动构建研究[M].南京:东南大学出版社,2009.

9.段明莲,周晨,琚存华.国家图书馆视频资源元数据规范与著录规则[M].北京:国家图书馆出版社,2014.

10.冯惠玲.档案文献检索[M].北京:高等教育出版社,1999.

11.冯惠玲,刘越男.电子文件管理教程[M].第2版.北京:中国人民大学出版社,2017.

12. 胡昌平.现代信息管理机制研究[M].武汉:武汉大学出版社,2004.

13. 胡兆芹.本体与知识组织[M].北京:中国文史出版社,2013.

14. 金波,丁华东,倪代川.数字档案馆生态系统研究[M].北京:学习出版社,2014.

15. 杰弗里·波梅兰茨.元数据[M].李梁,译.北京:中信出版社,2017.

16. 鞠英杰.信息描述[M].合肥:合肥工业大学出版社,2010.

17. 李景,孟宪学,苏晓路.领域本体的构建方法与应用研究[M].北京:中国农业科学技术出版社,2009.

18. 刘竟.网络环境农村信息资源的知识组织:面向概念检索的信息门户构建与应用[M].芜湖:安徽师范大学出版社,2011.

19. 刘炜.数字图书馆的语义描述和服务升级[M].北京:国家图书馆出版社,2010.

20. 娄策群.信息生态系统理论及其应用研究[M].北京:中国社会科学出版社,2014.

21. 吕元智.基于语义关联的数字档案资源跨媒体知识集成服务研究[M].上海:世界图书出版公司,2021.

22. 马费成,宋恩梅.信息管理学基础[M].第2版.武汉:武汉大学出版社,2011.

23. 马修军.多媒体数据库与内容检索[M].北京:北京大学出版社,2007.

24. 孟广均,霍国庆,罗曼,等.信息资源管理导论[M].第3版.北京:科学出版社,2008.

25. 邱均平.知识管理学[M].北京:科学技术文献出版社,2006.

26. 任明.智能信息系统:以关联知识优化数据建模的方法和实践[M].杭州:浙江大学出版社,2012.

27. 苏新宁,谢靖,徐绪堪,等.面向知识服务的知识组织理论与方法[M].北京:科学出版社,2014.

28. 鲜国建,赵瑞雪,孟宪学.农业科技多维语义关联数据构建研究[M].北京:中国农业科学技术出版社,2013.

29. 图书馆·情报与文献学名词审定委员会.图书馆·情报与文献学名词[M].北京:科学出版社,2019.

30. 肖秋惠.档案管理概论[M].武汉:武汉大学出版社,2009.

31. 薛四新,杨艳,黄存勋.现代档案管理基础[M].北京:机械工业出版社,2006.

32. 王芳.数字档案馆学[M].北京:中国人民大学出版社,2010.

33. 王兰成.知识集成方法与技术:知识组织与知识检索[M].北京:国防工业出版社,2010.

34. 王兰成,敖毅,曾琼,等.文献知识集成应用系统[M].北京:军事科学出版社,2011.

35. 王萍,宋雪雁.电子档案管理基础[M].北京:清华大学出版社,2006.

36. 吴丹,蔡卫萍,梁少博,等.信息描述实验教程[M].武汉:武汉大学出版社,2016.

37. 袁莉,赵英.社会网络下的知识服务[M].成都:四川大学出版社,2012.

38. 曾建勋.知识链接及其服务[M].北京:科学技术文献出版社,2012.

39. 翟军.关联政府数据原理与应用:大数据时代开放数据的技术与实践[M].北京:电子工业出版社,2016.

40. 翟姗姗.基于关联数据的非物质文化遗产资源聚合研究[M].北京:科学出版社,2015.

41. 张海波.基于内容的服装图像情感语义识别和检索[M].北京:中国纺织出版社,2014.

42. 张玉峰.智能信息系统[M].武汉:武汉大学出版社,2008.

43. 张智雄.数字资源长期保存技术的研究与实践[M].北京:国家图书馆出版社,2015.

44. 赵屹,汪艳.新媒体环境下的档案信息服务[M].上海:世界图书出版公司,2015.

45. 周宁,张玉峰,张李义.信息可视化与知识检索[M].北京:科学出版社,2005.

46. 周晓英,马文峰,齐虹.信息组织与信息构建[M].北京:中国人民大学出版社,2010.

47. 周耀林,赵跃.面向公众需求的档案资源建设与服务研究[M].武汉:武汉大学出版社,2017.

48. 卜淑芬.地方检察档案信息资源开发与利用的实证研究[D].湘潭:湘潭大学,2012.

49. 程娅.基于关联数据的图书馆数字资源语义互联模型研究[D].武汉:华中师

范大学,2015.

50. 储相瑞.视频资源的分割标注及组织管理策略的研究与实现[D].武汉:华中师范大学,2019.

51. 段营营.青岛数字城建档案综合管理系统的设计与实现[D].青岛:中国海洋大学,2010.

52. 侯西龙.非物质文化遗产视频资源语义组织研究[D].武汉:华中师范大学,2018.

53. 李学朝.基于内容的体育视频描述、管理和浏览研究与实现[D].北京:中国科学院研究生院(计算技术研究所),2003.

54. 刘振华.视频文件元数据的设计与开发济南[D].济南:山东大学,2009.

55. 吕元海.基于Native XML数据库的视频教学资源平台构建[D].西安:西安电子科技大学,2011.

56. 倪彬.广东广电声像档案公益服务策略研究[D].广州:华南理工大学,2014.

57. 申辉繁.协同过滤算法中冷启动问题的研究[D].重庆:重庆大学,2015.

58. 宋瑞.基于深度学习的视频实时分割技术研究[D].北京:北方工业大学,2019.

59. 孙振兴.基于用户画像的移动图书馆精准化服务研究[D].长春:吉林大学,2022.

60. 田钧锐.基于多轮对话的用户需求捕获方法[D].哈尔滨:哈尔滨工业大学,2021.

61. 于帅.用户画像视角下综合档案馆精准化服务研究[D].哈尔滨:黑龙江大学,2022.

62. 余亚荣.传统载体音视频档案的数字化转存研究[D].苏州:苏州大学,2015.

63. 王薇.基于关联数据的图书馆数字资源语义融合研究[D].南京:南京大学,2013.

64. 王雪飞.平民记忆视域下声像档案资源的开发利用研究[D].昆明:云南大学,2017.

65. 沙洲."互联网+"背景下档案信息服务生态系统研究[D].合肥:安徽大学,2019.

66. 张廉月.基于Flink的电影推荐系统的研究与实现[D].成都:电子科技大学,

2020.

67. 张鹏.数字化声像档案管理系统的设计与实现[D].成都:电子科技大学,2014.

68. 张谊坤.时空上下文在半监督视频目标分割中的应用研究[D].徐州:中国矿业大学,2019.

69. 张颖.基于用户画像特征数据集的个性化推荐算法研究[D].西安:西安电子科技大学,2018.

70. 安小米,宋懿,马广惠,等.大数据时代数字档案资源整合与服务的机遇与挑战[J].档案学通讯,2017(6):57—62.

71. 白晶.技术·参与·裂变——网络环境下档案服务社会化问题的思考[J].兰台世界,2019(09):40—43.

72. 毕强,牟冬梅,王丽伟,等.数字资源语义互联研究(I)——体系结构设计[J].现代图书情报技术,2010(9):3—7.

73. 毕强,滕广青,赵娜.基于知识地图的多领域本体映射研究[J].图书情报工作,2011,55(23):12—16.

74. 毕强,朱亚玲.元数据标准及其互操作研究[J].情报理论与实践,2007(5):666—670.

75. 步一,薛睿,孟凡,等.知识图谱的关键技术及其在情报学中的应用[J].情报学进展,2022,14(00):349—384.

76. 蔡梦玲.基于OAIS的音视频数据库分层元数据模型[J].图书馆杂志,2019,38(01):24—29+35.

77. 曹倩,赵一鸣.知识图谱的技术实现流程及相关应用[J].情报理论与实践,2015,38(12):127—132.

78. 曹树金,马翠嫦.信息聚合概念的构成与聚合模式研究[J].中国图书馆学报,2016,42(03):4—19.

79. 陈德容.基于关联数据的图书馆数据发布及数据服务[J].图书馆工作与研究,2015(2):25—27.

80. 陈国华.声像档案集中管理刻不容缓[J].上海档案,1985(06):17.

81. 陈光祚."用户之友"的情报检索系统——系统—用户交互子系统的一个进展[J].情报学刊,1986(04):62—65.

82. 陈慧,罗慧玉,张凯,等.AI赋能档案:AI技术在档案管理中的赋能模式探究[J].山西档案,2020(4):76—83+131.

83. 陈良.基于语义关联的数字图书馆馆藏资源知识发现服务研究[J].农业图书情报学,2018,30(03):38—41.

84. 陈璐.识别、适配、开放及体验——用户导向视角下的博物馆文创产品开发[J].传媒观察,2020(11):51—55.

85. 陈涛,刘炜,单蓉蓉,等.知识图谱在数字人文中的应用研究[J].中国图书馆学报,2019,45(06):34—49.

86. 陈悦,刘则渊.悄然兴起的科学知识图谱[J].科学学研究,2005(02):149—154.

87. 陈朝晖,孙茜.基于用户交互的网络服务及其在图书馆的应用研究[J].图书情报工作,2006,50(10):11—18.

88. 程亚萍.我国档案行政管理部门和综合档案馆档案专业人才队伍建设情况统计分析[J].档案学研究,2018(5):96—101.

89. 崔桐,徐欣.一种基于语义分析的大数据视频标注方法[J].南京航空航天大学学报,2016,48(05):677—682.

90. 崔旭,李佩蓉,解解,等.我国省级档案网站互动式信息服务"期望-满意指数"测评体系建构、验证及优化策略[J].档案学研究,2021(5):73—78.

91. 戴莹.图书馆用户画像服务系统的构建研究[J].四川图书馆学报,2020(2):44—48.

92. 丁海斌.论档案用户的利用需求[J].辽宁大学学报(哲学社会科学版),1989(06):98—99.

93. 丁华东,张燕.论档案学的三大研究取向及其当代发展[J].档案学通讯,2019(6):4—10.

94. 丁梅.馆藏声像档案数字化探析[J].兰台世界,2012(05):7—8.

95. 董坤,谢守美.基于关联数据的MOOC资源语义化组织与聚合研究[J].情报杂志,2016,35(06):177—182.

96. 董霞,姜恩波.关联链接维护的机制、技术与案例分析[J].图书馆学研究,2013(19):52—59.

97. 杜鹏.档案信息二元组织及相关问题研究——基于档案信息历史联系与逻

辑联系的双重视角[J].档案学通讯,2010(5):28—31.

98.杜智涛,付宏,李辉.基于扩展主题图的网络"微信息"知识化实现路径与技术框架[J].情报理论与实践,2017,40(12):75—80.

99.段明莲,李燕.数字视频资源元数据及描述[J].数字图书馆论坛,2016(12):15—20.

100.段荣婷,马寅源,李真.档案著录本体标准化构建研究[J].档案学研究,2018(2):63—71.

101.段营营,孔繁生,孔倩倩,等.城建声像档案数字化管理的设计与实现——以青岛市数字城建档案馆项目为例[J].城建档案,2009(11):31—32.

102.段竹莹.浅析音像档案开发利用社会合作方向[J].云南档案,2015(04):54—56+59.

103.樊树娟,陈建.档案文化传播机制演变与发展策略研究[J].浙江档案,2022(06):36—39.

104.房开乾.基于ASP.NET的声像档案统一利用平台设计与实现[J].办公自动化,2015(18):33—35.

105.方伟明.城建声像档案著录标引规范浅议与实践[J].城建档案,2006(06):37—39.

106.方喜峰,李伟伟,朱成顺,等.基于知识工程的推理机在产品配置中的研究[J].机械设计与制造,2020(03):297—300.

107.冯帆.关联数据技术实例解剖及其应用展望[J].科技视界,2014(13):144—145+162.

108.高建辉.精准扶贫数码照片音视频档案专题数据库应用平台开发研究[J].北京档案,2021(11):25—28.

109.高劲松,程娅,梁艳琪.基于关联数据的图书馆数字资源语义互联研究[J].情报科学,2017,35(01):8—13+23.

110.葛梦蕊,杨思洛,李超.学位论文资源发现系统多源元数据映射研究[J].图书情报知识,2018(03):45—54.

111.郭辉,谭必勇.美国国家档案馆网上商店档案文化产品研究[J].浙江档案,2016(12):20—23.

112.郭少友.关联数据的动态链接维护研究[J].图书馆情报工作,2011,55

(17):112—116.

113. 贺德方,曾建勋.基于语义的馆藏资源深度聚合研究[J].中国图书馆学报,2012(4):79—87.

114. 何振,蒋纯纯.数字时代档案公共服务的理念革新与实现路径[J].山西档案,2022(2):5—12.

115. 侯金奎,王锋,张睿.基于本体语义的模型映射研究[J].计算机科学,2008(5):119—122.

116. 侯西龙,谈国新,庄文杰,等.非物质文化遗产视频语义标注方法研究[J].情报科学,2018,36(11):88—94.

117. 胡明义.新体验时代的用户参与感[J].现代家电,2020(01):59—61+7.

118. 胡亚利,张月春.奥运场馆声像档案价值分析与利用模式探索[J].兰台世界,2009(19):10.

119. 黄丽丽,牟冬梅,张然.基于关联数据的数字资源语义互联模式研究[J].图书情报工作,2013(17):11—15.

120. 黄伟红,张福炎.EduMedia:教学数字视频图书馆中异构资源的统一描述[J].计算机辅助设计与图形学学报,2001(04):379—384.

121. 黄夏基,韦雪迪.我国档案馆、图书馆公共服务结果均等比较研究[J].档案学通讯,2020(4):20—27.

122. 黄霄羽,裴佳勇.高质量发展导向下特色档案服务的先进典型及实现路径[J].档案与建设,2021(4):6—11.

123. 贾君枝.LAM馆藏资源的元数据整合方法比较分析[J].档案学研究,2022(01):79—84.

124. 贾君枝,刘艳玲.顶层本体比较及评估[J].情报理论与实践,2007(3):397—400.

125. 焦晓静,王兰成.知识图谱的概念辨析与学科定位研究[J].图书情报工作,2015,59(15):5—11.

126. 姜恩波,董霞.关联数据链接维护技术介绍[J].图书馆杂志,2013,32(02):73—78.

127. 金燕,杨康.基于用户体验的信息质量评价指标体系研究——从用户认知需求与情感需求角度分析[J].情报理论与实践,2017,40(2):97—101.

128. 李财富,余林夕.基于档案用户小数据的精准化档案信息服务探析[J].档案与建设,2018(08):4—7.

129. 李冬秀.视频元数据及其互操作研究[J].现代情报,2006(01):92—94＋96.

130. 李桂华.用户导向服务制度对图书馆员敬业度的影响研究简[J].图书情报知识,2017(3):21—28＋53.

131. 李宏明,李智彦.基于NAS技术微视频档案数字化建设研究[J].山西档案,2019(03):70—73.

132. 李慧佳,王楠.基于语义关联的智库资源知识组织研究[J].图书与情报,2020(01):120—126.

133. 李杰,李慧杰,陈伟炯,等.国内社会科学研究中知识图谱应用现状分析[J].图书情报研究,2019,12(01):74—81.

134. 李清茂,邵莉,杨兴江.主题图与传统信息组织方法的比较[J].农业图书情报学刊,2011,23(08):9—14.

135. 李秋丽.公众视角下的档案利用服务探析——基于普通公众的档案馆认知调查[J].档案管理,2022(4):99—103.

136. 李松斌,陈君,王劲林.面向流媒体服务的视频资料元数据模型[J].电信科学,2008(11):41—46.

137. 李姗姗,王敏敏,李鑫.数智赋能音视频档案修复:实然之需、应然之举、必然之策[J].档案学通讯,2022(5):93—100.

138. 李硕,肖希明.公共数字文化资源中视频源数据映射研究[J].图书馆杂志,2016,35(08):67—75.

139. 李永新.浅议重大活动声像档案的收集——以甘肃省档案馆为例[J].档案,2014(4):61—63.

140. 李玉华,褚希,张红.基于用户交互的精准农业气象服务方法研究[J].热带农业科学,2021,41(08):89—94.

141. 廖胜姣,肖仙桃.科学知识图谱应用研究概述[J].情报理论与实践,2009,32(01):122—125.

142. 梁孟华.档案虚拟社区用户交互行为研究——基于用户调研数据分析[J].档案学研究,2017(6):45—51.

143. 梁孟华.基于开放关联数据的数字档案资源跨媒体知识链接研究[J].档案

学研究,2015(4):109—114.

144. 梁孟华.基于用户交互的数字图书馆服务评价模型构建与实证检验[J].图书情报工作,2012,56(7):72—78.

145. 梁荣贤.基于用户画像的图书馆精准信息服务研究[J].图书馆工作与研究,2019(4):65—69.

146. 刘恩涛,张智翔.本地视频资源元数据库建设的研究与实践[J].图书情报导刊,2016,1(1):127—130.

147. 刘海鸥,孙晶晶,苏妍嫄,等.国内外用户画像研究综述[J].情报理论与实践,2018,41(11):155—160.

148. 刘季晨,张宏.数字化在传统声像档案中的应用[J].档案管理,2012(03):90.

149. 刘佳.浅析互联网音视频元数据及对象数据管理[J].信息技术与信息化,2018(7):80—81.

150. 刘江霞.模拟音视频档案数字化质量控制研究[J].档案学研究,2018(01):101—106.

151. 刘鲁川,张冰倩,李旭.社交媒体信息过载、功能过载与用户焦虑情绪的关系:一项实验研究[J].信息资源管理学报,2019,9(2):66—76.

152. 刘巧英.用户交互情境下的图书馆微服务评价研究[J].图书馆理论与实践,2019(4):88—92.

153. 刘炜.关联数据:概念、技术及应用展望[J].大学图书馆学报,2011,29(02):5—12.

154. 雷晓庆,崔雪.公共档案馆档案信息服务现状及对策——基于公共档案馆网站调查的视角[J].档案学研究,2013(5):36—41.

155. 路梅.浅谈电视台媒体资产管理系统音像档案、资料的编目[J].视听界(广播电视技术),2006(02):20—22.

156. 卢森林.基于数字化声像档案的鉴定与优化馆藏[J].兰台世界,2013(11):27—28.

157. 吕萌.论加强电视音像档案整理的必要性[J].档案学通讯,2001(04):60—62.

158. 吕元智.基于关联数据的电子政务信息资源语义组织研究[J].图书情报工

作,2012(21):143—146+130.

159.吕元智.基于用户交互的数字视频档案资源精准化服务模式构建研究[J].档案学研究,2021(01):78—86.

160.吕元智.基于用户利用行为分析的档案知识集成服务实现策略研究[J].档案学通讯,2018(05):56—61.

161.吕元智.基于小数据的数字档案资源知识集成服务研究[J].档案学通讯,2016(6):47—51.

162.马费成,赵红斌,万燕玲,等.基于关联数据的网络信息资源集成[J].情报杂志,2011(2):167—170.

163.马坚丽.基于数字音频视频技术的档案利用——以电视专题片《桃李育成满园春》的制作为例[J].四川档案,2007(03):39—40.

164.马建霞.主题图技术在数字化知识组织中的应用研究[J].现代图书情报技术,2004(07):11—16.

165.马丽,程俊睿.历史声像档案数字化建设存在的问题及对策[J].管理观察,2015(02):131—132.

166.马丽,程俊睿,武有福.数字化背景下高校声像档案的管理与利用探析[J].黑龙江史志,2015(01):278—280.

167.马林南,刘英华.谈我国城建录像档案开发利用[J].兰台内外,1997(06):33—34.

168.马仁杰,丁云芝.论"互联网+"背景下我国档案利用者心理需求特点与对策[J].档案管理,2017(01):30—32.

169.马昕晨,冯缨.基于扎根理论的新媒体信息质量影响因素研究[J].情报理论与实践,2017,40(4):32—36.

170.毛海帆,李鹏达,田丹华,等.《录音录像类电子档案元数据方案》解读[J].中国档案,2018(05):34—35.

171.毛峥嵘.高校声像档案数字化建设研究[J].浙江师范大学学报(自然科学版),2004(02):109—112.

172.满江月."深度学习"开启智能视频分析技术的新篇章[J].中国公共安全,2015(14):86—89.

173.牟冬梅,余鲲涛,范轶,等.数字资源语义互联研究(Ⅱ)——桥本体系统的设计与实现[J].现代图书情报技术,2010(9):8—12.

174.牟冬梅,张艳侠,黄丽丽.数字资源语义互联的模式及其比较研究[J].图书情报工作,2013(17):6—10.

175.聂云霞,何金梅,肖坤.基于小数据的档案信息服务精准化研究[J].山西档案,2021(2):5—13+24.

176.牛勇.图书馆精准服务研究[J].图书馆学研究,2016(05):50—52.

177.潘伟德.浅议录像档案的数字化[J].缩微技术,2002(02):37—38.

178.潘伟德,向日葵.录像档案数字化质量控制的思考[J].数字与缩微影像,2011(03):14—16.

179.庞莉,赵豪迈.基于数字信息长期保存的音频、视频档案数字化研究[J].城建档案,2011(04):50—51.

180.裴雷.信息检索过程中的用户交互行为及其影响因素[J].图书情报工作,2007,51(8):42—44+143.

181.祁天娇,冯惠玲.档案数据化过程中语义组织的内涵、特点与原理解析[J].图书情报工作,2021,65(09):3—15.

182.戚颖,倪代川.数字档案资源形态特征研究[J].兰台世界,2017(19):28—33.

183.秦长江,侯汉清.知识图谱——信息管理与知识管理的新领域[J].大学图书馆学报,2009,27(01):30—37+96.

184.钱万里.传统声像档案的数字化处理[J].档案与建设,2007(08):22—24.

185.裘惠麟,邵波.基于用户画像的高校图书馆精准服务构建[J].高校图书馆工作,2018,38(2):70—74.

186.阮湘辉.图书馆自建视频资源编目及标引信息获取技术探究[J].吉林广播电视大学学报,2017(12):147—149.

187.司莉,贾欢.跨语言信息检索中的语义关联研究[J].新世纪图书馆,2016(06):40—42+70.

188.司徒俊峰,曹树金,谢莉.论基于关联数据的知识链接构建与应用[J].图书情报工作,2013(16):123—129.

189.时念云,杨晨.基于领域本体的语义标注方法研究[J].计算机工程与设计,2007(24):5985—5987.

190.尚渡新,袁润,夏翠娟,等.关联数据在知识库中应用的研究综述[J].数字图书馆论坛,2022(03):22—31.

191.沈燕,任晓健.基于内容的多媒体检索技术在数字档案馆中的应用[J].情报杂志,2004(04):91—93.

192.沈艺.开放数据的元数据映射技术途径[J].计算机系统应用,2021,30(07):265—270.

193.沈志宏,刘筱敏,郭学兵,等.关联数据发布流程与关键问题研究——以科技文献、科学数据发布为例[J].中国图书馆学报,2013,39(2):53—62.

194.沈正华,王法,姚星星.利用元数据管理数字视频文档[J].大学图书馆学报,2004(02):16—22+33.

195.宋文,张剑,邵燕.顶层本体研究[J].图书馆理论与实践,2006(1):43—45.

196.宋雪雁,贾沣琦.视频类档案文献编纂研究述评[J].兰台世界,2020(10):22—25+35.

197.苏君华,牟胜男.用户画像视域下档案馆精准服务:内涵、机理及实现策略[J].档案学通讯,2020(02):58—66.

198.苏君华,宋帆帆.档案馆服务价值共创模型探析——基于服务生态系统视角[J].档案学通讯,2022(3):56—64.

199.孙羽佳,所玛,许慧,等.基于社交化网络服务的中医药院校图书馆用户活跃度影响因素研究[J].中国中医药图书情报杂志,2021,45(06):26—29.

200.孙泽敏.荧屏上的历史再现——《新闻透视》200期回顾展播录像档案利用札记[J].上海档案工作,1992(02):16—18.

201.唐斌.图书馆精准服务:内涵、机制与应用[J].图书馆工作与研究,2017(05):9—13.

202.汤怡洁,周子健.语义web环境下语义推理的研究与实现[J].图书馆杂志,2011(3):69—75+64.

203.汤涌.基于WEB的多媒体档案管理系统的研发实践与思考[J].浙江档案,2004(11):33—34.

204.田宝贵,袁志海.浅谈城建录像档案开发利用的新领域[J].城建档案,1997(01):33—34.

205.万丹.高校数字视频档案的优化整合与利用[J].档案天地,2014(4):48—

49+51.

　　206. 王晨.基于社会调查的档案用户需求研究[J].档案与建设,2016(10):30—35.

　　207. 汪方胜,侯立文,蒋馥.领域本体建立的方法研究[J].情报科学,2005(02):241—244.

　　208. 王改娇.欧美大学档案利用版权制度及启示[J].山西档案,2011(5):27—29+1.

　　209. 王海量,倪丽娟.高校档案用户利用需求分析研究[J].黑龙江档案,2007(05):12—13.

　　210. 王敬,祝忠明.科学视频综合语义标注框架构建研究[J].图书馆理论与实践,2016(01):50—55.

　　211. 王丽伟,王伟,高玉堂,等.领域本体映射的语义互联方法研究——以药物本体为例[J].图书情报工作,2013,57(17):21—25+33.

　　212. 王清,孙跃军.模拟声像档案的数字化探索[J].数字与缩微影像,2013(03):18—19.

　　213. 王顺,康达周,江东宇.本体映射综述[J].计算机科学,2 017,44(09):1—10.

　　214. 王炜,吕荣聪,武德峰,等.开放架构的数字视频管理系统iView研究与实现[J].国防科技大学学报,2003(05):52—57.

　　215. 王文燕.微时代的档案信息微服务[J].档案,2015(8):47—49.

　　216. 王为邦.城建声像档案在线移交管理探索[J].通讯世界,2014(05):122—123.

　　217. 王雪飞.声像档案服务体系的发展现状及未来走向[J].保山学院学报,2016,35(06):01—104.

　　218. 王雪飞.声像档案服务体系构成要素研究[J].办公室业务,2016(11):76—78.

　　219. 王雪飞.数字化背景下声像档案管理的若干思考[J].大众科技,2011(10):247—248.

　　220. 王雪飞,林世敏.数字环境中媒体单位声像档案开发利用新模式研究[J].云南档案,2013(08):54—55.

221. 王雅利.传统录像档案数字化的技术与方法[J].兰台世界,2009(S2):138.

222. 王运彬,王晓妍,陈淑华,等.公共服务集成视域下档案部门的协同合作与服务转型[J].档案学研究,2020(4):56—63.

223. 文庭孝.大数据时代图书馆创新发展思考[J].图书馆,2019(5):15—22.

224. 文庭孝,龚蛟腾,张蕊,等.知识关联:内涵、特征与类型[J].图书馆,2011,30(4):32—35.

225. 吴虹,吴映萱.数字化背景下声像档案管理探究[J].兰台内外,2017(06):25.

226. 武亚楠,唐长乐.面向数字政府的数字档案精准化服务研究[J].山西档案,2022(2):85—91.

227. 项文新.录像档案数字化处理[J].机电兵船档案,2004(03):46—49.

228. 谢建云.基于内容的视频检索技术在数字档案馆中的应用[J].山西档案,2016(02):73—75.

229. 谢腾,杨俊安,刘辉.基于BERT—BiLSTM—CRF模型的中文实体识别[J].计算机系统应用,2020,29(07):48—55.

230. 许加彪,付可欣.智媒体时代网络内容生态治理——用户算法素养的视角[J].中国编辑,2022(05):23—27.

231. 徐雷,王晓光.叙事型图像语义标注模型研究[J].中国图书馆学报,2017,43(5):70—83.

232. 许鹏程,毕强,张晗,等.数据驱动下数字图书馆用户画像模型构建[J].图书情报工作,2019,63(3):30—37.

233. 徐彤阳,张国标,任浩然.数字档案馆中视频档案检索框架构建及实现[J].档案学研究,2017(06):93—98.

234. 徐文文,王毅.基于用户满意度的数字档案信息服务评价探究[J].档案管理,2017(02):37—39+48.

235. 薛春刚.档案信息生态系统的平衡与档案事业的可持续发展[J].档案与建设,1998(4):12—14.

236. 姚向阳.国内外档案信息资源公共服务对比研究[J].档案学研究,2017(4):109—113.

237. 严明,苏新宁.数字视频信息的索引研究[J].现代图书情报技术,2005

(07):46—50+59.

238. 杨洁,周铭,马丽.近十年高校档案馆声像档案数字化研究综述——以期刊论文为中心[J].云南档案,2015(01):49—52.

239. 杨千,王英玮.治理视角下我国档案事业的发展与安全[J].档案学研究,2022(1):14—21.

240. 杨千,谢鑫.英国档案开放审核法规内容及启示[J].北京档案,2021(10):41—45.

241. 杨文.我国档案公共服务的发展动力与建设路径探析[J].档案学通讯,2020(1):87—93.

242. 杨兴梅.开发利用声像档案服务地方病防治宣传工作[J].中国卫生产业,2016,13(35):168—169.

243. 易黎.基于深度学习的新闻档案信息管理方法[J].中国档案,2020(12):66—67.

244. 俞雯静,程东生,何晓玲,等.基于非结构化平台的视频档案统一存储及共享利用研究[J].信息化建设,2016(05):70—71.

245. 于兴尚,王迎胜.面向精准化服务的图书馆用户画像模型构建[J].图书情报工作,2019,63(22):41—48.

246. 袁爱国.录像档案保存利用的数字化[J].档案与建设,2008(02):19.

247. 袁也.英美澳三国国家档案馆网站版权保护及启示[J].北京档案,2016(7):38—41.

248. 曾建勋.基于发现系统的资源调度知识库研究[J].图书情报知识,2019(6):12—18.

249. 曾子明,孙守强.基于情景感知的智慧图书馆场景式服务研究[J].图书与情报,2019(4):101—108.

250. 赵龙文,潘卓齐.关联数据维护中的变更通知描述方法研究——以关联开放政府数据为例[J].图书馆学研究,2018(23):61—68.

251. 赵生辉,胡莹.拥有整体性记忆:档案领域数据本体管理论纲[J].山西档案,2020(6):17—27.

252. 赵童生.从电影艺术档案的重要作用谈对其内容整理的必要性[J].广播电视信息,2001(02):64—68.

253. 赵宇. 公众参与档案记忆构建及其动因探究[J]. 浙江档案, 2018(1): 30—31.

254. 张波, 尹雪梅. 浅谈传统载体声像档案数字化的意义[J]. 办公室业务, 2021 (01): 104—105.

255. 张丹. 面向群体交互的档案服务系统构建——针对馆员与用户的分析[J]. 档案学通讯, 2021, (01): 58—65.

256. 张晗, 毕强, 李洁, 等. 基于用户画像的数字图书馆精准推荐服务体系构建研究[J]. 情报理论与实践, 2019, 42(11): 69—74+51.

257. 张洪波. 城建声像档案数字化存储和管理系统应用探索——以宜昌市城市建设档案馆为例[J]. 城建档案, 2018(11): 27—28.

258. 张江. 当前数据库中音像档案资料开发模式初探[J]. 黑龙江史志, 2015 (07): 120.

259. 张丽娟, 陈越, 李丽萍. 高校图书馆的智能化管理与服务——北卡罗来纳州立大学图书馆带来的启示[J]. 大学图书馆学报, 2015(2): 26—29.

260. 张淼, 刘东旭. 基于协同过滤算法的音乐推荐系统的研究与实现[J]. 电子世界, 2020(10): 63—64.

261. 张美芳. 国外声像档案数字化进程对中国声像档案保存的启示[J]. 数字与缩微影像, 2013(03): 27—30.

262. 张美芳. 面向数字人文的声像档案信息资源组织利用的研究[J]. 档案学研究, 2019(04): 72—76.

263. 张美芳. 面向音视频档案保存与利用的分类编目研究[J]. 档案学通讯, 2018(01): 93—96.

264. 张美芳, 马丹宁. 声像档案数字化抢救中存储与长期保存策略的研究[J]. 数字与缩微影像, 2007(01): 26—29.

265. 张曦, 于秋红. 网络论坛的用户粘度研究[J]. 现代商业, 2013(19): 76—77.

266. 张晓江. 数字化背景下声像档案管理工作的项目研究[J]. 办公室业务, 2012(03): 73—74.

267. 张晓江. 浅析电影企业声像档案管理存在的问题及整合措施[J]. 科教导刊 (上旬刊), 2012(03): 209+243.

268. 张莹. 浅谈中文音像资料元数据制订[J]. 现代图书情报技术, 2003(S2):

114—115+120.

269. 张云中,韩继峰.社会化标注系统用户标注动机研究:基于扎根理论的视角 [J].情报科学,2020,38(7):45—51.

270. 张照余.视频档案数字化:原理、设备与步骤[J].山西档案,2008(5): 17—20.

271. 张照余,蒋晨曦.音频、视频档案的数字化实验[J].兰台内外,2006(04): 47—48.

272. 郑燕林,王战林.超越大数据走向智能信息服务:人工智能时代的芬兰实践 及启示[J].现代情报,2021,41(10):91—100.

273. 周林兴,龙家庆.信息治理视域下档案服务质量优化反馈机制探析[J].兰 台世界,2019(3):13—17.

274. 周耀林,赵跃,孙晶琼.非物质文化遗产信息资源组织与检索研究路径—— 基于本体方法的考察与设计[J].情报杂志,2017,36(8):166—174.

275. 周耀林,赵跃.面向公众需求的数字档案资源建设与服务研究[J].中国档 案,2017(9):68—69.

276. 朱淑玲.CBA职业联赛视频档案建设及其监管效应研究[J].山西档案, 2017(01):97—99.

277. 竺亚珍.高校数字图书馆视音频编目技术及应用研究[J].图书馆杂志, 2012,31(04):56—59.

278. 朱雄轩.数字媒体传播中广播电视声像档案的模式探究[J].山西档案, 2019(3):108—109.

279. 陈骏.数字视频图书馆的总体框架[C]//中国计算机学会数据库专业委员 会.第十八届全国数据库学术会议论文集(研究报告篇).中国计算机学会数据库专业 委员会:中国计算机学会数据库专业委员会,2001:99—103.

280. 令狐翠平.录像档案管理研究——广州市城市建设档案馆录像档案归档存 储现状分析及改进对策[C]//兰台撷英——向建党90周年献礼.国家档案局档案科 学技术研究所,2011:347—354.

281. 艾媒网.短视频行业数据分析:2020年5月哔哩哔哩平台共发布22522个美 食类视频[EB/OL].[2022—7—20].https://www.iimedia.cn/c1061/73298.html.

282. 国家档案局政策法规司.2020年度全国档案主管部门和档案馆基本情况摘

要（二）[EB/OL].［2022—7—20］. https: //www. saac. gov. cn/daj/zhdt/202108/6262a796fdc3487d93bfa7005acfe2ae.shtml.

283. 江苏档案信息网.档案见证小康路[EB/OL].［2020—5—25］.http://www.dajs.gov.cn/col/col821/index.html.

284. 江苏图书馆.文化专题片不可移动文物[EB/OL].［2020—5—28］.http://www.jstsg.org.cn/index.php?s＝/home/index/mooc_list&id＝5.

285. 江苏图书馆.文化专题片特色博物馆[EB/OL].［2020—5—28］.http://www.jstsg.org.cn/index.php?s＝/home/index/mooc_list&id＝20.

286. 琚存华.文化共享工程资源建设标准规范[EB/OL].［2011—9—22］.http://wenku.baidu.com/view/1af6512db4daa58da0114ad2.

287. 前瞻网.2018年全球互联网现象报告:视频几乎占整个下游流量的58％[EB/OL].［2022—7—21］. https: //t. qianzhan. com/caijing/detail/181105—2137c21d.html.

288. 浙江在线.音视频全文数据化,浙江省档案馆盘活馆藏声像档案[EB/OL].［2021—01—28］.https://town.zjol.com.cn/gun/202009/t20200911_12287391.shtml.

289. 中办国办印发《"十四五"全国档案事业发展规划》[EB/OL].［2022—10—25］.https://www.saac.gov.cn/daj/toutiao/202106/ecca2de5bce44a0eb55c890762868683.shtml.

290. 中国国家数字图书馆.特色服务盲人数字图书馆服务[EB/OL].［2020—5—25］.http://www.nlc.cn/newtsfw/201011/t20101126_13318.html.

291. 中国互联网络信息中心(CNNIC).第50次《中国互联网络发展状况统计报告》[EB/OL].［2022—8—31］. http: //www. cnnic. net. cn/n4/2022/0914/c88-10226.html.

292. 中华人民共和国国家档案局.数字档案馆建设指南[EB/OL].［2020—4—20］. https: //www. saac. gov. cn/daj/gfxwj/201910/664c740247e54ca19b06abf2700243ec/files/7624e24f178143ceb99f902e840e1229.pdf.

二、英文参考文献

1. Abreu, A.Anatomy of context: A framework analysis for archival knowledge or-

ganization.Proceedings of the ASIS annual meeting[J].2008,45(1):1—5.

2. Ann Chapman.Collection-level description:joining up the domains[J].Journal of the Society of Archivists,2004,25(2):149—155.

3. Auffret G,Prié Y.Managing full-indexed audiovisual documents:a new perspective for the humanities[J].Computers and the Humanities,1999,33(4):319—344.

4. Bahdanau D,Cho K,Bengio Y.Neural Machine Translation by Jointly Learning to Align and Translate [C]//International Conference on Learning Representations.2014.

5. Bozzi G,Verna E,Skinner J M,et al.Quantitative regional contraction analysis of cineventriculography:Reporting,filing,and retrieval functions using a personal computer[J].Catheterization and cardiovascular diagnosis,1989,18(1):50—59.

6. Burke M,Zavalina O.Exploration of information organization in language archives [J].Proceedings of the Association for Information Science and Technology,2019,56:364—367.

7. Burke M,Zavalina O.Descriptive richness of free-text metadata:A comparative analysis of three language archives [J].Proceedings of the Association for Information Science and Technology,2020,57(1):1—6.

8. Buzikashvili N.Information searching behavior:Between two principles[J].Lecture Notes in Computer Science,2005,(3507):79—95.

9. Christel M,Wactlar H,Gong Y,et al.Lessons Learned from the Creation and Deployment of a Terabyte Digital Video Library [J].IEEE Computer,1999,32(2):66—73.

10. Clifasefi S L,Collins S E,Tanzer K,et al.Agreement between self-report and archival public service utilization data among chronically homeless individuals with severe alcohol problems[J].Journal of Community Psychology,2011,39(6):631—644.

11. Caldera-Serrano J,Freire-Andino R O.Los metadatos asociados a la información audiovisual televisiva por "agentes externos" al servicio de documentación:validez,uso y posibilidades [J].Biblios:Journal of Librarianship and Information Science,2016 (62):63—75.

12. Cuggia M,Mougin F,Le Beux P.Indexing method of digital audiovisual medi-

cal resources with semantic Web integration[J].International journal of medical informatics,2005,74(2—4):169—177.

13. Davidson A, P H Reid. Digital storytelling and participatory local heritage through the creation of an online moving image archive:a case-study of Fraserburgh on Film[J].Journal of Documentation,2022,78(2):389—415.

14. Dimou A, Vocht L D, Grootel G V, et al. Visualizing the information of a linked open data enabled research information system[J].Procedia Computer Science,2014,33:245—252.

15. Duygulu P, Baştan M.Multimedia translation for linking visual data to semantics in videos[J].Machine Vision and Applications,2011.22(1):99—115.

16. Ding Y,Foo,Schubert.Ontology research and development.Part 2-a review of ontology mapping and evolving. [J]. Journal of Information Science, 2002, 28 (5) :375—388.

17. Eyben F,Weninger F,Lehment N,et al.Affective video retrieval:Violence detection in Hollywood movies by large-scale segmental feature extraction[J].PloS one,2013,8(12):e78506 .

18. Erozel G,Cicekli N K,Cicekli I.Natural Language Querying for Video Databases[J].Information Science-s,2008,178(12):2534—2552.

19. Frick C.Repatriating American film heritage or heritage hoarding? Digital opportunities for traditional film archive policy[J].Convergence,2015,21(1):116—131.

20. Fan J,Elmagarmid A K,Zhu X,et al.ClassView:hierarchical video shot classification, indexing, and accessing[J]. IEEE Transactions on Multimedia, 2004, 6(1):70—86.

21. Fillmore C J,Johnson C R,Petruck M R L.Background to Framenet[J].International Journal of Lexicography,2003,16(3):235 —250.

22. Flickner M,Sawhney H,Niblack W,et al.Query by image and video content:The QBIC system[J].Computer,1995,28(9):23—32.

23. Gracy K F.Enriching and enhancing moving images with Linked Data:An exploration in the alignment of metadata models[J].Journal of Documentation,2017,74(2):354—371.

24. Gruber T R.A Translational Approach to Portable Ontologies[J].Knowledge Acquisition,1993,5(2):199—220.

25. Hamilton A. Fragments in the Archive: The Khmer Rouge Years1 [J]. PLARIDEL,2018,15(1):1—14.

26. Huurnink B,Hollink L,Van Den Heuvel W,et al.Search behavior of media professionals at an audiovisual archive: A transaction log analysis [J].Journal of the American society for information science and technology,2010,61(6):1180—1197.

27. Huurnink B,Snoek C G M,de Rijke M,et al.Content-based analysis improves audiovisual archive retrieval[J].IEEE Transactions on Multimedia,2012,14(4):1166—1178.

28. Harb H,Chen L.Audio-based description and structuring of videos[J].International Journal on Digital Libraries,2006,6(1):70—81.

29. Hunter J.Enhancing the semantic interoperability of multimedia through a core ontology[J].Circuits & Systems for Video Technology IEEE Transactions on,2003,13(1):49—58.

30. Hakala J.Internet Metadata and Library Cataloging[J].International Cataloging and Bibliographic Control,1999,28 (1):21—25.

31. Hollink L,Malaisé V,Schreiber G.Thesaurus enrichment for query expansion in audiovisual archives[J].Multimedia Tools and Applications,2010,49(1):235—257.

32. Haesen M,Meskens J,Luyten K,et al.Finding a needle in a haystack:an interactive video archive explorer for professional video searchers[J].Multimedia Tools and Applications,2013,63(2):331—356.

33. Hochreiter S,Schmidhuber J.Long short-term memory[J].Neural computation,1997,9(8):1735—1780.

34. Heath T,Bizer C.Linked Data:Evolving the Web into a Global Data Space[J]. Molecular Ecology,2012,11(2):670—684.

35. Isaac A,Baker T.Linked data practice at different levels of semantic precision: The perspective of libraries,archives and museums[J].Bulletin of the Association for Information Science and Technology,2015,41(4):34—39.

36. Kanellopoulos D.Semantic annotation and retrieval of documentary media ob-

jects[J].Electronic Library,2012,30(5):721—747.

37. Kobayashi K.A searching method of the most similar string in the file of a document retrieval system[J].Systems and computers in Japan,1992.23(2):24—38.

38. Khurana K,Chandak M B.Study of various video annotation techniques[J].International Journal of Advanced Research in Computer and Communication Engineering,2013,2(1):909—914.

39. Kim K S,Sin S.Selecting quality sources:Bridging the gap between the perception and use of information sources[J].Journal of Information Science,2011,37(2):178—188.

40. Koermendy L.Changes in Archives' Philosophy and Functions at the Turn of the 20th/21st Centuries[J].Archival Science,2007,7(2):167—177.

41. Küçük D,Yazıcı A.A semi-automatic text-based semantic video annotation system for Turkish facilitating multilingual retrieval[J].Expert systems with applications,2013,40(9):3398—3411.

42. Küçük D,Yazıcı A.Exploiting information extraction techniques for automatic semantic video indexing with an application to Turkish news videos[J].Knowledge-Based Systems,2011,24(6):844—857.

43. Lauterborn B.New marketing litany:Four Ps passé:C-words take over[J].Advertising Age,1990,61(41):26.

44. Lee J S,Jeng W.The landscape of archived studies in a social science data infrastructure:Investigating the ICPSR metadata records[J].Proceedings of the Association for Information Science and Technology,2019,56(1):147—156.

45. Lin J C.Online Stickiness:Its Antecedents and Effect on Purchasing Intention[J].Behaviour & Information Technology,2007,26(6):507—516.

46. López-de-Quintana-Sáenz E.Rasgos y trayectorias de la documentación audiovisual:logros,retos y quimeras[J].Profesional de la información,2014,23(1):05—012.

47. Macinai E,Oliviero S.Stories of school and childhood:video testimonies for a bottom-up narrative= Relatos de la escuela y de la infancia:videotestimonios para una narrativa desde abajo[J].Historia y Memoria de la Educación,2017 (5):489—502.

48. Metze F,Ding D,Younessian E,et al.Beyond audio and video retrieval:topic-

oriented multimedia summarization[J].International Journal of Multimedia Information Retrieval,2013,2(2):131—144.

49. Marchionini G,Geisler G.The open video digital library[J].D-Lib Magazine, 2002,8(12):1082—9873.

50. Melvin M. Vopson. Experimental protocol for testing the mass-energy-information equivalence principle[J].AIP Advance,2022,12(3):1—6.

51. Mühling M,Korfhage N,Müller E,et al.Deep learning for content-based video retrieval in film and television production[J].Multimedia Tools and Applications,2017, 76:22169—22194.

52. Mühling M,Manja M,Nikolauset K,et al.Content-based video retrieval in historical collections of the German Broadcasting Archive[J].International Journal on Digital Libraries,2019,20(2):167—183.

53. Mühling M,Korfhage N,Pustu-Iren K,et al.VIVA:Visual Information Retrieval in Video Archives[J].In-ternational Journal on Digital Libraries,2022,23(4):319—333.

54. Nandzik J,Litz B,Flores-Herr N,et al.CONTENTUS—technologies for next generation multimedia libraries [J]. Multimedia tools and applications, 2013, 63 (2):287—329.

55. Poppe C,Martens G,De Potter P,et al.Semantic web technologies for video surveillance metadata[J].Multimedia Tools and Applications,2012 (3):439—467.

56. Pereira M H R,de Souza C L,Pádua F L C,et al.SAPTE:A multimedia information system to support the discourse analysis and information retrieval of television programs[J].Multimedia Tools and Applications,2015,74(23):10923—10963.

57. Psutka J,Švec J,Psutka J V,et al.System for fast lexical and phonetic spoken term detection in a Czech cultural heritage archive [J].EURASIP Journal on Audio, Speech,and Music Processing,2011,2011:1—11.

58. Ren R, Collomosse J. Visual Sentences for Pose Retrieval Over Low-Resolution Cross-Media Dance Collections [J]. IEEE Transactions on Multimedia, 2012,14(6):1652—1661.

59. Raimond Y,Ferne T,Smethurst M,et al.The BBC world service archive pro-

totype[J].Journal of web semantics,2014,27:2—9.

60. Smeaton A F. Techniques used and open challenges to the analysis, indexing and retrieval of digital video[J].INFORMATION SYSTEMS,2007.32(4):545—559.

61. Smeaton A F, Wilkins P, Worring M, et al. Content-based video retrieval: Three example systems from TRECVid[J]. International Journal of Imaging Systems and Technology,2008,18(2-3):195—201.

62. Stoian A, Ferecatu M, Benois-Pineau J, et al. Fast Action Localization in Large-Scale Video Archives[J]. IEEE Transactions on Circuits and Systems for Video Technology,2016,26(10):1917—1930.

63. Snoek C G M, Worring M, Hauptmann A G. Learning rich semantics from news video archives by style analysis[J].ACM Transactions on Multimedia Computing, Communications,and Applications (TOMM),2006,2(2):91—108.

64. Snoek C G M, Worring M.Multimedia event-based video indexing using time intervals[J].IEEE Transactions on Multimedia,2005,7(4):638—647.

65. Shirahama K, Matsuoka Y, Uehara K.Event retrieval in video archives using rough set theory and partially supervised learning[J]. Multimedia Tools and Applications,2012,57(1):145—173.

66. Soysal M,Loğoğlu K B,Tekin M,et al.Multimodal concept detection in broadcast media:KavTan[J].Multimedia tools and applications,2014,72(3):2787—2832.

67. Shibata M.A description model of video content and its application for video structuring[J].Systems and computers in Japan,1996,27(7):70—83.

68. Savino P,Peters C.ECHO:a digital library for historical film archives[J].International Journal on Digital Libraries,2004,4(1):3—7.

69. Sakthivelan R G, Rajendran P, Thangavel M.A new approach to classify and rank events based videos based on Event of Detection[J].Journal of Medical Systems,2019,43(1):13.

70. Schafer V, Truc G, Badouard R, et al.Paris and Nice terrorist attacks:Exploring Twitter and web archives[J].Media,War & Conflict,2019,12(2):153—170.

71. Tedd L A.People's Collection Wales:Online access to the heritage of Wales from museums, archives and libraries, Program: electronic library and information sys-

tems,2011(1),3:333—345.

72. Theodoridis T, Papachristou K, Nikolaidis N, et al.Object motion analysis description in stereo video content[J].Computer Vision and Image Understanding,2015, 141:52—66.

73. Wactlar H D, Christel M G.Digital video archives: Managing through metadata [J].Building a national strategy for digital preservation: Issues in digital media archiving, 2002,84:99.

74. Wang F, Ngo C W, Pong T C.Structuring low-quality videotaped lectures for cross-reference browsing by video text analysis[J].Pattern Recognition,2008,41(10): 3257—3269.

75. Yang H, Meinel C.Content based lecture video retrieval using speech and video text information [J].IEEE transactions on learning technologies,2014,7(2): 142—154.

76. Yang X, Wang N, Song B, et al.BoSR: A CNN-based aurora image retrieval method[J].Neural Networks,2019,116:188—197.

77. Abowd G D, Gauger M, Lachenmann A.The Family Video Archive: an annotation and browsing environment for home movies[C]//Proceedings of the 5th ACM SIGMM international workshop on Multimedia information retrieval.2003:1—8.

78. Amato G, Straccia U.User profile modeling and applications to digital libraries [C]//Proceedings of the Third European Conference on Research and Advanced Technology for Digital Libraries (ECDL 1999),1999:184—197.

79. Assfalg J, Bertini M, Colombo C, et al.Highlight extraction in soccer videos [C]//12th International Conference on Image Analysis and Processing,2003.Proceedings.IEEE,2003:498—503.

80. Arndt R, Troncy R, Staab S, et al.COMM: designing a well-founded multimedia ontology for the web[C]//The Semantic Web: 6th International Semantic Web Conference,2nd Asian Semantic Web Conference, ISWC 2007+ ASWC 2007, Busan, Korea, November 11—15,2007.Proceedings.Springer Berlin Heidelberg,2007:30—43.

81. Athanasiadis T, Avrithis Y.Adding semantics to audiovisual content: The FAETHON project [C]//International Conference on Image and Video Retrieval.

Springer,Berlin,Heidelberg,2004:665—673.

82. Bertini M,Del Bimbo A,Nunziati W.Semantic annotation for live and posterity logging of video documents [C]//Visual Communications and Image Processing 2003.International Society for Optics and Photonics,2003,5150:1307—1316.

83. Chorianopoulos K ,Giannakos M N ,Chrisochoides N ,et al.Open Service for Video Learning Analytics[C]//IEEE International Conference on Advanced Learning Technologies.IEEE,2014:28—30.

84. Chaisorn L,Chua T S,Koh C K,et al.A Two-Level Multi-Modal Approach for Story Segmentation of Large News Video Corpus[C]//TRECVID.2003.

85. Caldera-Serrano J.Thematic description of audio-visual information on television[C]//Aslib Proceedings.Emerald Group Publishing Limited,2010.

86. Chang S F,Chen W,Meng H J,et al.VideoQ:an automated content based video search system using visual cues[C]//Proceedings of the fifth ACM international conference on Multimedia.1997:313—324.

87. de Boer V,Priem M,Hildebrand M,et al.Exploring Audiovisual Archives Through Aligned Thesauri[C]//Research Conference on Metadata and Semantics Research.Springer,Cham,2016:211—222.

88. de Boer V,de Bruyn T,Brooks J,et al.The Benefits of Linking Metadata for Internal and External Users of an Audiovisual Archive[C]//Research Conference on Metadata and Semantics Research.Springer,Cham,2018:212—223.

89. Domínguez-Delgado R,Hernández M L.The retrieval of moving images at Spanish film archives:The oversight of content analysis[C]//Proceedings of the Association for Information Science and Technology,2016,53(1):1—4.

90. Devlin J,Chang M W,Lee K,et al.BERT:Pre-training of Deep Bidirectional Transformers for Language Understanding[C]//Association for Computational Linguistics,2019:4171—4186.

91. Graves A,Mohamed A,Hinton G.Speech recognition with deep recurrent neural networks[C]//2013 IEEE international conference on acoustics,speech and signal processing.Ieee,2013:6645—6649.

92. Gergatsoulis M,Bountouri L,Gaitanou P,et al.Mapping cultural metadata

schemas to CIDOC conceptual reference model[C]//Hellenic Conference on Artificial Intelligence.Springer,Berlin,Heidelberg,2010:321—326.

93. Gartner R,Hedges M.CENDARI:Establishing a digital ecosystem for historical research[C]//IEEE International Conference on Digital Ecosystems and Technologies.IEEE,2013:61—65.

94. Hauptmann A G.Towards a large scale concept ontology for broadcast video [C]//CIVR.2004,3115:674—675.

95. Hanjalic A.Generic approach to highlights extraction from a sport video[C]// Proceedings 2003 International Conference on Image Processing (Cat.No.03CH37429). IEEE,2003,1:I—1.

96. Höffernig M,Bailer W,Nagler G,et al.Mapping audiovisual metadata formats using formal semantics[C]//International Conference on Semantic and Digital Media Technologies.Springer,Berlin,Heidelberg,2010:80—94.

97. Hsu W,Chang S F,Huang C W,et al.Discovery and fusion of salient multimodal features toward news story segmentation[C]//Storage and Retrieval Methods and Applications for Multimedia 2004.International Society for Optics and Photonics, 2003,5307:244—258.

98. Isaac A,Troncy R.Designing and using an audio-visual description core ontology[C]//Workshop on Core Ontologies in Ontology Engineering.2004,118.

99. Kitayama D,Otani A,Sumiya K.A Scene Extracting Method Based on Structural and Semantic Analysis of Presentation Content Archives[C]//Seventh International Conference on Creating,Connecting and Collaborating through Computing,2009: 128—135.

100. Karnstedt M,Sattler K U.Similarity Queries on StructuredData in Structured Overlays[C]//NetDB.Valencia,Spain,2006:235—241.

101. Katayama N,Mo H,Ide I,et al.Mining large-scale broadcast video archives towards inter-video structuring[C]//Pacific-Rim Conference on Multimedia.Springer, Berlin,Heidelberg,2004:489—496.

102. Lemaitre F.A Working Environment for Management and Exploitation of Audiovisual Archives-ASA-SHS Project[C]//Euro-Mediter-ranean Conference.Springer,

Berlin,Heidelberg,2010:492—503.

103. Lafferty J,Mccallum A,Pereira F.Conditional Random Fields:Probabilistic Models for Segmenting and Labeling Sequence Data[C]//Proc.18th International Conf. on Machine Learning.2001.

104. Mostefaoui A,Favory L.Distributed video documents indexing and content-based retrieving [C]//International Workshop on Interactive Distributed Multimedia Systems and Telecommunication Services. Springer, Berlin, Heidelberg, 2002: 190—201.

105. Megrhi S,Souidene W,Beghdadi A.Spatio-temporal salient feature extraction for perceptual content based video retrieval[C]//2013 Colour and Visual Computing Symposium (CVCS).IEEE,2013:1—7.

106. Malaisé V,Aroyo L,Brugman H,et al.Evaluating a thesaurus browser for an audio-visual archive [C]//International Conference on Knowledge Engineering and Knowledge Management.Springer,Berlin,Heidelberg,2006:272—286.

107. Nanard M,Nanard J,King P.IUHM:a hypermedia-based model for integrating open services,data and metadata[C]//Proceedings of the fourteenth ACM conference on Hypertext and hypermedia.2003:128—137.

108. Park J,Cheyer A.Just for me:Topic maps and ontologies[C]//Charting the Topic Maps Research and Applications Landscape:First International Workshop on Topic Map Research and Applications,TMRA 2005,Leipzig,Germany,October 6—7, 2005,Revised Selected Papers 1.Springer Berlin Heidelberg,2006:145—159.

109. Peker K A,Divakaran A.Adaptive fast playback-based video skimming using a compressed-domain visual complexity measure[C]//2004 IEEE International Conference on Multimedia and Expo (ICME)(IEEE Cat.No.04TH8763).IEEE,2004,3: 2055—2058.

110. Pfeiffer S,Lienhart R,Kühne G,et al.The moca project:Movie content analysis research at the university of mannheim[C]//Informatik'98:Informatik zwischen Bild und Sprache 28.Jahrestagung der Gesellschaft für Informatik Magdeburg,21.-25.September 1998.Springer Berlin Heidelberg,1998:329—338.

111. Prié Y, Mille A, Pinon J M. AI-STRATA: A User-centered Model for

Content-based description and Retrieval of Audiovisual Sequences [C]//International Conference on Advanced Multimedia Content Processing. Springer, Berlin, Heidelberg, 1998:328—343.

112. Pintus M, Agelli M, Colucci F, et al. ACTIVE, an Extensible Cataloging Platform for Automatic Indexing of Audiovisual Content[C]//International Conference on Computer Vision Theory and Applications. 2016:574—581.

113. Rehatschek H, Kienast G. Vizard-an innovative tool for video navigation, retrieval, annotation and editing[C]//Proceedings of the 23rd Workshop of PVA: Multimedia and Middleware. 2001:11.

114. Snoek C G M, Worring M, Van Gemert J, et al. Mediamill: Exploring news video archives based on learned semantics[C]//Proceedings of the 13th annual ACM international conference on Multimedia, 2005:225—226.

115. Smith M A, Kanade T. Video skimming and characterization through the combination of image and language understanding techniques [C]//Proceedings of IEEE Computer Society Conference on Computer Vision and Pattern Recognition. IEEE, 1997:775—781.

116. Simou N, Tzouvaras V, Avrithis Y, et al. A visual descriptor ontology for multimedia reasoning[C]//In Proc. of Workshop on Image Analysis for Multimedia Interactive Services (WIAMIS'05), Montreux, Switzerland, April 13—15, 2005:13—15.

117. Sugita S. HOLOTHEQUE: A Multimedia Database System for Ethnology Studies[C]//International Cultural Heritage Informatics Meeting, 1991:333—334.

118. Trease H, Trease L. Video Analytics for Indexing, Summarization, and Searching of Video Archives[C]//Proceedings of the IASTED International Conference, Signal and Image Processing, 2009:17—19.

119. Tuytelaars T. Content-based analysis for accessing audiovisual archives: Alternatives for concept-based indexing and search[C]//13th International Workshop on Image Analysis for Multimedia Interactive Services, 2012:1—4.

120. Tuna T, Subhlok J, Barker L, et al. Development and evaluation of indexed captioned searchable videos for stem coursework[C]//Proceedings of the 43rd ACM technical symposium on Computer Science Education. 2012:129—134.

121. Takahashi Y, Nitta N, Babaguchi N. Video summarization for large sports video archives [C] //2005 IEEE International Conference on Multimedia and Expo. IEEE,2005:1170—1173.

122. Wu J,Hua X S,Zhang H J,et al.An Online-Optimized Incremental Learning Framework for Video Semantic Classification[C]//Association for Computing Machinery(ACM) Multimedia 2004,2004:320—323.

123. Worring M,Nguyen G P,Hollink L,et al.Accessing Video Archives Using Interactive Search[C]//2004 IEEE International Conference on Multimedia and Expo (ICME).IEEE,2004,1:297—300.

124. Worring M,Nguyen G P,Hollink L,et al.Accessing Video Archives Using Interactive Search[C]//2004 IEEE International Conference on Multimedia and Expo (ICME).IEEE,2004,1:297—300.

125. Worring M,Snoek C,de Rooij O,et al.Mediamill:Advanced browsing in news video archives [C] //Image and Video Retrieval:5th International Conference, CIVR 2006,Tempe,AZ,USA,July 13—15,2006.Proceedings 5.Springer Berlin Heidelberg,2006:533—536.

126. Zhou P,Shi W,Tian J,et al.Attention-Based Bidirectional Long Short-Term Memory Networks for Relation Classification [C] //Proceedings of the 54th Annual Meeting of the Association for Computational Linguistics.2016:207—212.

127. AMIT S. Introducing the knowledge graph [R] //America: Official Blog of Google,2012.

128. Lamba J,Abhishek,Akula J,et al.Cross-Modal learning for Audio-Visual Video Parsing [J/OL]. [2022—4—12]. https: //www. researchgate. net/publication/ 350834549_Cross-Modal_learning_for_Audio-Visual_Video_Parsing.

129. Martinez H B,Hines A,Farias M.UnB-AV:An Audio-Visual Database for Multimedia Quality Research[J/OL].[2022—5—6].https://ieeexplore.ieee.org/stamp/ stamp.jsp?tp=&arnumber=9042343.

130. Ricardo F J.Strategies For Enhancing Digital Archive Infrastructure[J/OL]. [2022—10—12].https://www.bu.edu/dbin/dance/DVRA_TechnicalArchitecture.pdf.

131. Bauer F, Kaltenböck M. Linked open data: the essentials——a quick start

guide for decision makers[EB/OL].[2016—12—10].http://www.reeep.org/LOD-the-Essentials.pdf.

132. Berners-Lee T.Design Issues:Linked Data[EB/OL].[2017—12—29].https://www.w3.org/DesignIssues/LinkedData.html.

133. Berners-Lee T, Hollenbach J, Lu K, et al. Tabulator Redux: Browsing and Writing Linked Data[EB/OL].[2022—8—12].http://www.docin.com/p-1583956117.html.

134. FrameNet.What is FrameNet?[EB/OL].[2022—4—12].https://framenet.icsi.berkeley.edu/fndrupal/WhatIsFrameNet.

135. National Film and Sound Archive of Australia. Collection Ownership and Copyright [EB/OL]. [2021—2—5]. https://www. nfsa. gov. au/collection/using-collection/copyright.

136. Ngā Taonga Sound & Vision. Ngā Taonga Sound & Vision [EB/OL]. [2021—8—4].https://ngataonga.org.nz/.

137. Irish Film Institute.Irish Film Institute-IFI Player[EB/OL].[2021—8—7].https://ifi.ie/archive/ifi-player.

138. ISO/IEC 13250:2003 Information technology-GML appli-cations topic maps [EB/OL].[2020—3—17].https://www.iso.org/obp/ui/#iso:std:iso-iec:13250:ed-2:v1:en.

139. Tim Berners-Lee. Linked data[EB/OL].[2022—10—30].http://www.w3.org/DesignIssues/LinkedData.html.

140. Wang P, Xu B, Lu J.et al.Theory and Semi-automatic Generation of Bridge Ontology in Multi-ontologies Environment [EB/OL]. [2022—8—21]. https://link.springer.com/chapter/10.1007%2F978-3-540-30470-8_88#citeas.

141. W3C.Ontology for Media Resources 1.0[EB/OL].[2021—10—21].https://www.w3.org/TR/mediaont-10/.

附录1 交互环境下数字视频档案资源精准化利用需求调查表

尊敬的先生/女士：

您好！

随着数码声像记录技术的发展与应用，数字视频档案资源在档案资源体系中所占的比重越来越大。然而，因其非结构化、语义特征难以提取等特点，视频档案资源利用服务效果并不佳。在语义网时代，如何将视频档案资源在语义层面组织起来，为用户提供更为精准的服务，已成为当前档案服务部门亟待要解决的现实问题。本项目组着力研究数字视频档案资源的内容深度揭示与语义标注问题，以期为视频档案资源精准化服务提供理论与方法支撑。数字视频档案资源精准化利用是指根据用户利用需求精准地查找到其所需要的视频片段或视频画面，并以合适的方式获取相应的服务资源等。

特别提示说明：本调查表提及的数字视频档案资源既包括在档案部门、图书馆等机构保存的传统视频档案数字化产品及直接归档的数字视频文件等，也包括经过编辑加工后形成的数字视频档案编研成品等。数字视频档案利用既包括到档案馆、图书馆等机构的查阅利用，也包括在各类网站、APP、微平台上有目的的在线浏览和在微信号上浏览历史视频等。

本项目的研究需要您的大力支持，请您根据您的实际情况选择调查选项，谢谢！

衷心感谢您的协助与帮忙,并承诺对您的隐私保密。祝您生活美满,心想事成!

一、您的基本信息(请在(　　)中打"√")

1.性别:男(　　)　　女(　　)

2.年龄:

18岁以下(　　)　　18—35岁(　　)　　36—60岁(　　)

60岁以上(　　)

3.学历:

初中及以下(　　)　　高中(　　)　　大专(　　)　　本科(　　)

硕士及以上(　　)

4.职业:

学生(　　)　　公务员(　　)　　企业单位人员(　　)

事业单位人员(　　)　　农民(　　)　　个体经营者(　　)

其他_____

二、请您回答的问题(请将下列问题的答案选项或建议填写在括弧内或画线处)

1.您利用数字视频档案资源的频次(如果选A"没有利用",请直接去回答第10题。)(单选)　　　　　　　　　　　　　　(　　)

　　A没有利用　　　　　　　　B偶尔利用

　　C多次利用　　　　　　　　D经常利用

2.您利用数字视频档案资源的主要目的(可多选)　　　(　　)

　　A凭证　　　B决策　　　C研究　　　D学习

　　E生产　　　F科研　　　G休闲　　　H其他

3.您需要获取的数字视频档案资源类型(可多选)　　　(　　)

　　A原始视频档案文件　　　　B视频档案编研成品

C 目录信息及其他

4.您需要的数字视频档案资源主要涉及的主题领域有(可多选)(　　)

 A 政治　　　　　　　　　B 经济

 C 文化　　　　　　　　　D 科技

 E 其他(请说明)_____

5.目前您获取数字视频档案资源的主要方式是(可多选)　　(　　)

 A 主动利用　　　　　　　B 平台推送

 C 他人推荐(如微信朋友圈等)

 D 其他_____

6.目前您获取数字视频档案资源的最主要渠道是(可多选)　(　　)

 A 档案部门　　　　　　　B 档案网站

 C 搜索引擎　　　　　　　D 档案 APP

 E 微平台　　　　　　　　F 其他_____

7.您对当前数字视频档案资源利用(使用)是否满意(单选)　(　　)

 A 非常不满意　　　　　　B 不满意

 C 一般　　　　　　　　　D 比较满意

 E 很满意

8.您在数字视频档案资源利用中遇到的最主要障碍是(可多选)　(　　)

 A 无障碍　　　　　　　　B 需求表述不清

 C 检索技术不熟悉　　　　D 系统检索功能单一

 E 视频档案内容描述不清晰　　F 缺乏检索线索

 G 视频文件粒度过大　　　H 视频档案资源不够多

 I 不知道视频档案资源的存在

 J 其他_____

9.当您碰到数字视频档案利用困难时,是否得到了有效帮助?(单选)

             (　　)

 A 是　　　　　　　　　　B 否

10.您下次利用视频档案资源的意愿程度　　　　　　　　(　　)

A 非常不愿意　　　　　　　　B 比较不愿意

C 一般　　　　　　　　　　　D 比较愿意

E 非常愿意

11. 您希望获取数字视频档案资源的渠道是(可多选)　　　(　　)

A 档案部门　　　　　　　　　B 档案网站

C 单位内部网络　　　　　　　D 档案APP

E 微平台(如抖音微博等)　　　F 搜索引擎

G 其他_____

12. 如果在碰到利用(使用)困难时,您期望得到哪些帮助?(可多选)(　　)

A 不需要　　　　　　　　　　B 利用示例

C 工作人员指导　　　　　　　D 用户社区经验

E 其他_____

13. 如果一个检索系统能从一个视频文件中精准地找到您所需要的
具体视频片断或画面,您利用的愿意程度是　　　　　　　(　　)

A 无所谓　　　　　　　　　　B 稍微愿意

C 比较愿意　　　　　　　　　D 非常愿意

14. 如果利用精准数字视频检索(搜索)服务平台,您最期望的视频档
案检索标识是(可多选)　　　　　　　　　　　　　　　(　　)

A 人物　　　　B 地点　　　　C 时间

D 事件　　　　E 标题　　　　F 档号

15. 您是否愿意参加数字视频档案利用反馈活动?　　　　　(　　)

A 非常不愿意　　　　　　　　B 比较不愿意

C 无所谓　　　　　　　　　　D 比较愿意

E 非常愿意

16. 您期望的利用反馈渠道是(可多选)　　　　　　　　　(　　)

A 现场反馈　　　　　　　　　B 电子邮件

C 电话　　　　　　　　　　　D 网络社区交流

E 微平台(如抖音微博等)　　　F 其他_____

17. 您是否愿意参与数字视频档案资源建设工作,如给视频打标签、纠正标注错误等?　　　　　　　　　　　　　　　（　　）

　　　A 非常不愿意　　　　　　　B 比较不愿意

　　　C 无所谓　　　　　　　　　D 比较愿意

　　　E 非常愿意

18. 在数字视频档案精准化服务方面,您还有哪方面的需求,有哪些指导建议或期望? 请填写在下列画线上。

_____

_____

_____

"基于用户交互的数字视频档案资源语义组织与精准化服务研究"课题组

2021.10.26

附录2　交互环境下数字视频档案资源精准化利用需求调查数据汇总表

调查对象基本信息汇总（1421份）

调查内容	选　项	人数	百分比
1. 性别	男	623	43.84%
	女	798	56.16%
2. 年龄	18岁以下	44	3.10%
	18—35岁	962	67.70%
	36—60岁	387	27.23%
	60岁以上	28	1.97%
3. 学历	初中及以下	92	6.48%
	高中	138	9.71%
	大专	130	9.15%
	本科	732	51.51%
	硕士及以上	329	23.15%
4. 职业	学生	662	46.59%
	公务员	62	4.36%
	企业单位人员	278	19.57%
	事业单位人员	169	11.89%
	农民/个体经营者/其他	250	17.59%

用户回答问题数据汇总

调查内容	选　　项	频次	百分比
1. 您利用数字视频档案资源的频次（单选）（如果选 A"没有利用"，请直接去回答第10题。）	A没有利用	562	39.55%
	B偶尔利用	578	40.67%
	C多次利用	151	10.63%
	D经常利用	130	9.15%
2. 您利用数字视频档案资源的主要目的(可多选)	A凭证	134	15.60%
	B决策	126	14.67%
	C研究	331	38.53%
	D学习	695	80.91%
	E生产	90	10.48%
	F休闲	495	57.63%
	G其他	54	6.29%
3. 您需要获取的数字视频档案资源类型(可多选)	A原始视频档案文件	457	53.20%
	B视频档案编研成品	625	72.76%
	C目录信息及其他	81	9.43%
4. 您需要的数字视频档案资源主要涉及的主题领域有(可多选)	A政治	385	44.82%
	B经济	374	43.54%
	C文化	697	81.14%
	D科技	397	46.22%
	E其他	66	7.68%
5. 目前您获取数字视频档案资源的主要方式是(可多选)	A主动利用	531	61.82%
	B平台推送	559	65.08%
	C他人推荐(如微信朋友圈)	465	54.13%
	D其他	20	2.33%
6. 目前您获取数字视频档案资源的最主要渠道是(可多选)	A档案部门	145	16.88%
	B档案网站	311	36.20%
	C搜索引擎	628	73.11%
	D档案APP	188	21.89%
	E微平台	373	43.42%
	F其他	22	2.56%

调查内容	选 项	频次	百分比
7. 您对当前数字视频档案资源利用（使用）是否满意(单选)	A 非常不满意	20	2.33%
	B 不满意	63	7.33%
	C 一般	424	49.36%
	D 比较满意	302	35.16%
	E 很满意	50	5.82%
8. 您在数字视频档案资源利用中遇到的最主要障碍是(可多选)	A 无障碍	86	10.01%
	B 需求表述不清	220	25.61%
	C 检索技术不熟悉	324	37.72%
	D 系统检索功能单一	262	30.50%
	E 视频档案内容描述不清晰	225	26.19%
	F 缺乏检索线索	278	32.36%
	G 视频文件粒度过大	139	16.18%
	H 视频档案资源不够多	261	30.38%
	I 不知道有视频档案资源	218	25.38%
	J 其他	10	1.16%
9. 当您碰到数字视频档案利用困难时,是否得到了有效帮助?(单选)	是	416	48.43%
	否	443	51.57%
10. 您下次利用视频档案资源的意愿程度(单选)	A 非常不愿意	32	2.25%
	B 比较不愿意	52	3.66%
	C 一般	552	38.85%
	D 比较愿意	630	44.33%
	E 非常愿意	155	10.91%
11. 您希望获取数字视频档案资源的渠道是(可多选)	A 档案部门	442	31.10%
	B 档案网站	773	54.40%
	C 单位内部网络	386	27.16%
	D 档案 APP	650	45.74%
	E 微平台(如抖音微博等)	768	54.05%
	F 搜索引擎	707	49.75%
	G 其他	42	2.96%

续表

调查内容	选　项	频次	百分比
12. 碰到利用(使用)困难,您期望能得到的帮助是(可多选)	A不需要	62	4.36%
	B利用示例	987	69.46%
	C工作人员指导	873	61.44%
	D网络社区经验	539	37.93%
	E其他	44	3.10%
13. 如果一个检索系统能从一个视频文件中精准地找到您所需要的具体视频片段或画面,您利用的愿意程度(单选)	A无所谓	88	6.19%
	B稍微愿意	112	7.88%
	C比较愿意	534	37.58%
	D非常愿意	687	48.35%
14. 数字视频检索(搜索)服务,您最期望的视频档案检索标识是(可多选)	A人物	375	26.39%
	B地点	188	13.23%
	C时间	278	19.56%
	D事件	711	50.04%
	E标题	570	40.11%
	F档号	120	8.44%
15. 您是否愿意参加数字视频档案利用反馈活动?(单选)	A非常不愿意	22	1.55%
	B比较不愿意	112	7.88%
	C无所谓	492	34.62%
	D比较愿意	585	41.17%
	E非常愿意	210	14.78%
16. 您期望的利用反馈渠道是(可多选)	A现场反馈	359	25.26%
	B电子邮件	615	43.28%
	C电话	361	25.40%
	D网络社区	627	44.12%
	E微平台(如抖音微博等)	756	53.20%
	F其他	40	2.81%

续表

调查内容	选　项	频次	百分比
17. 您是否愿意参与数字视频档案资源建设与服务工作,如给视频打标签、纠正标注错误、在线义务咨询等?(单选)	A非常不愿意	42	2.96%
	B比较不愿意	140	9.85%
	C无所谓	428	30.12%
	D比较愿意	627	44.12%
	E非常愿意	184	12.95%
18. 如何开展数字视频档案精准化服务方面,您还有哪方面的需求,有哪些指导建议或期望?		441	31.03%

图书在版编目(CIP)数据

基于用户交互的数字视频档案资源语义组织与精准化服务研究
/吕元智,谢鑫,邹婧雅著.
—上海:上海三联书店,2025.5
—ISBN 978 - 7 - 5426 - 8891 - 0

Ⅰ.G270.73

中国国家版本馆 CIP 数据核字第 202591UE97 号

基于用户交互的数字视频档案资源
语义组织与精准化服务研究

著　　者　吕元智　谢　鑫　邹婧雅

责任编辑　钱震华
装帧设计　汪要军

出版发行　上海三联书店
　　　　　中国上海市威海路 755 号
印　　刷　浙江临安曙光印务有限公司

版　　次　2025 年 5 月第 1 版
印　　次　2025 年 5 月第 1 次印刷
开　　本　700×1000　1/16
字　　数　320 千字
印　　张　22.75
书　　号　ISBN 978 - 7 - 5426 - 8891 - 0/G · 1765
定　　价　98.00 元